THE FUNCTION OF VILLAGE COLLECTIVE IN
FARMLAND TRANSFER

Theoretical Analysis and Empirical Test

农地流转中的村集体职能

理论分析与实证检验

江淑斌 / 著

社会科学文献出版社
SOCIAL SCIENCES ACADEMIC PRESS (CHINA)

本项研究得到以下基金资助：

国家社会科学基金西部项目"村集体在农地流转中的职能定位研究"（项目批准号：14XJY023）；

云南省教育厅科学研究基金项目"农地流转中的村集体行为研究"（项目批准号：2014Y288）；

云南财经大学科学研究基金研究项目"农村土地制度产权结构与农地流转研究"（项目批准号：YC2014D11）。

序

自 2013 年起，随着"华村一家"品牌的确立和品牌产品之一专著的不断面市，学界对我们的专著、专著作者以及由我撰写的书序的关注度开始提升，与此同时，也引发一些朋友或学子的写序需求。尽管这一需求与品牌产品之序的写作动机不同，一个是邀请性的请求序，一个是必须性的责任序，但不管能否胜任，都有求必应，尽力为之，我想这与我"好为人师"的职业特性不无关系。这不，最近又有一个邀请①从云南飞了过来。发出这一邀请的不是别人，正是我初为人师，亲手培养的一名本科毕业生江淑斌。对其邀请，我自然应认真对待，当然对其送达案头的专著《农地流转中的村集体职能：理论分析与实证检验》认真阅读并以赏析的方式来为之作序。所以如此，均与作者和我的特殊关系使然。

相识相知

2001 年底博士后出站，我从浙江大学来到大上海，来到百年学

---

① 之前，曾先后为我的朋友，江苏大学庄晋财教授的《问道三农》（人民出版社，2018）与"首届长三角三农论坛"学子，贵州大学王华书教授的《食品质量安全供应链组织与管理研究》（中国农业出版社，2019）作序；为我的师妹，宁波大学胡求光教授的《国家海洋发展战略与浙江蓝色牧场建设路径研究》（海洋出版社，2017）作题为"蓝色牧场，国家第二粮仓建设"书评（《管理世界》2019 年第 4 期）。

府上海交通大学，正式由一名专业研究人员转行做"人民教师"，虽然没有忘本，但研究已有"兼职"嫌疑。俗话说得好，"隔行如隔山"，由研究系列转为教师系列，表面看，在今日大学"关注教师研究能力"盛行，但对我这么一位决意认真做教师的人来说，则感觉尤其"压力山大"。对于自己转行能否成功，心里始终处在一种忐忑不安状，直到今天也一样。这种忐忑，不是因自己不会说普通话①，也不是因自己没有思想，而恰恰相反。发散性的思维方式与讲着一口普通人讲不了的"普通话"，交大学生能否接受了？特别是在面对大学教育行为"消费者化"之现实，有限时间的师生互动，如何避免被轰下讲台的尴尬，成了我心中的结。当然，对于我的主业，研究生的培养，由于在浙江大学做博士后时有过成功的"见习博导"经历，从未担心过。但面对教育部明令强调的教授必须为本科生教学服务的指令，我一直不敢掉以轻心。尽管努力再努力，也相信"天道酬勤"，但自知效果不会好到哪里？时代决定了我的教学方式，结果一定是"泾渭分明"②。这就是我对自己转行

---

① 其实我自认为自己说的就是普通话。我，一个普普通通的人，说的不是普通话，是什么，难道是鸟语？能说会道的我，只不过说的，有不少人听不懂，害得我越来越感觉张口说话就"压力山大"，以至于一般的学术会议我都只参加，不发言。但也不能长期这样，在华南农业大学罗必良教授的鼓励和支持下，大概是2006年，我终于站上大讲台，在广州一讲就是两个小时，台下不少人都说"能听懂，讲得也不错"，但还是有一些人在一旁说，听不懂，说我"不会普通话"。从一个研究者角度看，依我的定义，"普通话，普通人说的话"，肯定是他们不会，才强加于我。不管怎的，在这里特别感谢支持并提供讲台于我的罗必良教授。

② 从10多年的教学来看，应证了我的预判。听过我课的同学，明显地分为两类，一类是受益匪浅者，毕业后常来信讨教，即使到国外求学，回到上海还专程来看望我这位非专业教师；一类是混学分者或专业认知错位者，自然没有把我的教学当回事，如果说他们有过重视，那就是以"老师（转下页注）

做大学教师的预判。

但是，不管结果如何，我的努力还是要的。为了做好大学教师，进入上海交通大学后我从基层班主任工作做起。2002年7月底出国归来，9月初开学即以班主任身份正式开启了我的本科生指导工作。由我担任班主任的这个班编号为F0212701，是上海交通大学与上海农学院自20世纪末合并以来，以上海交通大学名头招收的第三届农林经济管理本科专业班，也是最后一届农林经济管理专业本科班①。担任班主任工作，我是认真的，也是不走常规路的。多年从事研究的创新思维在带班时时有体现，比如班干部的选拔。考虑到学生毕业后的就业之严峻形势，在带班过程中，我非常重视给更多的同学们创造锻炼机会，将班干部任期严格限定在1年，且班长和团支部书记4年期间只能当选一次，每学年最后一个学期进行班干部及团队竞选，第一学期走马上任，由此F0212701班4年的本科生活就有4个班长，4个团支书。江淑斌同学就是这8人中的一个，与来自海南的蒋云飞同学搭档，淑斌做班长，云飞任书记，江蒋领头

（接上页注②）口音重，听不懂"为借口，在教学评价上给老师打低分，他们自以为维护了自己的权益，实则相反，这类学生目前在交大不在少数。作为老师，尽管会时不时遇到这样的"待遇"，但我心坦然，谨遵教诲："能与之言，而不予之言，失言；不能与之言，而予之言，失人"。宁可失人，也不能失言。

① 在我接手这个班时，并不知道这是最后一届，要知道我是冲着上海交通大学农林经济管理专业的发展而来，没有专业何来我的目标实现，为此甚悲凉一番。好在农林经济管理专业发展转向"研究生"的目标很快就实现。2003年我们申报的农业经济管理专业博士点成功获批，算是对我的雄心有了一丝安慰。但也好景不长，2010年随着学校战略调整，所有二级学科博士点全部停招。尽管农林经济管理专业在交大文科专业中做得最好，也未能幸免于难。为此，我和学校领导抗争过，但碍于国际趋势以及团队思想异动，最后也只能认"输"了。

的第二届班委是 F0212701 班四任班委中被多数同学公认最好的一届。

勤能补拙

　　作为班主任，我虽不能说对班上的每一位同学都了如指掌，但对绝大多数同学是了解的。淑斌同学就不用说了，他与我相处非常融洽，也是很早就决定跟随我在农户研究事业上的前行者。本科期间，按照我的布置，F0212701 班的每一位同学都会利用寒暑假，走乡串户，对农家进行细致访谈，尽管写成的报告不具有多大代表性，但对于同学们增进理论知识的认知有非常重要的帮助①。作为一个团结的群体，这个班在我的引导下，在前后 8 位班级领导的亲力亲为下，积极主动，用 4 年的努力完成了我在上海交通大学的首批全国性随机农户田野调查，形成厚厚的 4 大本数据集。在此行动中，淑斌同学的调研是非常有特色的，他以云南南涧县为例，通过数次调研，对其家乡及其民众生活有了一个渐进式的全面认识与提高。从淑斌的每一份调研报告，我深深感受到，其调研有一种电视剧《渴望》插曲《每一次》歌声的再现，真的是"每一次都有新感觉，每一次都有新发现"。淑斌同学的这一努力可以说是一种典型的调研认知升华过程。正是有了这一基本认识的不断提升，助其

---

　　① 田野调查表面看是一些基本情况了解和基本数据收集，实则是对自己所学知识的一种全面体会与检验。至少对我来说，本科阶段累计长达半年的"实习"经历让我的收获满满。在此，特别感谢我的母校山西农业大学老师的安排，感谢家乡父老对我们这些学子实习时无私地提供各种各样的帮助，包括免费吃住，甚至免费行。对照今日大学生的实习之困境，20 世纪 80 年代的我们，真是幸运儿。

在南京农业大学顺利完成接下来的学业，也正是有这一认知的持续保留，助其毕业回到云南后，成功入职家乡高等学府云南财经大学，并很快晋升副教授。

上海交通大学，作为一所中国高校中名列前茅的高等学府，一般的人是进不来的。能够通过艰苦努力，不懈奋斗考进来的同学，不能说个个都是"人中龙凤"，但也差不多是"学中翘楚"。由我带的这个F0212701班，共25人，除9人来自上海外，其他16人两两来自全国8个省（区）①，可以说是一个以上海为主的"名副其实"的全国班。由于农林经济管理专业属于带"农"字类，在国人心中的地位一直受到不同程度的"歧视"，特别是当这一专业在并校后由农学院走进交通大学这所以工科为主的综合大学后，被录入这一专业的学生，其认知或多或少存在这样那样的心理落差②。这一落差在我们班的表现就十分抢眼，致使在4年的学习中，真正坚守到最后的只有17人，刚过2/3线，其余8人，有4人转学其他专业学院，有4人退学。学生退学，在素以治校"严厉"著称的交通大学并不稀奇，保守估计也有10% +；而学生退学，事实上也不是交通大学"学子"无能的表现，很大程度是学生自身"认知错位"的反应，特别是专业认知错位。一般地，交通大学学子都很少相信"行行出状元"，而更多的是相信"兴趣相投"。仔细观察，

---

① 这8个省（区）包括新疆、内蒙、云南、海南等边疆省（区），也包括山东、江苏、广东、湖北等内陆省份。

② 这个落差也就存在于国内，在国外，比如美国，可能就不存在了。有例为证，我认识的一位朋友，曾是国内名校清华的本科生，出国留学到美国密执根大学后，选择深造的专业却与我一致——农业经济管理。毕业后留在美国名校任教，且成为当下国际农经学界的著名教授。

这些退学或转学者，多是非沪籍生源，所以如此，依我看，一个重要原因就是他们拥有高考时的"地区翘楚"之特征，对专业有较强偏好，专业不对路或兴趣点未激活恰是退学的根本。就拿我班的 4 位退学者来看，一位因脑瘤手术病退，属于无奈退学；一位因高中时的过度高压，到大学后实在找不到学习兴趣，被迫退学，属于适应力不足退学；还有两位入学时就有厌弃农经之倾向，二年级时退学，重回故里参加高考，并再次成功进入 985 和 211 名校（一位加盟复旦大学，一位投入华中科技大学），荒废两年时光而匆匆上阵都能重新实现高考名校梦，足见交大学子们的智商之高或水平之稳。

诚然，在这些智商足够高，水平足够稳定的学子中，也有一些相对弱者。在我带的这个班，淑斌同学当属此类。尽管有一句俗话，"先天不足后天补"，通过勤奋努力，可能会实现"勤能补拙"的梦想，但有时也得认现实。短板就是短板，硬要使短板变长，有时也是得不偿失的，至少对我来说是这样。故通过交流，淑斌在考研时接受了我的建议：在短期内无法加长自己的英语短板，主动选择了放弃名校交大，而是到对英语成绩要求相对低的南京农业大学去。他的这一选择最终让其不仅成为交大 F0212701 班第一位戴上博士帽的交大学子，也使其成功走进高等学府，站上云南财经大学的三尺讲台，与此同时，也很快成为国家级项目的主持人①，并因

---

① 2012 年博士毕业的他，在走进云南财经大学积极准备教学的同时，不忘将自己的研究功底予以发掘与展示。2013 年他将自己的博士学位论文核心部分改编成学术论文《农地流转"租金分层"现象及其根源》成功在中国农经学会会刊《农业经济问题》上发表。2014 年成功申请到云南省教育厅项目"农地流转中的村集体行为研究"（2014Y288）和国家社会科学基金项目（以下简称国家社科基金项目）"村集体在农地流转中的职能定位研究"（14XJY023）两项。

此晋升高级知识分子之列。

天道酬勤

努力归努力，智商是基础，我们必须承认现实。从淑斌在南京农业大学读博到云南财经大学工作，8 年的科研业绩展示看，离名校生的要求尚有一定距离①。但从他的研究主题及论文质地看，论文的主题比较聚焦，表明淑斌是一位善于钻研的学者，符合他之前在本科期间的特点；论文的质地也是非常不错的，为何均投在普通学术杂志上？对此，我虽没有与他就这一行为进行过细致交流，但从我对地方院校的业绩考核管理了解以及我曾在研究所的工作经历，深深感觉到，有什么样的管理制度，就有什么的行为偏好，一般人是脱不开这个"套子"的。真正能够走出单位管理，摆脱同事比较，进入自我管理的境界，是需要一个很大的自控毅力的。有人曾对我说，"你能说起这个话，是因为你所在的上海交通大学平台高，招收的学生能力强"，对此，我不否认，但自我认输心理的存在可能是一个学者，特别是一个地方院校的学者，不能实现自身能力提升的根本。就此，我曾到国内西部一所高校做过一个时长 4 年的"自然实验"。承诺："在我的训练下，人人均可实现科研能力提升的梦想。"用不到 3 年的时间，接受训练的青年教师和博士生，

---

① 据中国知网数据，2011～2018 年，江淑斌累计发表学术论文 11 篇，年均 1 篇多。其中最好的就是《农业经济问题》（2013），在交通大学属于 B 级；其次是《经济经纬》（2012 年和 2018 年）、《农村经济》（2012 年）、《当代经济管理》（2011 年）和《生态经济》（2014 年）等五个交大 C 级。

就有不少青年才俊体验到国家项目主持人的"幸福"，与此同时，有个别青年才俊捷足先登实现了在高水平杂志发文的梦想。

都说国家项目申请很"难"，对此我也不否认，但从自身经历看①，这个"难"是对"说"者而已，而对"行"者则非也。这是因为国家项目资助的宗旨就是那些"执着的上路者"，那些"在路上遇到困难者"。而对于那些看似能够写出一手漂亮的申报书，并坐等"福音"的学者，通常是会被基金评审专家看穿，被列入"不可信任"之列，事实上也不敢信任②。淑斌博士，尽管整个科研业绩的确不是那么出众，无论数量（有限），还是质量（一般），都不能被看作是国家基金支持的首选，但他的执着，他的忘我，却赢得了盲评与会评专家的认可，这就是他成为国家社科基金项目主持人的奥妙或秘密所在。说他是幸运儿，不错，这也是大多数人的看法，但这个幸运背后却是一种耐得住寂寞的持久坚持。他的这一行为正应了一个词：天道酬勤。

阳光执着

摆在我案头的这部由淑斌博士用数年时间或汗水撰写的《农地

---

① 自 2000 年初进入浙江大学做博后到 2001 年底入职上海交通大学从教，20 年累计成功申报国家社科基金 2 项，国家自然科学基金（以下简称国家自科基金）9 项，平均 2 年一项。加上参与的，年均一项有余。

② 记得我曾给学生讲过一个猎人打猎的故事。一般地，猎人在打猎过程中，都对运动中的猎物感兴趣，而对站着不动的猎物则不感兴趣。原因是对运动着的猎物狩猎的成功率会大大高于站着的猎物。国家基金瞄准的对象也一样，基金投放的成功率高低应取决于选择的对象是否是"行走在科研道路上者"，是否是"行走在科研道路上且有一定深度者"，若是"坐等空想者"，成功率几乎为零。

流转中的村集体职能：理论分析与实证检验》一书，恰是其入职云南财经大学，于2014年首次申报并成功获得资助的国家社科基金西部项目（14XJY023）的研究成果。主持过国家社科基金的学者都知道，这是一个"好吃难消化"的苦差事。相比，国家自科基金的中选主要是依靠实力，国家社科基金的中选实在是有太多的幸运或概率。更为奇葩的是，国家社科基金的特殊管理方式，让"中选者"在完成过程及结项评审中会享受到其他项目不曾有过的"待遇"①。淑斌博士能够幸运地顺利结项，我真的为他感到高兴，真诚地给予祝贺！

"农地流转"，是一个非常热门的主题。尽管这一现象并非今日才有，在传统中国，农地私有化制度下，农地流转一样普遍，其流转通常由市场说了算。那时的农地在农户家里不仅是生产资料，更是财富象征。农地流转停止进行是解放后的事，特别是进入农地集体所有、统一经营时候的事（1958～1978年）。

改革开放后，尽管农地依旧是集体所有，但经营模式却由集体统一经营转为农户承包经营，名曰"家庭联产承包责任制"。随着这一制度在1982年中央"一号文件"的引领下正式确立与运转，

---

① 简单地说，至少有如下四类。首先，在项目执行过程中，国家社科基金执行者，不能再申请其他项目，直到取得结项证书，从这个角度看，拥有典型的排他性；其次，项目评审通过率非常低，特别是按期通过率尤其低，一而再再而三的报告修改让主持人累得吐血；再次，成果出版必须在结项后，不能在之前擅自出版，更有甚者，结项前不能发表；最后，在成果发表时，若标有"国家社科基金资助"字样，有许多与国家社科基金有联系的杂志明确规定，不能再署其他项目。从这个角度看，国家社科基金的管理不只在项目本身，其管理之手已伸向它可伸的地方。这让许多有过这一经历的学者最终望而却步。至少对我如此，2003年主持了一个项目后再不敢参与。

农地流转就在农户间应运而生。1980～2002 年的农地流转主要发生在农户与农户之间，流转原因也多是因公粮的交纳而起。随着国家工业化与城市化的推进，农业经济时代的"皇粮国税制度"与新型的城市工业经济时代要求出现明显不适配或不和谐①，特别是加入WTO 后，让政府看到一种新的经济增长方式。发端于 20 世纪 90 年代中后期江（泽民）朱（镕基）执政时代的农村税费改革，让农地流转的"负"经济时代②，在 2003 年进入胡（锦涛）温（家宝）执政时代，发生 180 度大转变。随着 2002 年《中华人民共和国农村土地承包法》的出台，以及随后开展的农业税减免（2003～2005年）与取消（2005 年），农地流转正式进入了一个"正"经济时代。尽管此时的农地的属性依旧维持"农民集体所有"，但农地对承包者农民来说，其财富的属性开始显现，特别是在国家城市化进程的加速前行中，农地的这一财富属性凸显。2004 年以来中央政府实施的农业直接补贴政策更使得农地流转力度不断加强，农地承包权给农户带来的福利大增。2013 年是又一个新时代习（近平）李（克强）执政时代的开启，当年全国"两会"给土地改革定下清晰的方向与目标："加快农村土地征收改革与完善土地流转制度"。"农村土地确权保障农民权益"成为 2013 年"两会"土地改革的关注焦点。随后几年的农地确权实践让农地流转真正成为新一届中

---

① 据说，随着家庭联产承包责任制的实施的深化，公粮的征收成本越来越高，以至于入不敷出。不仅民众税费负担与日俱增，政府也一样负担沉重。不得已，政府于 20 世纪 90 年代末期开启了农村税费改革的试点工作。

② 因外出打工与上缴公粮形成一个冲突，许多农民在外出时被迫把农地转出的同时，还要把公粮部分也一并付上，代人耕种者不仅不出一分钱，可能还有一个公粮收入。

央政府让农民福利增强的一个重要举措。

作为农经学者，我们时刻不能忘记，农地本身的属性：农民集体所有。既然是"集体所有"，那么代表这个集体的"村委会"或"村集体"，它们对村里最有价值的"土地"财富或生产要素流动上到底有什么发言权，有多大发言权，目前给出的答案比较模糊，抑或是空白，需要认真研究。由此围绕农地流转中的村集体职能定位就是一个非常关键的课题。从这个角度看，江淑斌博士的选题正是切中要害，能够入选国家社科基金资助行列，"选题得当"可能是最大的亮点。尽管我在指导学生时，常常告诫他们，少碰"土地"，原因是经历有限，认识不足，无法完成目标。但也有个别执着分子，诸如本书作者。在校期间就多次就土地问题和我辩论，做研究生时更是执着，同样在工作后申请国家基金时选题如故。淑斌的这一行为可以用另一个词概括：阳光执着。

通览全书，我完全认同作者在书中的分析，村集体既不是法人，也不是自然人。农民集体所有权不能自发派生出农地其他权属。清楚地定位村集体的权利和职能是家庭联产承包责任制顺利运行和农地有序流转的基础。在当前农村问题中，十之八九的纠纷问题与"农地"相关，特别是与农地产权相关，而引发这一问题的根源又很大程度上是"村集体"职权的定位不明，没有或无法把问题解决在萌芽状态，有的甚至是由"村集体"不作为或乱作为引发。是的，我也认同作者的另一判断"赋予农民土地权利和定位村集体职能是一个硬币的两面"。但面对中央政府再一次延长农地承包权30年（2029~2059年）的郑重承诺，农地在农民心中的权属理解与国家法律赋予村集体的定位，以及地方政府官员在执行或处理涉及农地问题时选择的站位或视角，对农村发展的影响可能比我们想象的要复杂得多。

作者在书中围绕"农地流转"中的"村集体"定位这一主题，从理论分析框架构建、村集体职能、农地财产功能、农地要素功能等四个方面作了有益探索。特别是在理论分析部分明确指出："如果村集体在农地流转中的职能符合降低交易费用的要求，土地将根据农业部门产品市场和要素市场的变化在不同作物和不同生产者之间进行重新配置，交易双方将分别实现土地的家庭财产功能和生产要素功能"，这一结果显然对我们在现实中的操作有重要意义。

通览全书，的确还有许多方面研究不到位，诸如村集体职能的分析还比较笼统、计量模型使用的严谨性略有欠缺、研究结论的凝炼程度还需要提升、研究深度有待进一步提高。但就现有的分析，逻辑体系比较清晰，层次也分明，所得结论的依据可靠。对于从事中国"三农"问题，特别是农村土地权属问题的决策者、研究者以及感兴趣的学者来说，本书是一部有重要参考价值的农地产权研究之力作。当然，限于能力，书中若有不妥，请读者不吝指出。

上海交通大学特聘教授

2019 年 11 月 14 日

写于上海交通大学闵行校区

摘　要

中国农村土地制度的产权结构是集体所有、家庭承包经营，统分结合。土地集体所有（统）形成于农业合作化时代，家庭承包经营（分）确立于农村改革初期，规范和完善延续至今。

在家庭联产承包责任制下，村集体既不是法人，也不是自然人。农民集体所有权不能自发派生出农地其他权属。农户的农地使用权通过村集体发包和农户承包的方式产生，使用权再进一步派生出农地收益权和处置权。清楚地定位村集体的权利和职能是家庭联产承包责任制顺利运行和农地有序流转的基础。赋予农民土地权利和定位村集体职能是一个硬币的两面。农村改革的渐进性使得土地权属在村集体和农户之间划分模糊，村集体容易侵害农户权益，影响农地投资和流转。随着农地流转日趋活跃，这一问题更加突出，准确定位村集体在农地流转中的职能显得尤为迫切。

土地是农户重要的家庭财产，也是农业重要的生产要素。在农地流转中，卖方实现的是土地的家庭财产功能，买方获得的是土地的生产要素功能。本书以是否有利于土地的家庭财产功能和生产要素功能发挥为标准（两个有利于）来定位村集体在农地流转中的职能，明确村集体在农地流转中可以扮演的角色和发挥的作用。把土地制度建设和土地本质功能发挥联系起来，不仅能从新的视角为农地制度改革和完善提供理论依据和实证证据，而且能为农地有序流转、农民增收和农业发展提供建设性的政策建议。

本书的研究内容和相应结果如下。

研究内容一：理论分析框架构建。旨在构建全文的理论分析框架，对农地流转行为进行理论分析，为实证研究提供假说，为村集体职能规范研究提出标准。

研究内容二：村集体农地流转职能。旨在通过对研究假说进行实证检验，来判断村集体在农地流转中的职能是否符合降低交易费用的要求。

研究内容三：农地家庭财产功能的发挥。农户可以通过自己经营获取收益，实现土地财产功能，也可以出租土地换取租金，实现其财产功能。研究从农户土地流转行为、土地闲置情况和土地租金三个方面实证分析村集体参与对农地财产功能的影响。

研究内容四：农地生产要素功能的发挥。土地流转通过在不同生产者之间和不同用途之间重新配置土地，达到提高农业生产效率和增加农产品产出的目的。研究从土地用途和土地经营者两个方面分析土地流转是否符合农业生产效率提高的要求，并以此检验村集体参与对农地生产要素功能的影响。

整体上，村集体在农地流转中的参与者职能符合降低交易费用的要求，有利于农地家庭财产功能和生产要素功能的发挥，但对部分农户的福利有负面影响，需要村集体和相关部门决策者予以重视。村集体参与农地流转要注意权衡和协调两部分农户的利益，要注意掌握参与程度的分寸。政府部门对村集体在农地流转中的行为要进行规范和加强监管，但不宜以行政命令和下指标的方式要求村集体推动农地流转和适度规模经营。

目　录

第一章　导　论

第一节　问题提出和研究意义

一　问题提出

在中国农村土地制度家庭联产承包责任制下，农地所有权不能自发派生出农地其他权属，农地使用权通过村集体发包和农户承包的方式产生，农户农地使用权再进一步派生出农地收益权和处置权。清楚地定位村集体的权利和职能是家庭联产承包责任制顺利运行和农地有序流转的基础。农村改革的渐进性使土地权属在村集体和农民之间划分模糊，村集体容易侵害农民权益，影响农地投资和流转。这一问题随着农地流转日趋活跃而更加凸显，准确定位村集体在农地流转中的职能显得尤为迫切。

家庭联产承包责任制是在国家对农村社会经济活动集中控制的弱化和农村社区与农民个人所有权的成长中逐渐形成的（周其仁，1995a；周其仁，1995b）。土地法律权属划分不清，土地承包关系不稳定，而且各地区的土地承包政策存在很大差异（Krusekopf，2002；姚洋，2004）。农民和村干部对农村土地所有权归属认知模

1

糊（徐旭等，2002），表现出明显的非集体化倾向（史清华、卓建伟，2009）。村集体经常根据人口变动在农户之间调整土地（杨学成等，2008）。产权主体不明和土地调整使土地使用权交易成本高昂（Brandt Loren et al.，2004；Kimura et al.，2011；Lohmar et al.，2001；Mullan et al.，2008；Zhang et al.，2004；贾生华等，2003；金松青、Deininger Klaus，2004；晋洪涛，2011；黎霆等，2009；钱文荣，2002；叶剑平等，2006），阻碍农地流转（钱忠好，2002；商春荣、王冰，2004）。土地权属模糊和不稳定得到了决策层的重视，国家先后四次延长了土地承包合同期限，推动农地使用权确权、登记和颁证，进行三权分置改革。但政策法规还在实验和推广之中，实际效果如何还需进一步观察。

农地流转规模随着劳动力转移和农村经济发展而不断扩大（Kung，2002；陈美球等，2008；裴厦等，2011；谭丹、黄贤金，2007；钟涨宝、汪萍，2003），种植大户、合作社和农业企业流转的农地比重快速上升（包宗顺等，2009），流转范围逐渐突破村庄界限，农地市场日益开放（王忠林、韩立民，2009）。当农地在亲戚和村民之间流转时，乡土人情能起到降低交易费用和规避风险的作用（郭继，2011；洪名勇，2009）。但乡土人情具有边界性，在参与主体多元化和交易域扩大的情况下可以发挥的作用有限（乔俊峰，2010），亟须建立规范的市场机制来降低农地流转的交易费用和风险（李霞和、李万明，2011；罗必良、刘茜，2013；朱强、李民，2012）。中国农地分割细碎（黄贤金等，2001；王兴稳、钟甫宁，2008；夏显力等，2013），农地流转规模扩大和适度规模经营需要对地块进行合并和重划，作为农地发包方的村集体在地籍管理中具有不可替代的作用。而且,农地流转使农户收入、劳动力转移、农村社会结构和社区公共服务产生变化,对村庄治理的目标、内容和模式产生冲击(吴晓燕,2009)。无论是主动还是被动,村集体行为都会影响农地流转。从实际情况来看,村集体参与农地流转积极,且影响较大(满明俊等,2012;吴小璐,2013)。一项对全国17个省、区、市的调查表明,村集体有32.7%的包(租)土地,其中包(租)土地直接与村民达成协议的占36.9%,村干部决定的占28.5%,由大多数村民同意的占20.1%,集体包(租)土地是中国农村土地市场的一个重要组成部分(叶剑平等,2010)。

现有文献肯定基层政府在市场机制建设中的作用,但对村集体在农地流转中职能的研究还不足。田传浩等(2005)从农地流转与土地细碎化的关系指出,村集体介入农地市场可以降低流转交易费用,促进土地集中和农业规模经营。赵德起和吴云勇(2011)则指出农地流转处于农民流转意识与能力培养阶段,政府政策可以起到完善农地流转市场的作用。克劳斯·丹宁格和金松青(Deininger and Jin,2005)则认为,市场配置资源比政府行为更有效率,政府干预会导致产权不稳(谢正磊等,2005),政府在介入农地流转时必须掌握合理的度(钱文荣,2003),政府的重要任务是帮助市场机制趋于完善(李霄,2003)。周海灯(2010)从交易者合约选择的角度指出,任何一种合约都是市场自由选择的结果,政府应该保护和界定土地产权,避免过分干预农地流转。基层政府需要抑制调整土地的冲动,同时认同、支持和监督村组内部的土地调整(唐浩等,2011)。政府在农村土地流转中必须定位明确,优化现行农村土地流转中政府的行为,加大提供公共产品和服务的力度,发挥公共产品和服务在土地流转中的促进作用（陈楚舒等，2013）。

综上所述，农地产权在村集体和农民之间划分模糊，不利于村集体在农地流转中正常发挥作用，在农地流转加快发展的趋势下，准确定位村集体职能已迫在眉睫。本书以农地的家庭财产功能和生产要素功能发挥为标准，定位村集体在农地流转中的职能，确定村集体在农地流转中可以扮演的角色和发挥的作用，为完善农村土地制度和促进农地有序流转提供政策依据。

二 研究意义

在现行农村土地制度下，农民土地权利通过村集体发包和农户承包产生，定位村集体权利和职能是农民行使土地权利的前提，赋予农民土地权利和定位村集体职能是一个硬币的两面。

在私有产权制度下，所有权归属一旦清晰界定，则土地其他权利的归属也相应确定，因为土地所有权可以自然派生出使用权、收益权和处置权，但集体所有权则不行。在集体产权制度下，集体成员之间、集体与成员之间如何分享土地的经营权、收益权和处置权，需要法律做出具体规定。所以，农村土地所有权归属的界定在改革初期很快完成，但土地承包经营权、收益权和处置权的界定却一直延续到今天。

农地是农民重要的财产和农业重要的生产要素。本书以农地的家庭财产功能和生产要素功能发挥为标准定位村集体职能，把土地制度建设和土地本质功能发挥联系起来，不仅能为农地制度改革和完善提供建设性的政策建议，而且能从新的视角为理论研究提供实证证据。

第二节　研究目标和研究内容

一　研究目标

本书的总目标是定位村集体在农地流转中的职能，即确定村集体在农地流转中可以扮演的角色和发挥的作用。土地是农户重要的家庭财产，也是农业重要的生产要素。农地流转中，卖方实现土地的家庭财产功能，买方则获得土地的生产要素功能。研究以是否有利于土地家庭财产功能的发挥和是否有利于土地生产要素功能的发挥为标准（两个有利于）来定位村集体在农地流转中的职能。总目标被分解为以下三个目标来逐步达成。

目标一：村集体在农地流转中的职能是否符合流转降低交易费用的要求。分析流转地片的中介和担保使用情况和影响因素，考察村集体在农地流转中的职能是否符合降低交易费用的要求。

目标二：村集体在农地流转中的职能是否有利于农地家庭财产功能的发挥。分析农户土地流转行为、农地闲置情况和流转地片租金，考察村集体在农地流转中的职能是否有利于农地家庭财产功能的发挥。

目标三：村集体在农地流转中的职能是否有利于农地生产要素功能的发挥。分析不同作物和农户的生产效率，考察村集体在农地流转中的职能是否有利于农地生产要素功能的发挥。

二　研究内容

为达成以上三个目标，本书对四个方面的内容进行了研究。

内容一：理论分析框架构建。借鉴现有的农户模型建立农地市场模型，然后利用农地市场模型对土地流转的交易费用和动力机制进行理论分析，提出假说以备实证检验。根据农地流转的意义，提出衡量土地家庭财产功能实现和生产要素功能发挥的具体标准。

内容二：村集体农地流转职能。依次对村集体在农地流转中的管理者职能、交易者职能和参与者职能进行实证分析。重点分析村集体参与者职能与农地流转交易费用的关系，对第四章提出的相关假说进行实证检验。

内容三：农地家庭财产功能的发挥。农户可以通过自己经营获取收益，实现土地财产功能，也可以出租土地换取租金，实现其财产功能。研究从农户土地流转行为、土地闲置情况和土地租金三个方面实证分析村集体参与者职能对农地家庭财产功能的影响。

内容四：农地生产要素功能的发挥。土地流转通过在不同生产者之间和不同用途之间重新配置土地，达到提高农业生产效率和增加农产品产出的目的。研究从土地用途和土地经营者两个方面分析土地流转是否符合农业生产效率提高的要求，并以此检验村集体参与者职能对农地生产要素功能的影响。

第三节　研究方法和数据来源

一　研究方法

本书整体上采用理论分析与实证检验相结合的研究方法。采用的理论方法有农户模型、市场模型和合约理论；实证方法有一般统计描述分析方法、二元 Logit 模型、Tobit 模型、最小二乘法（OLS）和柯布－道格拉斯生产函数（Cobb－Douglas Production Function，C－DPF）。

研究借鉴单一效用可分性农户模型构造两农户市场模型（土地需求曲线和供给曲线），利用农户市场模型分析交易费用、种植业调整和劳动力转移对农地流转的影响。农户既是农地的供给者，也是农地的需求者。如果交易费用为零，农地的供给曲线和需求曲线是同一条曲线，都是农户土地边际收益曲线；如果交易费用不为零，则农地的供给曲线、需求曲线和边际收益曲线各不相同。在假设交易费用为零的情况下，分析了种植业调整和劳动力转移对农地流转的影响。合约理论认为，产权界定和分配决定交易费用，交易者倾向于选择能够降低交易费用的合约（机制、方式）进行交易。研究基于农地流转特质和合约理论构建了农地流转交易费用函数，并用它来分析交易媒介使用与交易物特征和交易对象之间的相关关系。

在计量分析中，研究根据因变量特征相机使用计量回归模型。在第六章的村集体参与者职能和第七章的农户土地流转行为和土地闲置行为分析中使用了二元 Logit 模型。在第七章的农户土地流转面积、土地闲置面积的影响因素分析中使用了 Tobit 模型。在第七章流转地片租金的影响因素分析中使用了最小二乘法（OLS）。在第八章的农地生产效率分析中使用了柯布－道格拉斯生产函数（C－DPF）计算农户全要素生产率（TFP）和土地边际产出（MPT）。

二　数据来源

本书实证分析部分使用的数据是一手数据，研究背景部分使用的数据是二手数据。

为获得适用的一手数据，作者于 2015 年 12 月至 2016 年 6 月在云南农村开展了以村庄和农户为对象的田野调查。课题组设计了两套调查问卷（附件 1 和附件 2），用于收集村庄和农户土地流转方面的信息。调查组进村入户后，培训合格的调查员以问卷为提纲对村干部和农民进行访谈，并将信息记录在调查问卷上。调查结束后，问卷经检查和核对无误后统一录入数据库。

二手数据来自历年《中国统计年鉴》和《云南统计年鉴》。《中国统计年鉴》数据通过国家统计局网站（http：//www.stats.gov.cn）获取，《云南统计年鉴》数据根据馆藏的纸质版录入。研究选取了农村基层组织情况、主要农作物播种面积和三次产业就业人员数这三个方面的数据，来描述农村基层组织和农村土地经营的演变趋势。

第四节　技术路线和本书结构

一　技术路线

本书遵循图 1-1 所示的技术路线逐步展开理论分析和实证检验。

理论分析。首先进行概念界定和文献回顾，然后对农村经营制度的演变趋势进行描述和总结。在此基础上构建理论分析框架，对农地流转及村集体职能进行理论分析，提出研究假说和判断标准。

实证检验。首先介绍数据来源，分析农户的土地情况、产权归属认知和土地经营行为，然后对村集体在农地流转中的三种职能进行描述统计分析。在此基础上，重点分析村集体职能对交易费用、农地家庭财产功能和农地生产要素功能的影响。

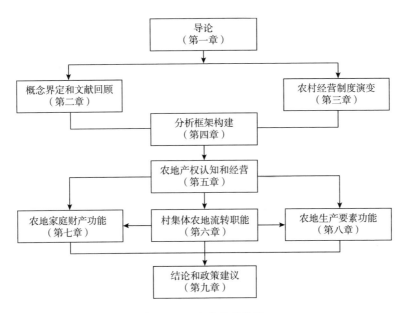

图 1-1 研究技术路线

二 本书结构

本书一共九章。各章的主要内容如下。

第一章，导论。首先，提出和界定本书研究的问题，阐述选题背景和研究意义，制定研究目标和研究内容；其次，介绍研究使用的方法、数据和遵循的技术路线；最后，介绍本书各章的主要内容，分析研究可能的创新和存在的不足。

第二章，概念界定和文献回顾。首先，对本书的核心概念，即农地流转、村集体职能进行界定，阐明它们的内涵和外延；其次，从农地流转动力、障碍、效应和村集体行为四个方面对现有文献进行评述；最后，介绍研究借鉴的基础理论：农户模型、市场模型和合约理论。

第三章，农村经营制度演变。首先，分两个阶段（农业合作化时代和村民自治时代）回顾了中华人民共和国成立以来农村基层管理制度的演变，分析了以村民委员会和村党支部为核心，以农村工作队为辅助的农村基层管理制度；其次，从集体所有制确立和家庭承包经营完善两个方面分析了农村土地制度的改革历程和产权结构；最后，使用二手数据描述了改革开放以来中国和云南省农地种植业调整、农业劳动力转移的基本趋势。

第四章，分析框架构建。首先借鉴单一效用可分性农户模型构造两农户市场模型；然后利用农户市场模型分析交易费用、种植业调整、劳动力转移对农地流转的影响，提出研究假说，以备实证检验。根据农地流转实质提出判断农地家庭财产功能和生产要素功能发挥的标准。

第五章，农地产权认知和经营。介绍田野调查的基本情况，利用数据对农户资源禀赋、农地产权归属认知和农地经营行为进行统计描述分析，为第六章、第七章和第八章的深入分析做准备。

第六章，村集体农地流转职能。首先依次对村集体在农地流转中的管理者职能、交易者职能和参与者职能进行统计描述分析，然后重点分析参与者职能的影响因素，对第四章提出的研究假说进行实证检验，考察村集体参与者职能是否符合农地流转降低交易费用的要求。

第七章，农地家庭财产功能。首先对农户土地流转行为、土地闲置情况进行统计分析和计量分析，对第四章提出的假说进行实证检验，考察村集体参与者职能是否能促进土地流转面积增加和土地闲置面积减少；然后对流转地片租金的影响因素进行实证分析，检验村集体参与者职能对农地租金的影响。从土地流转、土地闲置和地片租金三个方面考察村集体职能对农地家庭财产功能的影响。

第八章，农地生产要素功能。首先对农地流动方向进行描述分析，利用生产函数和回归分析计算不同作物、不同农户和粮食作物的全要素生产率和土地边际产出，从方向上判断村集体职能是否有益于农地生产效率提高；然后以行政村为单位，分析农户全要素生产率和土地边际产出差距与村集体参与者职能的相关关系，从程度上判断村集体职能对缩小农地生产效率差距的影响。

第九章，结论和政策建议。首先对研究结论进行总结和阐述，回答第一章中提出的问题，然后根据研究结论提出政策建议。

第五节　可能的创新和不足

一　可能的创新

与研究农地流转的同类文献相比，本书在以下三个方面存在可能的创新。

（1）研究视角创新。虽然现有文献很多都涉及了村集体行为，但是以村集体为对象进行正面系统研究的文献并不多见。本书把村集体在农地流转中的行为分为管理者职能、交易者职能和参与者职能进行理论分析和实证检验，对村集体行为的界定更清晰，使得研究对象更具体，研究结论更具有针对性。

（2）理论分析创新。在现有考虑交易费用的农户模型的基础上，构建农户土地需求曲线和供给曲线，理论分析交易费用、种植业调整和劳动力转移对农地流转的影响。基于农地流转特征和合约理论构建了农地流转交易费用函数，并用它来分析交易媒介使用与交易物特征和交易对象的关系。

（3）判断标准创新。现有文献主要以农户是否流转土地和土地流转面积为标准，分析村集体行为对农地市场发育的影响。本书以农地家庭财产功能和生产要素功能的发挥为标准，在实证分析村集体参与者职能对农地流转的影响的基础上，对村集体在农地流转中可以扮演的角色和发挥的作用进行界定。

二　可能的不足

受作者研究水平、时间和精力所限，本书在以下三个方面存在可能的不足。

（1）对村集体管理者职能的分析不深入。作者在第六章中依次对村集体在农地流转中的管理者职能、交易者职能和参与者职能进行描述统计分析。在第六章中仅仅分析了村集体的参与者职能的影响因素，在第七章和第八章中也只分析了村集体的参与者职能对农地家庭财产功能和生产要素功能的影响，没有对村集体的管理者职能和交易者职能进行深入分析。交易者职能对农地流转的影响比较简单，没有深入分析的必要。没有对管理者职能进行深入分析主要有两个原因。一是村集体管理者职能所追求的目标比较复杂，难以界定；二是村集体的管理者职能和参与者职能之间存在关联。本书简单地把它们当作两种不同的职能分析，存在一定不足。

（2）实证分析只使用了截面数据。受研究时间和经费限制，田野调查只收集了截面数据，没有收集面板数据。实证分析只能对农户土地流转行为和土地生产效率进行横向对比，没有做纵向比较。如果能获取面板数据，同时进行横向和纵向比较，本书的研究结论将更加可靠。

（3）缺乏对农户以外的其他经营主体的生产行为分析。在农地流转市场日益开放的情况下，除了当地农户外，外地农民、种植大户、农业公司和土地合作社积极参与农地流转和种植业经营。本书仅仅分析了它们所种植的农作物，没有测算它们的全要素生产率和土地边际产出，这是因为田野调查没有获得可用的投入和产出数据。虽然作者设计了以种植大户（或农业组织）为对象的调查问卷，但是在田野调查中无法收集到足够数量的样本。所以，土地生产效率分析最终没有纳入这部分经营者。

第二章　概念界定和文献回顾

本章有三个内容，一是对本书中的核心概念进行界定；二是对现有相关文献进行回顾和评述；三是对研究借鉴的基础理论进行介绍。

第一节　概念界定

为了后续部分行文方便，也为了避免因概念不一致引起无意义的争论，下面对本书中使用的核心概念"农地流转"和"村集体职能"进行界定，明确其内涵和外延。

一　农地流转

"农地"一词经常作为农业用地或农村土地的简称使用。本书所使用的"农地"一词的含义虽然与农业用地和农村土地的意义非常接近，但是并不完全相同。农业有狭义和广义之分，狭义的农业仅指种植业，广义的农业除了种植业外还包括林业、畜牧业、渔业和副业。相应地，农业用地也有狭义和广义之分，狭义的农业用地仅指耕地，而广义的农业用地除了耕地外，还包括园地、草地、林地和水面。《中华人民共和国农村土地承包法》（2002 年版、2009

年版和 2018 年版）规定："农村土地，是指农民集体所有和国家所有依法由农民集体使用的耕地、林地、草地，以及其他依法用于农业的土地。"本书使用的农地概念是指农民集体所有，由集体统一经营或者农户承包经营，或国家所有依法由农民集体使用（集体经营或农户经营），用于农业生产的耕地和园地。从法律权利归属角度看，本书所指的农地不包括国家所有依法由其他经营主体经营的农地。从农业生产角度看，本书所指的农地不包括林地、草地和水面。与国家统计局的界定范围相比①，本书所指的农地不包括耕地周围公共的沟、渠、路和地坎。

　　农地流转是指农户（或村集体）将一定时期的农地经营权（使用权）出让给其他农户或农业经营组织的一种经济行为。农地流转后，不改变出让方与集体的承包关系，不改变土地的农业用途。根据交易对象和权属，农地流转被分为转包、转让、互换、出租和入股等五种方式（见表 2-1）。本书所使用的农地流转概念与《中华人民共和国农村土地承包法》和其他相关法规使用的"土地承包经营权流转"的外延一致，但在分类方式上有差异。本书把"转包"归为"出租"。

---

　① 国家统计局对耕地和园地界定如下。耕地，指种植农作物的土地，包括熟地，新开发、复垦、整理地，休闲地（含轮歇地、轮作地）；以种植农作物（含蔬菜）为主，间有零星果树、桑树或其他树木的土地；平均每年能保证收获一季的已垦滩地和海涂。耕地中包括南方宽度<1.0 米，北方宽度<2.0 米固定的沟、渠、路和地坎（埂）；临时种植药材、草皮、花卉、苗木等的耕地，以及其他临时改变用途的耕地。园地，指种植以采集果、叶、根、茎、汁等为主的集约经营的多年生木本和草本作物，覆盖度大于 50% 和每亩株数大于合理株数 70% 的土地。包括用于育苗的土地。http：//www. stats. gov. cn。

表 2 - 1　农地流转方式的定义与特征

序号	名称	定义	特征
1	转包	承包农户将承包耕地转给本集体经济组织其他承包农户从事农业生产。转包后原土地承包关系不变，原承包方继续享有原土地承包合同规定的权利并履行义务。接包方按转包时约定的条件对转包方负责。承包方将土地交给他人代耕不足一年的除外	土地承包权不发生变化；局限在同一集体经济组织内
2	转让	承包农户经发包方同意将承包期内部分或全部土地的承包经营权让渡给第三方，由第三方享受相应的权利并履行相应的义务。转让后原土地承包关系自行终止，原承包户承包期内的土地承包经营权部分或全部失去	土地承包权发生变化
3	互换	承包方之间为各自需要和便于耕种管理，对属于同一集体经济组织的承包地块进行交换，同时交换相应的土地承包经营权。互换双方的面积均统计在内，如果甲以 3 亩与乙的 2 亩互换，即统计为 5 亩。但明确约定不互换土地承包经营权，只交换耕作的，不列入统计	土地承包权发生变化；局限在同一集体经济组织内
4	出租	承包农户将所承包的土地全部或部分租赁给本集体经济组织以外的他人从事农业生产	土地承包权不发生变化；不局限于同一集体经济组织成员
5	入股	承包农户将土地承包经营权量化为股权，入股从事农业合作生产的耕地面积	土地承包权不发生变化；股份合作经营特征

资料来源：郜亮亮：《中国农地流转市场发展报告》，载李光荣编《中国农村土地市场发展报告（2015～2016）》，社会科学文献出版社，2016。

本书农地流转概念外延也不包括改变土地农业用途的"农地城市流转"（高进云等，2007；李涛等，2004；彭开丽、朱海莲，2015；张安录，1999；周靖祥、陆铭，2011）。

在具体行文时，为了避免语义重复，"农地流转"有时也被称作"农户土地流转"、"农业土地流转"或"农村土地流转"。

二　村集体职能

"村集体"是农村集体经济组织的简称，是农村土地的经营者和管理者，主要指农村土地的发包方。《中华人民共和国土地管理法》（2004 年版和 2019 年版）第十条规定："农民集体所有的土地依法属于村农民集体所有的，由村集体经济组织或者村民委员会经营、管理；已经分别属于村内两个以上农村集体经济组织的农民集体所有的，由村内各该农村集体经济组织或者村民小组经营、管理；已经属于乡（镇）农民集体所有的，由乡（镇）农村集体经济组织经营、管理。"《中华人民共和国农村土地承包法》（2018 年版）第十三条规定："农民集体所有的土地依法属于村农民集体所有的，由村集体经济组织或者村民委员会发包；已经分别属于村内两个以上农村集体经济组织的农民集体所有的，由村内各该农村集体经济组织或者村民小组发包。村集体经济组织或者村民委员会发包的，不得改变村内各集体经济组织农民集体所有的土地的所有权。国家所有依法由农民集体使用的农村土地，由使用该土地的农村集体经济组织、村民委员会或者村民小组发包。"因此，村集体可能是行政村村民委员会、自然村村民小组、行政村内部的农村集体经营组织和乡镇内部的农村集体经济组织其中之一。

农村集体经济组织形式的多样性是由农业生产合作和农村土地制度改革的地区差异性导致的。在农业合作化运动中，"农民把私有的土地（包括土地上附属的私有的塘、井等水利建设）和耕畜、大型农具等主要生产资料转为合作社集体所有，成立农村集体经济

17

组织（高级）农业生产合作社"[①]。人民公社时期，农村人民公社的根本制度是"三级（公社、生产大队和生产队）所有，队为基础"，"大队范围内的土地，都归生产大队所有，固定给生产队使用"[②]。农村人民公社内部存在农业生产合作社、生产队和各种形式（主要有生产、供销、信用、消费等）的农村集体经济组织，组织农村居民的生产生活。[③] 农村土地制度改革确立的制度是"以家庭经营为基础，统分结合的双层经营体制"。在此体制下，土地所有权归属不变，但经营权通过村集体发包和农户承包的方式分配给集体成员。绝大部分农村集体经济组织在土地包产到户后随即解体和消亡，被村民委员会和村民小组取代，小部分农村集体经济组织的土地没有包产到户依然实行统一经营，或者土地包产到户但组织得到保留。本书的田野调查仅观察到村民委员会、村民小组，没有观察到集体经济组织。

村集体是农村土地的发包方，既是村民自治组织，也是党政基层组织（见本书第三章），在农村的生产生活中承担着多重职能。本书关注的村集体职能仅限于村集体在农地流转中的职能，指村集体在农地流转中可以扮演的角色和发挥的作用。村集体在农地流转中可以扮演管理者、交易者和参与者三种角色。相关法律法规赋予了村集体管理农村土地和农地流转的权利和义务，作为管理者的村

---

① 参见《高级农业生产合作社示范章程》（1956 年 6 月 30 日第一届全国人民代表大会第三次会议通过）。

② 参见《农村人民公社工作条例（修正草案）》（1962 年 9 月 27 日中国共产党第八届中央委员会第十次全体会议通过）。

③ 参见《中华人民共和国宪法》（1982 年 12 月 4 日第五届全国人民代表大会第五次会议通过）。

集体会对农地流转采取不同的态度和方式。作为交易者，村集体可以在农地流转中转出和转入土地。作为参与者，村集体可以在农地流转中担任中介或担保，作为交易媒介促进农地流转。

第二节　文献综述

下面从农地流转的动力、障碍、效应和村集体在农地流转中的行为四个方面对现有文献进行评述。中国农村土地制度的产权结构是集体所有、家庭承包经营。本书的研究目的是定位村集体在农地流转中的职能。综述主要围绕以中国农村土地流转为研究对象的中文文献和英文文献进行。

一　农地流转动力

农地流转使土地在不同用途和不同生产者之间进行重新配置。现有研究主要从地区经济发展水平、农业生产变化和农户异质性这三种视角分析农地流转的动力。

地区经济发展水平视角的研究。相同地区不同时间点之间的纵向比较表明，农村土地流转随着地区经济增长呈现流转规模扩大化、流转主体多元化、流转范围广泛化和流转形式多样化的显著特点（王忠林、韩立民，2009；王忠林、韩立民，2011）。在现行农村土地制度下，地区农户土地流转行为的普及程度和流转行为的理性化、契约化和组织化程度，都随着区域内第二产业和第三产业的增长和农村经济的发展而提高（钟涨宝、汪萍，2003）。同一时期不同地区之间的横向比较也表明，发达地区农地流转和集中的比例较高，而不发达地区的比例则较低（史清华、贾生华，2002；赵阳，2007）。包宗顺等（2009）基于第二次全国农业普查数据和政府部门农村土地流转统计资料的研究表明：江苏省地区之间的经济发展水平存在巨大的梯度差异，由北到南经济发达程度依次提高，地区之间在农村土地流转规模、速度、方式、行为和土地集聚程度等方面存在明显的南北差异。

农业生产变化视角的研究。经济发展使得农业部门的产品市场和要素市场发生深刻变化，种植业调整和农业劳动力转移是土地流转的主要动力（江淑斌、苏群，2014）。着眼于种植业结构的研究发现，农业生产结构调整需要通过土地流转扩大经营规模，土地流转是农业生产结构调整的前提条件（樊帆，2009）。而且，在土地流转成本和收益胁迫下，土地最优选择是种植收益率更高的蔬菜作物（蔡瑞林等，2015；郭欢欢，2014），土地流转后非粮化倾向明显（黎霆等，2009；张藕香，2016）。也有研究表明，非粮作物与粮食作物在劳动生产率上存在显著差异，当家庭农场通过农地流转达到的经营规模较小时，农地种植粮食作物的比重较低，但是，随着家庭农场土地经营规模的扩大，农地种植粮食作物的比重会显著上升（陈杰、苏群，2017），土地经营规模较大的农户更倾向于提高粮食作物种植比例，因此，无须过度担心土地流转和规模经营所导致的"非粮化"问题（张宗毅、杜志雄，2015）。着眼于农业劳动力转移的研究发现，农村土地租赁与农村劳动力在非农产业就业加速的同时发生，劳动力非农就业能促进土地市场的发育（Kung，2002）。很多后续研究（陈美球等，2008；裴厦等，2011；谭丹、黄贤金，2007；许恒周、郭玉燕，2011）进一步证实了这一结论。

也有学者持不同看法，江淑斌和苏群（2012）基于农村固定观察点时间序列数据的研究表明：农村劳动力非农就业市场与土地流转市场的关系并不等同于农户家庭劳动力非农就业与其土地流转行为（转入或转出）的关系，短期内地区劳动力转移速度与土地流转数量的关系因转移动力不同而不同。如果农村劳动力非农就业由农业收入下降推动，则抑制土地流转；如果由非农部门工资上涨拉动，则促进土地流转。钱忠好（2008）的研究表明：在农户选择通过家庭内部分工实现兼业化经营的情况下，家庭成员非农就业并不一定导致土地流转。

农户异质性视角的研究。现有研究从资源禀赋差异、生产效率高低和经营风险异同三个方面来分析农户异质性对土地流转的影响。承包时的土地分配和家庭人口变动使农户之间的资源禀赋（土地面积和劳动力数量）产生差异，通过土地流转市场，土地由家庭劳动力数量少或劳动力实现非农就业的农户流向家庭劳动力数量多的农户（Deininger and Jin，2009；江淑斌、苏群，2014；刘克春等，2006；刘克春、朱红根，2008；邹秀清，2008）。除了农户资源禀赋差异外，农业生产效率高低不同也会促进土地在农户之间流转。史清华、贾生华（2002）基于山西和浙江农村固定跟踪观察点的农户调查数据，对两地1986~2000年的农地流动进行分析后指出，农地流转遵循经济理性原则，农户进行农地流转的根本动机是提高农地利用效率。陈海磊等（2014）等基于农村固定观察点山西调查数据的研究表明，农户农业生产效率对其转入的土地面积有显著的正向影响，生产效率越高，农户转入土地面积越大，而且农户土地流转对其长期生产效率更为敏感，土地由生产效率低的农户向生产效率高的农户流转。姚洋（Yang，2000）基于浙江省三个村庄的农户数据的研究表明，农户之间存在生产异质性更能导致土地租赁发生。王小兵和于晓华（Wang and Yu，2011）基于浙江省农户的投入产出数据发现，与没有参与土地流转的农户相比，参与农户的土地产出弹性、规模效应和技术效率都更高，而且技术效率较高的农民更愿意租入土地。冯淑仪等（Feng et al.，2010）基于江西省水稻种植农户的投入和产出分析表明，转入土地农户的水稻生产率明显较高。发生土地流转的农户的技术效率高于未参与土地流转的农户（黄祖辉等，2014）。刘涛等（2008）的研究表明，转出农户的土地复种指数和平均产出率低于其他农户，而转入农户的土地的平均产出率高于其他农户。也有学者从风险异质性的视角分析农户土地流转行为。沃德和夏夫利（Ward and Shively，2015）利用中国9个省（区、市）15年的农户追踪调查数据，分析异质性收入风险和同质性收入风险对农户家庭劳动力转移和土地流转的影响。其结果表明，异质性收入风险能促进农户之间的农地流转；而同质性收入风险对农户的土地流转没有影响。这意味着，村庄成员之间的农地流转可以起到分散风险的作用，当异质性收入风险发生时，农地流转可以平滑农户消费。

二 农地流转障碍

虽然农地流转面积持续增加，但是抑制农地流转的各种因素依然存在。从现有研究来看，阻碍农地流转的因素主要是农村土地制度改革滞后、相关"三农"政策不配套、农地流转市场发育不健全和农业现代化建设相对滞后。

农村土地制度改革滞后。1984 年，政府即允许土地流转和鼓励土地向种田能手集中，但直到 21 世纪后土地流转的速度才明显加快，规模才逐渐扩大。农户土地承包经营权不稳定，村集体经常调整和重新分配土地是一个重要原因。土地调整使土地使用权交易成本高昂，阻碍了农地流转（Brandt Loren et al.，2004；Lohmar et al.，2001；Mullan et al.，2008；Zhang et al.，2004；贾生华等，2003；金松青、Deininger Klaus，2004；钱文荣，2002）。为了稳定农户土地承包经营，国家对村集体的土地调整权限进行严格限制（1984 年"大稳定，小调整"，1993 年"增人不增地、减人不减地"），先后四次（1984 年的"15 年不变"，1993 年的"30 年不变"，1997 年的"长期不变"，2008 年的"长久不变"）延长了土地承包合同期限。从实证研究来看（叶剑平等，2006），这些政策在农村得到了贯彻执行。2013 年开始，政府推动农村土地确权登记颁证工作。从现有文献的研究结果来看，学界对确权颁证在促进农地流转上的作用还存在争议。持肯定观点的学者认为，农地确权政策对农地流转具有显著的正向影响（刘玥汐、许恒周，2016），农地确权不仅降低了交易成本，促进了土地流转，同时也增强了农地的产权强度，提高了土地资源的内在价值（程令国等，2016）。此外，确权对农地流转签订正式合约有促进作用（付江涛等，2016）。持否定观点的学者则认为，农地确权在提升农户产权强度的同时，有可能因土地的人格化财产特征而强化"禀赋效应"，进一步因"产权身份垄断"与"产权地理垄断"而加剧对经营权流转的抑制（罗必良，2016）。而且与通过村集体调整土地实现规模经营相比，土地确权实现规模经营在农村面临公平性的巨大考验（李力东，2017）。

相关"三农"政策不配套。政府农业政策不稳定、城乡分割的户籍制度对农村劳动力就业限制和农村居民社会保障薄弱是阻碍农地流转的三大制度因素。楼江和祝华军（2011）的研究表明，政府农业政策的不稳定，影响了农户预期，不利于农户参与土地流转。农民工市民化与农村土地流转之间存在持续的互动关系。一方面，农民工市民化对农村土地流转提出了迫切需求；另一方面，农村土地流转为农民工市民化提供了资本支持（徐美银，2016）。在城乡分割的户籍制度下，农民工就业市场发育不完全，降低了农民工在城市工作和生活的稳定性，间接抑制了农地流转发生并使得农地流转合同的期限较短（邓海峰、王希扬，2010；杨妙姝、谭华清，2010）。也有学者指出，现阶段政府为农村居民提供的社会保障严重不足，提供就业和收入来源的土地担负着重要的社会保障功能（胡瑞卿、张岳恒，2007；李跃，2010；王兴稳、钟甫宁，2008；闫小欢、霍学喜，2013；张会萍等，2016）。土地的社会保障功能使得土地具有不可替代性，是中国农地流转缓慢的根本原因。

农地流转市场发育不健全。农村土地流转市场不健全使得降低交易费用的中介缺乏，高额的交易费用使得农地流转的交易效率低下。虽然土地流转能增进农户福利和提高土地生产效率，但是交易费用较高使得很多农户未能参加土地流转，农村土地流转市场在改善农民福利和促进农业生产上的潜力还没有完全发挥出来（Deininger and Jin，2009）。农地流转的交易效率受制于政策制度、基础设施和人力资本禀赋，这三个层面的因素相互作用，决定最终的农地流转综合交易效率，共同影响农户土地流转行为和经营面积（吴晨，2006）。罗必良和李尚蒲（2010）基于广东省入户调查数据的分析表明，土地的资产专用性对农地流转影响显著，交易发生的频率与交易费用的高低表现出显著的负相关关系，农户自身行为和政府农业政策的不确定性推高了农地流转的交易费用。农村第三方中介组织的匮乏（李跃，2010），使得很多农民需要通过政府和集体参与农地流转（钱文荣，2002），导致农户土地流转滞后于农村经济发展。

农业现代化建设滞后。农业资本积累缓慢和农村人才大量流出，阻碍了农业产业化经营，使得农地流转不畅和农地大量抛荒（刘初旺等，2003；张丁、万蕾，2007）。现阶段中国农村土地流转滞后的原因是经营土地的收益较低和经营者对集中土地的需求不足，促进土地流转的关键在于通过传统农业生产方式向现代农业生产方式转型，来提高土地收益的边际效率（乐章，2010）。傅晨和刘梦琴（2007）则认为，现阶段农地流转不足的主要原因是土地租金偏低，规模较小使得转入方在土地经营上没有产生显著的规模效应和结构效应，没有大幅增加农业产出和经营利润，使得需求方暂时无力承担较高的土地租金，导致农地流转的需求不足。发生在当地农户之间的土地租赁是土地流转的主要方式，是实现农村土地规模经营的主要途径。政府在设计农业政策时应当把土地集中经营考虑在内，这是中国农业实现现代化转变的关键（卓建伟等，2005）。

三 农地流转效应

农地流转对土地分布、土地投资、农业生产和农户收入等产生了影响。

农地流转使得土地向生产效率高的农户集中，土地在农户之间的分配更不平均（Wu，2006）。唐浩等（2011）利用农地流转前后的土地分配基尼系数测度了农地流转影响土地使用权分配的结果，研究显示农地流转促进了土地使用权的集中，但各区域之间存在显著差异。

农地流转对农户的土地投资行为产生影响，且农户土地的投资行为与其土地来源相关。郜亮亮和黄季焜等利用 2000 年和 2008 年全国 6 个省（区、市）的农户调查数据，分析了农户在流转土地上的有机肥施用行为，结果表明，与从亲属转入的土地相比，农户在从非亲属转入的土地上施用有机肥的概率和施用量显著更低（郜亮亮等，2011；郜亮亮、黄季焜，2011）。俞海等（2003）分析了 6 个省（区、市）180 个样本地块在 20 世纪 80 年代初期和 2000 年的土壤实验数据，结果表明，虽然短期内非正式的农地流转对土壤肥力无显著影响，但是长期内极其容易造成农地土壤肥力衰退。郜亮亮等（2011）则指出，"农户在转入地上的有机肥施用概率和用量要比在自家地上的少；但随着农地租赁土地的稳定性提高，这种投资差异在缩小"。

农地流转对农业生产的影响主要表现在两个方面。一是对农业生产内容的影响；二是对农业生产效率的影响。农地流转在很大程度上导致了土地利用类型的变化（张丽君等，2005）。流转前后农地的种植结构发生了较显著的变化，表现出"去粮化"趋势（黎霆等，2009；易小燕、陈印军，2010）。租入大面积土地能激励农户采用新技术，这改变了农业技术效率（Wang and Yu，2011）。贾生华等（2003）对江、浙、鲁 3 省 5 县 83 户农业经营大户的调查表明，大部分农业经营大户的土地绩效都比租赁前有所改善。土地租赁市场对土地生产率的提高和农业产出增加有正面影响（Lohmar et al.，2001；谢正磊等，2005）。对农户耕地转包行为的分析发现，农户间耕地流转并未显著提高农地配置效率，但它提高了农村劳动力在不同部门间的配置效率，并且符合农户经济理性的基本要求（李承政等，2015）。农地经营权流转能使农民劳动生产率显著提升。冒佩华等（2015）建立了一个基于农地经营权流转市场的农户决策模型，分析了转入和转出土地对农户家庭劳动生产率（劳均收入）的影响，认为农地流转对转出和转入农户家庭劳动力生产率的提高皆有正效应，所不同的是转入土地的农户家庭劳动生产率水平通过农业生产效率水平的提升得到实现，转出土地的农户家庭劳动生产率水平通过非农劳动生产率水平的提升得到实现。此外，农地流转对农户农产品的商品化也有影响。涂军平和黄贤金（2007）的研究表明，农地流转率每增加1个百分点，转出农户的农产品商品化率将下降2个百分点，转入农户农产品商品化率将上升1.3个百分点。

农地流转能增加参与者的收入，增进交易双方的福利。曹建华等（2007）认为，通过农地流转，土地供给者和土地需求者的福利都得以提高。土地流转市场对农户的福利有正面影响（Jin and Deininger，2007），但农地流转对农民收入差距的影响则不确定。韩菡和钟甫宁（2011）对浙江和安徽两省的对比分析发现，在经济发达地区（浙江），单位面积的土地收益高，土地主要向高收入农户流动，农地流转会扩大当地农户之间的收入差距；在经济欠发达地区（安徽），单位面积的土地收益低，土地主要向低收入农户流动，农地流转会缩小当地农户之间的收入差距。

除此之外，土地流转还会对农户其他行为和村庄治理产生影响。杨钢桥等（2010）对湖北省农户土地流转的研究表明，土地市场的活跃能导致农户生产决策和消费决策的分离。许恒周和金晶（2011）的研究则表明，农地流转市场发育对农民养老保障模式选择有影响。农地流转每增加1个百分点，愿意选择社会保障方式养老的农民就增加0.38个百分点。对于村庄而言，农地流转使农户家庭收入、劳动力流动、农村社会结构和社区公共需求等发生了变化，这些变化会对村庄治理的内容、方向、目标乃至模式产生冲击（吴晓燕，2009）。

四　农村集体行为

基层政府（村集体）可能对农地流转实行管制，也可能积极主导农地流转。郜亮亮等（2014）基于6个省（区、市）1200户农户的追踪面板数据（2000年和2008年）的研究发现，村级流转管制增加了交易成本，显著抑制了农地流转的发生，相比于农地自由流转的农户，农地流转行为受管制的农户转入农地的概率要显著低7%。而且管制对农地流转所产生的影响没有随时间推进而发生显著变化，即管制的流转效应是"恒定"的。曾红萍（2015）的田野调查发现，一部分农地集中流转并非市场推动的生产要素自发流转，而是地方政府运用行政力量等各种资源对资本和农民进行双重动员的结果。这部分农地集中流转行为，既是地方政府落实中央"适度规模经营"政策的目标责任的后果，也是其主动追求政绩、争夺项目资源的产物。村委会在土地流转中扮演了非常重要的角色，它不仅是流转的中介、组织和协调者，还是流转双方共同的代理人，并且日益成为独立的利益主体（孔祥智等，2013）。因为流转双方和政府都需要一个中介来促成流转，而且村委会在经济、政治等的激励下，自身也有强烈的参与意愿。但村委会过度介入土地流转可能会产生寻租空间扩大、农户利益受损等问题。现实中由于一些村委会对自己的角色定位不清，致使土地流转的管理、服务和监督存在不少问题，制约了土地流转的规模和效益（刘亚丁、杨秀文，2011）。张建等（2017）在江苏省某县的研究发现，基层政府和村委会在农地流转政策执行中表现为强制性、附加式和选择性政策执行偏差，侵犯了农民土地流转自由选择权、收益权、知情权和参与权等多种土地权益。农地通过拍卖流转的价格会高于农地的协议流转价格，农村土地流转信息的完全程度会影响农村土地流转的价格。基层组织对土地流转的干预会对农户的期望收益产生负面影响（黎东升、刘小乐，2016）。尚旭东（2015）的研究发现，为了实现农地长时间、大面积流转，当地政府和村集体会给向外流转农户一个"亲民价"，这一价格普遍接近市场"天花板"价格，农地溢价压缩了租地方的种植利润。

村集体行为与农地流转的关系是双向的。村集体行为对农地流转有影响，农地流转也会影响村集体行为。郭珍（2015）的研究表明，农地流转同时影响村庄成员规模和结构，一方面会使村庄中经营农业的成员数量下降；另一方面会使村庄成员结构由同质性转变为异质性，两方面力量的作用使村庄由个体规模相等且规模很小的大集团变成个体规模不等的小集团，有利于集体行动的发生，能促进农村小型农田水利设施的供给。王俊霞等（2014）对土地流转与基层选举博弈的关联性分析表明，村干部的品德对流转土地价格与村民的收益具有较大的影响；选举过程中候选人的行为受预期土地流转规模和竞选人能力差距的影响较大；村干部的个人能力对土地流转规模的扩大有着决定性影响。

对于农地流转，政府应该积极干预还是让市场自动运行？虽然现有文献多支持让市场自动运行，但是也有研究支持政府积极干预农地流转。

支持政府干预土地流转的文献的主要依据是农地流转的交易费用较高和土地市场发育的阶段性。田传浩等（2005）从农地流转与土地细碎化的关系指出，农地市场可能是矫正耕地细碎化的一个工具。但由于交易费用较高，农户自发交易耕地对耕地细碎化的影响不显著，村集体介入农地市场可以发挥降低交易费用作用，促进农村土地向大户集中和规模化经营，从而降低土地细碎化水平。赵德起和吴云勇（2011）则指出，政府行为下农地使用权市场流转的一般路径为"农民自发流转阶段—政府获利阶段—农民流转意识与能力培养阶段—农民流转能力提高阶段—流转市场潜能开发阶段"。中国农地使用权流转正处于农民流转意识与能力培养阶段，政府补贴与最低限价政策可以较好地完善农地使用权流转市场，进而增加农民收入。

支持政府减少干预、让市场自动运行的主要依据是政府的干预导致产权的不稳定和市场配置资源比政府行为更有效率。周海灯（2010）从交易者合约选择的角度指出，"任何一种合约形成都是当事人自由选择的结果，所以界定和维护土地产权，减少过分干预才是当前政府为促进农地流转应该做的工作"。唐浩等（2011）则指出，基层政府不仅需要抑制调整土地的冲动，而且要同时认同、支持和监督村组内部的土地调整。谢正磊等（2005）则从稳定产权的角度指出，应该规范政府行为，减少政府行为对农村土地流转的不正当干预，确保农村土地所有权和承包权稳定。克劳斯·丹宁格和金松青（Deininger and Jin，2005）比较土地流转和土地调整后发现，土地流转和土地调整都可以把土地重新分配到土地资源少的农户手中，但土地流转比土地调整更有效率，所以政府应该减少土地调整。在土地流转中，政府的主要任务是完善市场机制，而不应该以市场发育不完全为借口来扩大政府干预市场的权力和范围（李霄，2003）。基层政府在干预农地流转时，必须把握好分寸，目前可以在宣传动员、建立健全农地流转信息平台、土地分类定级和价值估算、地块分割整理和农业招商等方面发挥基础作用（钱文荣，2003）。朱彦臻（2013）指出，农村集体组织在土地承包经营权流转中发挥着不可替代的作用，但是，土地承包经营权流转的法律性质又决定了其不能成为土地承包经营权流转关系的当事人，扮演好土地承包经营权流转的监督者和服务者角色才是破解现阶段农村经济工作难题的必然选择。为切实保护农民土地权益，促进农村土地流转，各级政府应及时向农业政策设计者、土地供给需求沟通协调者、农村公共服务供给者和市场秩序监管者转变，积极完善乡村基层治理结构，以加强对农民自主性的保护（刘双良，2010）。也有研究针对农地流转所产生的影响，提出政策建议。冯锋等（2009）指出，土地流转使土地经营权的所有者和经营者发生了分离，为了兼顾公平和效率，农业补贴应采用按实际播种面积进行二次补贴。

第三节 基础理论

一 农户模型

在不发达经济体中，农业是最重要的经济活动，农户是最基础的生产和消费单元。农户的生产和消费处于半自给自足和半市场化阶段。农户的生产和消费除了受到其自身需求和资源禀赋约束外，还受到其赖以存在的社会环境、经济环境变化和政府政策干预的影响。农户的生产行为、消费行为和就业行为之间相互影响，互为因果。在理论分析和实证研究中，经济学家利用农户模型来分析农户行为。最早的农户模型由苏联经济学家恰亚诺夫（А. В. Чаянов）提出，用于分析俄国农民如何在工作与休闲之间分配时间。模型假设，农户仅面对完全竞争的农产品市场，而不存在劳动力市场。农户劳动力配置的均衡条件是消费的边际效用等于休闲的边际效用。后续研究在恰亚诺夫的基础上不断对农户模型进行革新。农户家庭效用函数的前提假设被逐渐放松，对农户家庭内部成员经济行为差异的研究不断深入。加里·贝克尔（Becker，1965）在恰亚诺夫农户模型的基础上建立了新农户模型。贝克尔模型假设，农户在给定家庭收入、生产函数（技术水平）和时间（工作和休闲时间）的约束下，实现其效用最大化。通过数学方法分析后指出，农户行事可以把生产决策与消费决策分开，先决定生产行为的收入最大化，然后在收入最大化的前提下再决定消费行为的效用最大化，即所谓的生产和消费可分性农户模型。

继贝克尔之后，研究使用的农户模型根据农户生产和消费决策是否可分，分为可分性农户模型（Barnum and Squire，1979；Lau et al.，1978；Yotopoulos and Kuroda，1988）和不可分性农户模型（Brauw et al.，1999；Janvry et al.，2001），也有研究对农户生产和消费的可分性进行检验（Jacoby，1990；Pitt and Rosenzweig，1986）。巴纳姆和斯夸尔（Barnum and Squire，1979）将新家政学的概念引入恰亚诺夫农户模型中，在原模型中加入了农户家庭内生产的消费品，并引入劳动力家庭外就业，修改了原模型中劳动力就业市场不存在的基础假定；伊克巴尔（Iqbal，1986）则在农户行为分析中考虑了借贷、储蓄和投资，加入跨期决策分析，把农户生产行为分为两个生产周期，发展了农户动态分析模型；皮特和罗森伯格（Pitt and Rosenzweig，1986）将健康变量引入农户模型，在农户利润关系函数中植入了健康生产函数。

农户模型基于家庭成员效用同质的假定不断受到经济理论进步和新经济现象涌现两方面的挑战。20世纪80年代以来，农业经济学家将博弈论植入农户模型，强调家庭成员之间具有不同效用函数形式，构建了集体农户模型。从此以后，农户模型发展分为单一模型阶段和集体模型阶段（都阳，2001）。单一模型不区分家庭成员之间的效用差异，假定家庭成员之间具有共同效用函数形式，而集体模型则区分家庭成员之间的效用差异，假定农户家庭成员各自具有不同的效用函数形式。本书主要借鉴单一农户模型，因此对集体农户模型不做回顾和评述。

本书使用的农户模型是由 Carter and Yao（2002）、Deininger and Jin（2005）、Feng et al.（2010）、Jin and Deininger（2007）、

Yang（2000）等发展和完善的农户模型。该农户模型假设农户经济行为追求共同效用，农户的生产和消费具有可分性。与一般农户模型相比，该模型具有两个明显的不同。一是农户模型引入了新制度经济学中交易费用的概念。模型假设农户的土地租赁有交易费用，而且交易费用在两个交易者之间平均分摊。土地租入者支付的实际地租高于名义地租，土地租出者获得的实际地租低于名义地租。与完全市场相比，交易费用的存在减少了交易量，扩大了农户之间土地边际产值的差距。土地产权的保障和交易自由度的提高可以降低交易费用，完善土地租赁市场。二是农户模型假设不存在农业劳动力市场。农户只能在自有土地或非农就业市场上配置劳动力。

二 市场模型

图2-1是市场的需求曲线和供给曲线。

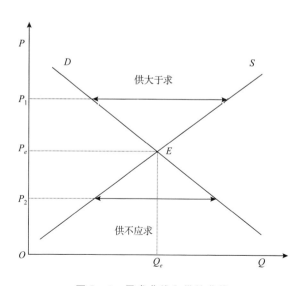

图2-1 需求曲线和供给曲线

图 2－1 中向下倾斜的是需求曲线 D，向上倾斜的是供给曲线 S。价格为 P_e 时，生产者愿意提供和消费者愿意购买的商品数量刚好相等，都为 Q_e，市场实现均衡。价格为 P_1 时，生产者愿意提供的产品数量大于消费者愿意购买的数量，供给大于需求。价格为 P_2 时，生产者愿意提供的产品数量小于消费者愿意购买的数量，需求大于供给。

市场某一时刻的供给和需求都与价格相关。因此，供给大于需求或者需求大于供给都是基于某一价格的判断。之所以会出现供给大于需求或需求大于供给的市场不均衡，是因为消费者的需求会发生变化，而生产者的供给调节需要一定的时间。著名的蛛网模型研究的就是需求和供给之间的这类变动。

需要特别指出的是，影响供给和需求变动的因素可能相同也可能不同。在供给与需求变动的分析中，一般假定影响供给和需求的因素不同，即分别考虑需求变动和供给变动，很少对供给和需求同时变动的情况进行考虑。但在农地市场上，如果不考虑同时影响供给和需求的因素，则有可能犯下严重的错误。在一般的市场分析中，供给者是厂商，其考虑的是如何确定生产规模实现边际收益和边际成本相等，实现利润最大化；需求者是消费者，其考虑的是如何在预算约束下实现效用最大化。因此，市场的供给与需求可以分开考虑。但在农地流转市场上，土地的转入者和转出者都是生产者，都是把土地当作一种生产资料用于农业的经营者。无论是转入者还是转出者考虑的都是利润最大化，决定其转入或转出的是土地的使用效率。因此，农地流转市场上存在很多因素既能影响供给，又能影响需求。这一点可以从图 2－2 的分析中得出。

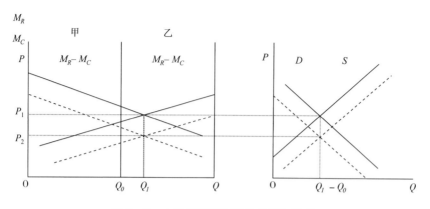

图 2-2　土地经营权市场的供给和需求

假设在某地的土地经营权交易市场上只有甲、乙两个农户。两个农户共有土地 Q 亩，土地的初始分配为农户甲 Q_0 亩，农户乙 $Q - Q_0$ 亩。农户甲和农户乙都在土地上种植小麦。初始时农户甲和农户乙的边际产值曲线相交于点 (P_1, Q_1)。土地的经营权交易价格为 P_1，交易量为 $Q_1 - Q_0$，土地经营权由农户乙向农户甲流转。

假设小麦价格下降，农户甲和农户乙的边际产值曲线下降，并且下降幅度相同。新的边际利润曲线相交于点 (P_2, Q_1)。土地经营权的交易量依旧是 $Q_1 - Q_0$，但交易价格下降到 P_2。即小麦价格下降会导致农地使用权的价格下降，但对农地使用权的交易数量没有影响。反映在供给与需求曲线上就是供给扩大但需求减少，交易价格下降，整个市场交易量不变。

除了价格外，能同时影响供给与需求，但对流转量没有影响的因素还很多。比如，对农户甲与农户乙同时给予生产补贴，农户甲与农户乙同时采用了某项新技术、对种植结构做相同调整等都能同时影响供给和需求，但对交易量却没有影响。供给者和需求者都是利用土地进行农业生产，很多因素能同时影响供给和需求。因此在具体的政策运用中要注意分辨哪些因素只能影响供给或需求，哪些因素既能影响供给又能影响需求。如果分析不足，提出的政策或者扩大了需求但减少了供给，或者扩大了供给但减少了需求，都达不到促进土地流转的目的。

三 合约理论

合约理论认为合约的形式与选择，是在给定约束条件下有效利用资源的必然结果。

相对于需求，经济社会中的资源是稀缺的。当人们都想更多地获得和占有同一物品时，人与人之间的竞争就必然会发生。人类社会不可能避免人与人之间的竞争。有竞争就有胜负，要决定胜负就需要制定竞争规则。如果竞争没有规则，或规则不明确，那么物品自身的价值就会在无序竞争中受到损害，甚至消失（称作"租值消散"）（张五常，2014）。从租值消散的视角看，要促进国民经济增长和人民生活水平提高，就必须制定竞争规则阻止物品租值下降和消失，就必须以尽量降低资源浪费为尺度制定竞争规则。要实现这一目的，就必须以不同的方式解决人与人竞争可能引发的冲突，或者通过规则把导致资源浪费的竞争转变为增加生产价值的竞争。无论是解决冲突还是转变竞争方式，社会都需要制定竞争规则来约束人们的行为。这些为约束人们的行为而产生的竞争规则就是产权制度（张五常，2014）。张五常把行为规则分为三类："第一类以规制来限制财产的使用，第二类以'人'为界定权利的单位或以等级来分配权利，第三类以资源或物质本身来作为界定权利的单位。"社会以市场的价格机制为基础衡量物品和资源的价值，市场以价格来衡量物品和资源对于人类生产和生活的价值高低。市场价格机制是减少租值消散的最优方式。在所有可以使用的规则中，以市场价格决定竞争的胜负和物品与资源的流向会使经济浪费最低和租值消散最少。价格机制以外的任何方式只会造成更大的资源浪费和更严重的租值消散（张五常，2014）。

虽然最有效的方式是以市场价格为标准来降低租值消散，但是市场价格机制的运行本身也会产生成本。价格通过交易得以明确。物品和资源的价格产生，需要使用人力和物力，可以把人力和物力的花费看作交易费用（Transaction Cost）。交易费用也是租值消散的一种（Coase，1937）。罗纳德·科斯认为可以利用企业组织（公司）代替市场价格机制来减少物品和资源的租值消散。张五常则认为，企业组织和市场价格机制可以看作两种不同合约，企业组织的产生和存在，并非市场价格机制的退出，而是以一种合约形式取代了另一种合约形式。不同合约的安排和选择，其目的是如何在约束条件下尽可能地降低资源浪费和租值消散（Cheung，1969）。

根据科斯定理（Coase，1960），在交易费用为零的情况下，无论产权如何界定，资源配置最终会达到最优状态。但是在现实世界中交易费用不但不为零，而且可能还很高。为了实现消费的效用最大化或生产的利润最大化，交易参与者需要通过选择不同合约来降低经济运行中的交易费用。参与者最终满意的合约往往是在约束条件下的最佳选择，可以最大限度地降低交易费用。张五常指出，在一人经济里（鲁滨逊海岛），不会存在产权和交易，不会存在交易费用，也不会产生任何类型的经济组织。但在多人世界里，交易费用无所不在，"（广义的）交易费用包括所有的一人经济以外所能想象到的成本"（张五常，2014）。

根据这个定义，"交易成本可以包括信息成本、谈判成本、签订和实施合约的成本、界定和保障产权的成本、实施产权的成本、监督成本和改变制度等一系列的制度成本"（易宪容，1997）。

合约是当事人（交易双方和组织者）达成对对方的承诺和承诺兑现的形式。它是交易过程中产权在交易者之间进行重新配置的表现形式。合约安排保障不同资源的流转和组合来实现资源在不同用途之间重新优化配置，以达到提高生产效率或增加消费者效用的目的。合约要能实现资源优化配置，需要当事人以不同的合约安排（选择）来最大可能地降低资源重新配置的交易费用（Cheung，1969）。因为，不同的合约安排（选择）对应着高低不同和形式不一的交易费用，理性经济人会选择交易费用最低的合约进行交易。合约的交易费用各不相同，一方面是因为交易和交易环境的制度安排不同；另一方面是因为不同合约规则发生的谈判与执行成本不同。制度与制度之间、合约与合约之间存在巨大的差异。如果资产或资产的权利能够自由转让，当事人可以在不同合约之间自由选择，通过市场竞争最终会实现人尽其才、物尽其用的最优局面。

在现实的经济生活中当事人所掌握的信息通常是不完全的和不对称的。信息繁杂，在有限的时间内不可能一一穷尽交易相关的所有信息，即使可以穷尽，高昂的成本也会阻止当事人做出这样的努力。个体差异的存在也会使得不同人的信息掌握程度存在差异。因此，在约束条件下参与交易的当事人会根据各自所掌握的信息，按自身面临的约束条件和所追求的目标，来选择适合自己（双方）的合约条款，签订对自己（双方）最为有利的合约。如果自由选择合约被禁止，或者合约的当事人掌握的信息不完全，那么交易费用就会很高，甚至高到阻止交易发生。信息不完全，不仅会因为当事人继续搜集信息而使交易费用上升，而且会因为当事人采取机会主义行为而产生额外的交易费用。如果自由选择不受限制，合约当事人就会根据自己所掌握的信息使用对自己最为有利的合约。自由选择是交易参与人能降低交易费用的前提（张五常，2014）。从市场机制视角看，如果高昂的交易费用使得产品市场价格难以被确定，或者根本没有市场价格信号，那么要素（例如资本和劳动）市场就会因为可以规避产品市场高昂的交易费用应运而生，以消除产品市场无法正常运行的不良后果。在这种情况下，当事人会通过要素市场来降低交易费用，但是要素市场也存在交易费用。为了达到最优（交易费用最低），交易的当事人需要在各种可能的合约安排中权衡取舍。

合约达成后，交易费用还会发生。监督合约按照约定顺利执行也会发生交易费用。合约条款的模糊与监督的困难都会导致无谓的资源浪费和租值消散。为了避免产生更高的交易费用，真实交易中很少会出现在协商上或监督上存在很大困难的合约条款。为了降低交易费用，当事人通常不会选择监督困难的合约，而会选择使用容易监督对方的合约来替换它。

第四节 本章小结

本章首先对文中的核心概念"农地流转""村集体职能"进行界定，明确其内涵和外延；其次，从农地流转的动力、障碍、效应和村集体在农地流转中的行为四个方面对现有文献进行评述；最后，介绍了理论分析借鉴的基础理论——农户模型、市场模型和合约理论。

第三章　农村经营制度演变

本章对中国农村基层行政机关的演变和农村土地产权制度的演变进行回顾，为后续研究提供制度背景；对改革开放以来农村土地经营的演变趋势和现状进行总结，为后续研究提供经济背景。

第一节　农村管理制度演变

中国目前的农村基层管理制度孕育于全面抗日战争时期的陕甘宁边区，在计划经济时代一度被人民公社制度取代，人民公社解体后通过政社分离和村民自治等改革开始重建。

一　农业合作时代

中国共产党武装夺取全国政权的道路是"农村包围城市"。在土地革命战争时期（1927～1937年）和全面抗日战争时期（1937～1945年），中国共产党在根据地建立了稳固的农村基层政权，在乡村管理方面积累了经验①。

　　陕甘宁边区政府机关从上至下分为区、县、乡三级。乡参议会是乡政权的最高权力机关，乡参议员由选民选举产生（50人中产生1名参议员）。乡政府人员由乡参议会选举产生，由7名乡政府委员（乡长、文化教育委员、武装动员委员、优抗救济委员、人民仲裁委员、锄奸保卫委员和经济建设委员）组成。乡政权的基础是村政权。每个行政村设村主任和副主任各一名，自然村设村长和副村长各一名，分别由行政村和自然村村民大会选举产生。选举大会一般由乡长、指导员和党委委员主持。行政村内部事务由村主任、村长和本村乡参议员共同管理。除此之外，行政村内部还成立代耕队、担架队、运输队、自卫军、妇女会、校董会、招待处、放哨站、锄奸小组等组织担负各种具体任务（张闻天，1994）。

　　解放战争后期和中华人民共和国成立后，中国共产党在解放区内取消国民党反动政权机关，开展土地改革，建立深入乡村的人民政权②。土地改革工作主要由党组织（或上级政府）下派的工作队和当地新成立的农民协会（或贫农团）组织开展（陈益元、黄琨，2013），"农村基层政权组织主要在贫农团或农民协会的基础上，由区、乡两级的农民代表或人民代表会议选举产生"（杜润生，1999）。解放区的基层政权以区及其下辖的（小）乡最为普遍。1950年12月，中央人民政府政务院通过了《乡（行政村）人民代

①　中国共产党在土地革命战争时期颁布实施过《中华苏维埃共和国地方苏维埃暂行组织法》《江西苏维埃临时组织法》《湖南省工农兵苏维埃政府暂行组织法》《鄂豫皖区苏维埃临时组织大纲》；1933年2月通过《川陕省苏维埃组织法》。

②　1946年5月4日，中共中央发出《关于土地问题的指示》（即"五四"指示）。

表会议组织通则》和《乡（行政村）人民政府组织通则》，对乡和行政村这两种基层政府机关进行了确立和规范。1952 年，为统一体制，老解放区开始撤销行政村建制。1954 年 9 月，第一届全国人民代表大会第一次会议在北京召开，通过了《中华人民共和国宪法》和《中华人民共和国地方各级人民代表大会和地方各级人民政府组织法》，决定在全国范围内撤销行政村建制，统一设立乡（镇）政权。乡（镇）人民政府由乡（镇）长（1 名）、副乡（镇）长（1 名）和委员（7 名以内）组成的委员会领导。"乡（镇）人民政府一般按生产合作、文教卫生、治安保卫、人民武装、民政、财粮、调解等工作分设各种工作委员会"①。乡（镇）人民政府作为农村基层的行政机关，一直到 1958 年人民公社制度建立（见表 3 - 1）。

表 3 - 1　1950 ~ 1958 年中国农业合作组织数量

单位：个

年份	互助组	初级社	高级社	人民公社
1950	2724000	18	1	—
1951	4675000	129	1	—
1952	8026000	4000	10	—
1953	7450000	15000	150	—
1954	9931000	114000	200	—
1955	7147000	633000	500	—
1956	850000	216000	540000	—
1957	—	36000	753000	—
1958	—	—	—	24000

资料来源：林毅夫著《制度、技术与中国农业发展》，格致出版社，上海三联书店，上海人民出版社，2008。

---

① 1954 年 1 月，中央人民政府内务部发布《关于健全乡政权组织的指示》，对委员会设立做了规定。

1951 年 9 月，全国第一次农业互助合作会议在北京召开，通过了《中共中央关于农业生产互助合作的决议（草案）》。1953 年 10月，全国第二次农业互助合作会议在北京召开，通过了《中共中央关于发展农业生产合作社的决议》。两次大会通过的决议迅速在全国贯彻执行。1950～1954 年，全国初级社数量由 18 个迅速增加到114000 个，高级社数量由 1 个增加到 200 个（林毅夫，2008）。行政命令干预和过快发展挫伤了农民的生产积极性。1955 年初，中央提出合作社发展要针对实际情况分别采取停止发展、实行收缩和适当发展（简称"停、缩、发"三字方针）①。但是三字方针并未有效实施。1955 年 7 月，毛泽东主席在省、直辖市、自治区党委书记会议上做了《关于农业合作化问题》的报告，对三字方针进行了批判。同年 10 月召开的中国共产党七届二中全会讨论了毛泽东主席的《怎样办农业生产合作社》。自此，农业合作化开始在农村高歌猛进。到 1957 年，互助组全部合并成初级社，初级社数量下降到36000 个，高级社数量上升到 753000 个（见表 3 - 1）。1958 年 1月，南宁会议制定了《关于把小型的农业合作社适当地合并为大社的意见》，4 月 12 日《人民日报》头版头条刊发《联乡并社发展生产力》，农业合作化运动达到高潮，初级社和高级社全部合并为人民公社。1958 年全国共有人民公社 24000 个。人民公社的特点是"一大二公"。"一大"是规模大，平均每个公社有 5000 户农户；"二公"是公有化，土地、人口和生产工具（设备）全部入社公有

---

① 1955 年 1 月，中共中央发出《关于整顿和巩固农业生产合作社的通知》，3月又发出《关于迅速布置粮食购销工作，安定农民生产情绪的紧急指示》。

公用。在这种情况下，乡（镇）人民政府职能实际已被人民公社取代，再无存在的意义。1957 年 1 月，陈伯达在报告中首次提出，"可以把乡或村政府和农业社合在一起，使农业社本身成为基层政权组织"。1958 年 12 月，中国共产党八届六中全会通过《关于人民公社若干问题的决议》，决定实行"政社合一"。

人民公社实行的制度是"三级所有，队为基础"①。"三级"即人民公社、生产大队和生产队，三级既是生产组织，也是管理单位。在人民公社制度下，社员代表大会是最高权力机关，公社社员代表大会选举产生公社社长、管理委员会委员和监察委员会委员，大队社员代表选举产生大队长、管理委员会委员。社长（队长）领导下的管理委员会既是国家政策执行者、农业生产组织者，又是行政事务管理者。监察委员会主要负责对公社内部事务进行监督。到 1983 年农村改革，人民公社一直是农村基层管理组织。

二　村民自治时代

1978 年 12 月，中国共产党十一届三中全会在北京召开，会议决定把全党的工作重点转移到经济建设上来，邓小平同志在会议闭幕会上做了题为《解放思想，实事求是，团结一致向前看》的讲话。虽然十一届三中全会决定继续坚持人民公社制度，但是提出了"以粮为纲、全面发展、因地制宜、适当集中"的十六字方针，为农村经济体制变革创造了条件。1979~1981 年，农业生产责任制以

---

① 1960 年 11 月 3 日，中共中央发出《关于农村人民公社当前政策问题的紧急指示信》，首次提出"三级所有，队为基础"是人民公社的根本制度。

"星火燎原"之势席卷全国，人民公社体制名存实亡。1982～1986年，中共中央、国务院连续5年以中央一号文件的形式对农村改革给予肯定①。与此同时，1982年12月，第五届全国人民代表大会第五次会议通过《中华人民共和国宪法》，规定："乡、民族乡和镇是我国最基层的行政区域……城市和农村按居民居住地区设立的居民委员会或者村民委员会是基层群众性自治组织。"1983年10月，中共中央、国务院发出了《关于实行政社分开建立乡政府的通知》，要求"各地有领导、有步骤地搞好农村政社分开的改革，争取在1984年底以前大体上完成建立乡政府的工作，以改变党政不分、政企不分的状况"。1985年全国政社分建工作结束，全国共建立乡（镇）人民政府7.22万个（其中乡人民政府6.29万个，镇人民政府0.93万个），行政村村民委员会94.06万个（见图3-1）。

乡（镇）政府设乡（镇）长1名，副乡（镇）长若干名，副乡（镇）长协助乡（镇）长工作。乡（镇）长和副乡（镇）长按照法律规定，由乡（镇）人大选举产生，乡（镇）政府实行乡（镇）长负责制，乡（镇）长有权领导和管理乡（镇）政府所属行政机关及其工作人员，全面负责乡（镇）政府的各项工作。行政村村民委员会设村委会主任、副主任各一名，和其他委员一样，由村民代表大会选举产生。村民委员会设人民调解、治安保卫、公共卫生等委员会，办理本居住地区的公共事务和公益事业。法律规定，

---

① 1982年的《全国农村工作会议纪要》（中发〔1982〕1号）；1983年的《当前农村经济政策的若干问题》（中发〔1983〕1号）；1984年的《关于1984年农村工作的通知》（中发〔1984〕1号）；1985年的《关于进一步活跃农村经济的十项政策》（中发〔1985〕1号）；1986年的《关于1986年农村工作的部署》（中发〔1986〕1号）。

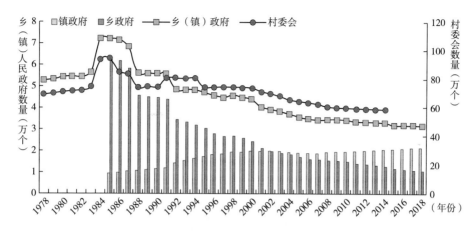

图 3 - 1　1978 ~ 2018 年中国农村基层组织数量

资料来源：中华人民共和国国家统计局网站（http：//data. stats. gov. cn）。

乡镇政府对村民委员会的工作有指导、支持和帮助责任，但是不得
干预依法属于村民自治范围内的事项。乡（镇）政府和村民委员会
之间不是行政隶属、支配和领导关系。至此，中国农村基层政权体
系没有再发生改变，乡（镇）政府和行政村村委会格局一直延续
至今。

1987 年 11 月，第六届全国人大常委会第二十三次会议通过了
《中华人民共和国村民委员会组织法（试行）》，该法的制定和实施，
使村民自治的内容和形式更加具体，确立了村民委员会由村民直接
选举产生的村民自治制度。1998 年 11 月，第九届全国人大常委会第
五次会议修订通过了《中华人民共和国村民委员会组织法》。2010 年
10 月，第十一届全国人大常务委会第十七次会议修订通过了《中华
人民共和国村民委员会自治法》。两次修法为农村全面实行民主选
举、民主决策、民主管理、民主监督提供了法律保障。

政社分离在农村保留了基层党组织。但是农村改革和村民自治
后，随着上级政府对农村生产、生活的干预减少，党组织也逐渐在

村庄治理中收缩职能。从实证研究来看，村庄自治和民主选举在全国农村得到全面贯彻和执行，并且对村庄治理和农村发展产生了深远影响（陈东平、王海员，2013；仇童伟、李宁，2016；孙秀林，2009；王淑娜、姚洋，2007）。目前，中国农村由党委和村委会共同领导，村党支部和共产党员在农村内部管理中依然发挥着重要作用（见表 3 - 2）。

表 3 - 2　行政村两委组织机构和人员构成

	村党支部	村委会
领导机构	村党支部书记（1 名） 组织委员（1 名） 纪律委员（1 名）	村委会主任（1 名） 村委会副主任（1 名） 村委委员（3 名）
工作人员	党小组组长（若干名） 共产党员	村民小组组长（若干名） （自然村村长）

资料来源：作者根据田野调查整理。

除了村委会和党组织外，向农村派驻工作队也是中国共产党基层治理的重要工作制度。农村工作队一般由上级政府部门的干部、党员和工作人员组成，虽然是临时的，却是中国共产党农村工作的一种有效形式，对于贯彻党和政府的方针政策具有十分重要的作用（刘金海，2012）。新中国成立以来，无论是历史上农村的土地改革、农业合作化、家庭联产承包责任制（陈益元、黄琨，2013；刘金海，2012；王连生，2003），还是新世纪的税费改革、新农村建设（张玉台、韩俊，2012）和精准扶贫（王晓毅，2016），都能看到农村工作队在动员、引导和组织农民执行党和政府政策的巨大能量。

不难发现，现行的农村基层管理制度与陕甘宁边区政府时期的管理制度相比，虽然不完全相同，但是差异并不大。

第二节 农村土地制度演变

中国农村土地制度的产权结构是集体所有、家庭承包经营，统分结合。土地集体所有（统）形成于农业合作化时代，而家庭承包经营（分）形成于改革开放时期。

一 集体所有制度确立

"实现耕者有其田"一直是中国共产党人追求的目标。在土地革命战争时期，中国共产党在根据地实行"打土豪、分田地"的土地政策；全面抗日战争时期，为了建立和维护"抗日民族统一战线"，把土地政策调整为"地主减租减息，农民交租交息"。解放战争由守转攻后，中国共产党于1947年9月召开了全国土地会议，通过《中国土地法大纲》（同年10月10日向全国公布），决定在全国开展土地改革运动，废除封建性及半封建性剥削的土地制度，实行耕者有其田的土地制度。

《中国土地法大纲》第六条规定，"乡村中一切地主的土地及公地，由乡村农会接收，连同乡村中其他一切土地，按乡村全部人口，不分男女老幼，统一平均分配，在土地数量上抽多补少，质量上抽肥补瘦，使全乡村人民均获得同等的土地，并归各人所有"。1949年9月，中国人民政治协商会议第一届全体会议召开，通过《中国人民政治协商会议共同纲领》（临时宪法）。该共同纲领第二十七条规定，"凡已实行土地改革的地区，必须保护农民已得土地的所有权。凡尚未实行土地改革的地区，必须发动农民群众，建立农民团体，经过清除土匪恶霸、减租减息和分配土地等项步骤，实现耕者有其田"。1950 年 6 月，中央人民政府委员会第八次会议通过《中华人民共和国土地改革法》，进一步明确了土地改革的具体实施办法。1952 年底，除部分地区外，全国基本完成了土地改革，实现了耕者有其田的农民土地所有制。

农民土地所有制是一种集所有权、使用权、收益权和处置权于一体的"单一产权结构"，产权边界清晰，有比较完整的排他性（綦好东，1998）。《中华人民共和国土地改革法》第三十条明确规定，"土地改革完成后，由人民政府发给土地所有证，并承认一切土地所有者自由经营、买卖及出租其土地的权利"。获得土地的农民需要缴纳农业税。1950 年 9 月颁布的《新解放区农业税暂行条例》第二条规定："新解放区的农业税，以户为单位，按农业人口每人平均农业收入累进计征。"1952 年，中央人民政府政务院还对农业税的税级、税率做过调整。[①] 农民土地所有制激发了广大农民的生产积极性，1949～1952 年，中国农业总产值年增长率为 14.1%，粮食和棉花总产量的年增长率分别为 13.1% 和 43.2%。但农民土地所有制并没有维持太长时间，农业生产合作化和人民公社化很快消解了农民土地所有制。

肇始于 1950 年的农业合作化运动，在 1958 年达到巅峰，其标志是人民公社制度的全面建立。在初级社阶段，农民可以行使土地所有权，自愿选择加入或退出合作社。但是到了高级社和人民公社

---

① 1952 年 6 月，中央人民政府政务院颁布《关于一九五二年农业税收工作的指示》。

时期，农民除了保留少数自留地的使用权外，包括土地在内的所有生产资料都实现了公有化和集体经营。1956 年 6 月，第一届全国人大第三次会议通过《高级农业生产合作社示范章程》（以下简称《章程》）。《章程》第十三条规定，"入社的农民必须把私有的土地和耕畜、大型农具等主要生产资料转为合作社集体所有"。虽然《章程》第十一条规定"社员退社的时候，可以带走他入社的土地或者同等数量和质量的土地"，但在强大的政治动员和宣传攻势下，这几乎是不可能的。农民退社自由被剥夺和人民公社的快速发展使中国农业在 1958～1961 年遭遇了严重危机（Lin，1990）。1962 年 9 月，中国共产党第八届中央委员会第十次全体会议通过了《农村人民公社工作条例修正草案》（俗称"人民公社六十条"），提出人民公社实行"三级所有，队为基础"，规定，生产队范围内的土地，都归生产队所有。生产队所有的土地，包括社员的自留地、自留山、宅基地等，一律不准出租和买卖。这一规定实际上确立了中国农村土地的集体所有性质，虽然法律确立要等到农村改革后《中华人民共和国宪法》（1982 年）的通过和实施。

二　家庭承包经营完善

发端于 1978 年的改革开放，首先以农业生产责任制在农村取得成功。但"太阳底下，从来就没有新鲜事"，"包产到户"早已孕育和生长，并且曾经 5 次冲击人民公社制度（綦好东，1998；周其仁，1995a；周其仁，1995b），可惜一直得不到中央政府的重视和认可。1979～1981 年，在高层默许下，农业生产责任制以"星火燎原"之势迅速席卷神州大地，生产队的农业生产方式全面转为农户家庭经营。1982~1986 年，中共中央、国务院连续 5 年以中央一号文件的形式对农业生产责任制给予肯定。

以农业生产责任制和政社分离为核心的农村改革终结了人民公社制度，但土地的权属已经发生根本改变，没有再回到农业合作化前农民土地所有制的轨道。1982 年的中央一号文件《全国农村工作会议纪要》指出："有些人认为包干到户就是'土地还家'、平分集体财产、分田单干，这完全是一种误解。包干到户是建立在土地公有基础上，它不同于合作化以前的小私有的个体经济，而是社会主义农业经济的组成部分，随着生产力的发展，它将会逐步发展成更为完善的集体经济。"农业生产责任制的实质是以农户与生产队之间订立的合同代替了生产队对农业生产的管理、组织和监督职能。农户以自己对责任的确认和履行责任的承诺（"交够国家的，留足集体的，剩下的全是自己的"）换取了土地的经营权、家庭劳动力的支配权和土地产出剩余的收益权。土地产权归属的法律界定只能围绕着农户和生产队的合同逐步进行。

法律最先明确的是土地所有权归属。1982 年 12 月，第五届全国人大第五次会议通过了《中华人民共和国宪法》。《宪法》第十条明确规定："农村和城市郊区的土地，除由法律规定属于国家所有的以外，属于集体所有；宅基地和自留地、自留山，也属于集体所有。"1986 年 6 月，第六届全国人大第十六次会议通过的《中华人民共和国土地管理法》第八条规定："农村和城市郊区的土地，除由法律规定属于国家所有的以外，属于农民集体所有；宅基地和自留地、自留山，属于农民集体所有。"至此，农村土地所有权归属法律界定完成，至今没有再发生改变。从法律的实施过程来看，集体的范围可以是行政村或者是行政村内的集体经济组织和村民小组。2002 年 8 月颁布的《中华人民共和国农村土地承包法》第十二条规定，"农民集体所有的土地依法属于农民集体所有的，由村集体经济组织或者村民委员会发包；已经分别属于村内两个以上农村集体经济组织的农民集体所有的，由村内各该农村集体经济组织或村民小组发包"。虽然三部重要法律明确规定农村和城市郊区的土地属于农民集体所有，但土地所有权的历史变迁和国家意志的现实操作使得农民和村干部对土地的所有权归属认知模糊。实证研究表明，农民和村干部的土地权属认知表现出明显的非集体化倾向和国家化倾向［晋洪涛、史清华，2011；"农村土地问题立法研究"课题组（陈小君），2010；钱忠好等，2007；史清华、卓建伟，2009］。

在私有产权制度下，所有权归属一旦清晰界定，则土地其他权利的归属也相应确定，因为所有权可以自然派生出使用权、收益权和处置权，但集体所有权则不行。在集体产权制度下，集体成员之间、集体与成员之间如何分享土地的经营权、收益权和处置权，需要法律做出具体规定。所以，农村土地所有权归属的界定完成很快，但土地承包经营权、收益权和处置权的界定至今尚未明晰。

生产责任制赋予农户的土地经营权刚开始是极其残缺的。农地用途受到严格管制，承包合同对农户上缴的农产品的品种和数量皆有规定和要求。1982 年的中央一号文件《全国农村工作会议纪要》指出："粮棉油等产品仍须坚持统购统销的政策。实行派购的二类农副产品，要确定合理的收购基数；某些不便定基数的品种，也要确定合理的购留比例。基数以外的产品，有些仍由国家收购，有些按比例收购一部分，有些全部由社队和农民自行处理。城市郊区要鼓励农民多种蔬菜，原来的菜地不得任意改种，以保障和改善城市的蔬菜供应。要逐步推行合同制，通过合同把国家计划任务和农民的生产安排更好地协调起来。"农户自主经营在农产品市场化改革和农业生产恢复增长后得到允许。国家先是在1983年缩小了农副产品的统购统派范围，然后在1985年把粮食和棉花统购改为合同定购，[①] 最终在1993年终结了粮食统购统销体制。[②] 政府对粮食生产供应的调节由计划经济快速向市场经济转变，农民土地的自主经营得到了允许和尊重。

经营权残缺的另一个原因是土地频繁调整，承包关系不稳定。1984年国家开始提倡和规定土地承包经营权的期限为15年，并限制和禁止土地调整。1993年又提出，"在原定的耕地承包期到期之后，再延长三十年不变。……提倡在承包期内实行'增人不增地、减人不减地'"。1997年再次明确，"土地承包期再延长30年，指的是家庭土地承包经营的期限。集体土地实行家庭联产承包制度，是一项长期不变的政策"。2008年10月，中国共产党十七届三中全会通过《中共中央关于推进农村改革发展若干重大问题的决定》，提出"赋予农民更加充分而有保障的土地承包经营权，现有土地承包关系要保持稳定并长久不变"。除了稳定和延长承包合同外，中央政府还严格限制村集体调整土地的行为。1998年通过的《中华人民共和国土地管理法》规定："在土地承包经营期限内，对个别承包经营者之间承包的土地进行适当调整的，必须经村民会议三分之二以

---

① 1985年的中央一号文件《关于进一步活跃农村经济的十项政策》。

② 1993年的中央十一号文件《关于当前农业和农村经济发展的若干政策措施》。

上成员或者三分之二以上村民代表的同意，并报乡（镇）人民政府和县级人民政府农业行政主管部门批准。"经过多年的实践和制度建设，农户土地经营权的自主性、长期性和稳定性不断增强。

在人民公社体制下，农产品在国家、集体和农民之间分享，国家掌握着土地收益的分配权。家庭联产承包责任制取代集体统一经营，并没有动摇这一收益分配格局。在家庭联产承包责任制下，农户与生产队（后来是村集体）签订土地承包合同，农户按合同规定上缴国家税收、定购任务和集体提留，完成任务后的剩余产品归农户自己。这一收入分配格局被农民总结为"交够国家的，留足集体的，剩余都是自己的"。虽然提法略有不同，但收益分配的格局依然是"三级所有"。所不同的是，农户可以通过自主经营，增加属于自己的剩余产品。1983～1986年粮食、棉花统购统销范围缩小和最终终结后，农民从农业生产中获得的收益明显增加，农村居民收入年增长速度超过城镇居民，但国家通过农业税、粮食购销差价、工农产品价格剪刀差等手段继续分享农民经营土地的收益。20世纪80年代后期中国改革重心由农村转向城市，政府减少对农村公共产品的供给，农村的公共事业（交通、教育和卫生等）费用直接由农民承担，并最终摊派到土地上，农民负担加重。这一情况一直持续到20世纪结束。1999～2003年农村税费改革试点和逐步推广后，农民从土地经营中分享的收益才趋于好转。2003～2019年中央政府每年年初按时推出"一号文件"，重新以"一号文件"的形式启动了农村改革，在"多予、少取、放活"、"工业反哺农业，城市支持农村"和"新农村建设"等方针指导下，实行"粮食直补"、取消农业税、改善农业基础设施等一系列惠农亲民政策，农民的土地收益得到显著改善。

在农业生产责任制下，农户除了按照合同规定生产经营和按时履行对国家和集体的义务外，对承包的土地不具有任何形式的处置权。1982年的中央一号文件《全国农村工作会议纪要》规定："为了保证土地所有权和经营权的协调与统一，社员承包的土地，必须依照合同规定，在集体统一计划安排下，从事生产。社员承包的土地，不准买卖，不准出租，不准转让，不准荒废，否则，集体有权收回；社员无力经营或转营他业时应退还集体"。农户被政府赋予土地处置权肇始于1984年。1984年的中央一号文件《关于1984年农村工作的通知》指出，"鼓励土地逐步向种田能手集中。社员在承包期内，因无力耕种或转营他业而要求不包或少包土地的，可以将土地交给集体统一安排，也可以经集体同意，由社员自找对象协商转包，但不能擅自改变向集体承包合同的内容。转包条件可以根据当地情况，由双方商定。在目前实行粮食统购统销制度的条件下，可以允许由转入户为转出户提供一定数量的平价口粮"。1993年《中共中央、国务院关于当前农业和农村经济发展的若干政策措施》指出，"在坚持土地集体所有和不改变土地用途的前提下，经发包方同意，允许土地的使用权依法有偿转让"。2002年通过的《中华人民共和国农村土地承包法》第三十二条规定："通过家庭承包取得的土地承包经营权可以依法采取转包、出租、互换、转让或者其他方式流转。"2005年1月，农业部专门为农地流转制定和颁布了《农村土地承包经营权流转管理办法》，2008年12月，农业部发出《关于做好当前农村土地承包经营权流转管理和服务工作的通知》。在农户土地处置权增加和增强的同时，集体的土地收回

权也相应地受到了限制。《中华人民共和国农村土地承包法》
(2002 年版、2009 年版) 第二十六条规定:"承包期内,承包方全
家迁入小城镇落户的,应当按照承包方的意愿,保留其土地承包经
营权或者允许其依法进行土地承包经营权流转。……承包期内,承
包方交回承包地或者发包方依法收回承包地时,承包方对其在承包
地上投入而提高土地生产能力的,有权获得相应的补偿。"对于林
地,《中华人民共和国农村土地承包法》(2002 年版、2009 年版)
第三十一条还规定,"林地承包的承包人死亡,其继承人可以在其
承包期内继续承包"。

综上可知,所有权归集体所有的法律界定并不是农村土地制度建
设的尾声,而是序言。虽然法律明确规定农地所有权属于村民集体,但
是村民集体既不是自然人,也不是法人。农地所有权人的虚化使得农地
所有权无法自然地派生出农地相应的使用权、收益权和处置权(江淑
斌、苏群,2013)。在农村土地制度下,农地使用权以集体发包、农户
承包的方式产生,农地使用权(承包经营权)再进一步派生出农户的
农地收益权和处置权。这种产权制度安排,一方面使得农户的农地使用
权、收益权和处置权残缺;另一方面使得国家和集体很容易侵害农户的
使用权、收益权和处置权。为了防止基层政府、村集体和村干部侵害农
户的使用权、收益权和处置权,国家又进一步以法律的形式规定了使用
权的产生方式和使用期限(江淑斌、苏群,2013)。

时至今日,围绕着家庭联产承包责任制的农村土地制度建设依
然在继续。2013 年的中央一号文件《关于加快发展现代农业进一
步增强农村发展活力的若干意见》提出,"全面开展农村土地确权
登记颁证工作……用 5 年时间基本完成农村土地承包经营权确权登

记颁证工作，妥善解决农户承包地块面积不准、四至不清等问题"。2015 年 1 月，国土资源部、中央农村工作领导小组办公室、财政部和农业部联合下发《关于农村集体土地确权登记发证的若干意见》，开始在全国开展农户土地的确权、登记和颁证工作。为了"落实集体所有权，稳定农户承包权，放活土地经营权，充分发挥'三权'的各自功能和整体效用，形成层次分明、结构合理、平等保护的格局"，2016 年 10 月，中共中央办公厅、国务院办公厅印发《关于完善农村土地所有权承包权经营权分置办法的意见》。目前这两项工作还在开展，尚未完全结束。

第三节　农村土地经营演变

基层管理制度和土地产权制度的转变为农民的自主经营创造了条件。在工业化和城镇化的大趋势下，农业的种植结构和劳动力发生了深刻变化。

一　种植业结构演变

改革开放以来，随着居民收入持续增加和人口结构深刻变化，中国城乡居民的食物消费数量和结构发生了很大变化（马云倩等，2016；孟繁盈等，2010；王恩胡、李录堂，2007）。为了满足消费者对食物的需求，种植业的规模和结构也在不断调整。1978～2018 年，中国农作物总播种面积由 1.50 亿公顷上升到 1.66 亿公顷（增加 0.16 亿公顷，增幅 10.84%），其间共经历了三次大的波动。第一次波动是 1978～1991 年，第二次波动是 1992～1999 年，第三次波动是

2000 年至今，1979～2018 年中国农作物播种面积变化率见图 3 – 2。

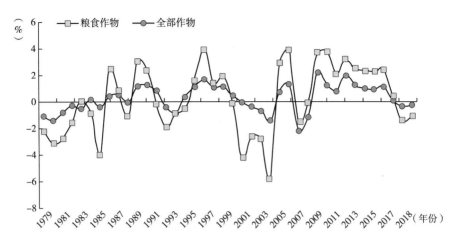

图 3 – 2　1979～2018 年中国农作物播种面积变化率

资料来源：《中国统计年鉴》（2019 年）。

农作物总播种面积和粮食作物播种面积的波动趋势基本一致，且主要受国家粮食政策的影响。

（1）1978～1985 年农作物总播种面积由 1.50 亿公顷下降到 1.44 亿公顷，粮食作物播种面积由 1.21 亿公顷下降到 1.09 亿公顷。1985 年中央政府出台政策，取消粮食和棉花统购统派，改为合同定购，允许定购以外的粮食自由上市，调动了农民的生产积极性。[①] 1986 年粮食作物播种面积和农作物总播种面积双双止跌回升，并保持上升趋势一直到 1991 年。1986～1991 年农作物总播种面积由 1.44 亿公顷上升到 1.50 亿公顷，粮食作物播种面积由 1.11 亿公顷上升到 1.12 亿公顷（1990 年最高为 1.13 亿公顷），棉花作

---

① 中共中央、国务院《关于进一步活跃农村经济的十项政策》（1985 年 1 月 1 日）（中发〔1985〕1 号）。

物播种面积由 0.51 亿公顷上升到 0.65 亿公顷。

（2）1992～1993 年农作物总播种面积和粮食作物播种面积再次下降。农作物总播种面积下降到 1.48 亿公顷，粮食作物播种面积下降到 1.10 亿公顷（1994 年最低）。1993 年中央政府对定购的粮食全部实行"保量放价"和保护价制度。^① 在政府政策刺激下，粮食作物播种面积和农作物总播种面积再次止跌回升。1994～1999年，农作物总播种面积由 1.48 亿公顷上升到 1.56 亿公顷，粮食作物播种面积由 1.09 亿公顷上升到 1.13 亿公顷。

（3）2000～2003 年农作物总播种面积和粮食作物播种面积第三次下降。2003 年达到最低，分别为 1.52 亿公顷和 0.99 亿公顷。2003年 10 月，国务院召开农业和粮食工作会议，决定从 2004 年开始在全国范围内对种粮农民实行直接补贴（简称"粮食直补"）。^②"粮食直补"政策一直延续至今，且补贴力度不断加大。在补贴刺激下，粮食作物播种面积由 2004 年的 1.02 亿公顷上升到 2018 年的 1.18 亿公顷，农作物总播种面积由 1.52 亿公顷上升到 1.66 亿公顷。

种植业结构转变的整体趋势是粮食作物和棉花作物的播种面积比例下降，而油料作物、烟叶作物和蔬菜作物的播种面积比例上升。1978～2018 年，粮食作物和棉花作物的播种面积比例分别由80.34% 和 3.24% 下降到 70.55% 和 2.02%，分别下降了 9.79 个百分点和 1.22 个百分点；油料作物、烟叶作物和蔬菜作物的播种面

---

① 中共中央、国务院《关于当前农业和农村经济发展的若干政策措施》（1993年 11 月 5 日）（中发〔1993〕11 号）。

② 2001 年 3 月 24 日，财政部向国务院报送《关于完善粮改政策的建议》，提出了粮食直补的初步设想。

积比例分别由 4.15%、0.52% 和 2.22% 上升到 7.76%、0.64% 和 12.32%，分别上升了 3.61 个百分点、0.12 个百分点和 10.10 个百分点。受国家粮食政策变动影响，粮食作物播种面积比例在 1986～1990 年和 2003 年至今有过反弹。2003 年粮食作物播种面积比例下降到历史最低（65.22%），然后在"粮食直补"政策刺激下反弹到 2016 年的 81.42%。除了粮食作物外，其他作物的播种面积比例变动也与国家粮食政策紧密相关。比如，油料作物播种面积的比例变动与粮食作物播种面积的比例变动刚好相反，蔬菜作物播种面积比例在 2003～2007 年由 11.78% 下降到 10.38%。1978～2018 年中国主要农作物播种面积见图 3-3。

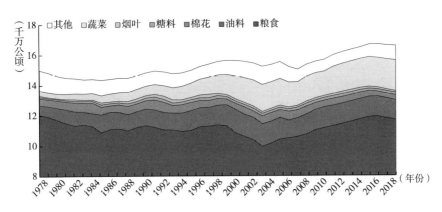

图 3-3　1978～2018 年中国主要农作物播种面积

资料来源：《中国统计年鉴》（2019 年）。

云南省粮食作物播种面积变动趋势与全国一致，但对农作物总播种面积的影响不明显。1978～2018 年，云南省粮食作物播种面积由 367.80 万公顷上升到 417.40 万公顷，其间经历了四次波动，第一次是 1978～1985～1990 年的下降和上升，第二次是 1991～1993～2001 年的下降和上升，第三次是 2002～2003～2014 年的下降和上升，第四次是 2015 年开始的下降，与全国趋势基本一致。1978 年到 2018 年，云南省农作物总播种面积由 413.60 万公顷上升到 689.08 万公顷，增加 275.48 万公顷，增幅 66.61%。

云南省的农作物总播种面积的变动可以分为四个阶段（见图 3－4）。第一阶段，1978～1987 年，农作物总播种面积围绕着 400 万公顷小幅波动；第二阶段，1988～2002 年，农作物总播种面积由 422.61 万公顷快速上升到 2001 年的 592.95 万公顷后，2002 年和 2003 年略有下降；第三阶段，2003～2014 年，农作物总播种面积由 575.59 万公顷上升到 719.44 万公顷；第四阶段，2015～2018 年，农作物面积下降到 689.08 万公顷。云南省的农作物总播种面积变动趋势与全国差异较大。

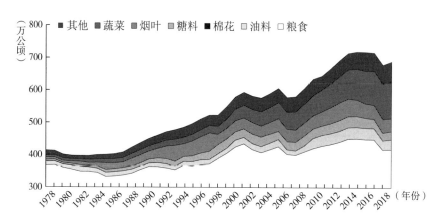

图 3－4　1978～2018 年云南省主要农作物播种面积

资料来源：《云南省统计年鉴》（2019 年）。

云南省的种植结构变动趋势与全国相同。粮食作物和棉花作物的播种面积比例不断下降，而油料作物、糖料作物、烟叶作物和蔬菜作物的播种面积比例不断上升。1978～2018 年，粮食作物和棉花作物的播种面积比例分别由 88.93% 和 0.14% 下降到 60.57% 和 0，油料作物、糖料作物、烟叶作物和蔬菜作物的播种面积比例分别由 2.87%、1.05%、1.72% 和 1.61% 上升到 4.49%、3.77%、5.83% 和 16.43%。

二　农业劳动力转移

改革开放以来，中国农业劳动力快速向非农部门和城镇转移。从 1978 年到 2018 年，中国从业人员非农部门就业比重由 29.48% 增加到 73.89%，就业结构变化率为 44.41%，平均每年增加 1.11 个百分点。尽管如此，中国农业劳动力转移并非一帆风顺，而是一波三折（见图 3 - 5）。根据周期性特征，可以把中国农业劳动力转移划分为四个阶段（程名望，2007）。第一阶段，1978～1982 年。改革开放使得城乡隔离政策发生松动，为劳动力向城市转移提供了现实可能，但家庭联产承包责任制的改革、农产品价格的提高也吸引劳动力留在农村，劳动力转移持续时间较短，转移数量也不多。这一阶段，共有 2600 万人实现转移，第二、第三产业就业比重由 29.48% 提高到 31.87%。第二阶段，1983～1989 年。国务院发布《关于农民进入集镇落户问题的通知》，乡镇企业异军突起，使中国迎来了改革开放以来的第一次"民工潮"。1983～1988 年共有 7600 万劳动力实现转移，劳动力第二、第三产业就业比重也提高到 40.65%。但 1989 年政治事件的发生，很快结束了中国第一次"民工潮"。第三阶段，1990～2002 年。中央政府果断处理了政治事件，国民经济迅速回归正轨，劳动力快速向第二、第三产业转移。这一阶段，共有 1.08 亿劳动力实现转移，劳动力第二、第三产业就业比重由 39.90% 增加到 50.00%。第四阶段，2003 年至今。中央政府连续出台惠农、支农政策，保护农民工合法权益，启动了新一轮的劳动力快速转移。截至 2018 年底，第二、第三产业就业的劳动力达到 5.73 亿人，比重达到 73.89%。

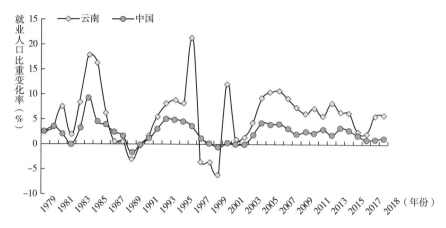

图 3 - 5　1979 ~ 2018 年中国和云南省第二、第三产业就业人口比重变化率
资料来源：《2019 中国统计年鉴》和《2019 云南省统计年鉴》。

经过 37 年的发展，中国劳动力的就业结构发生了根本性变化。1978 年，中国共有 4.01 亿就业人口，其中第一产业就业人口为 2.83 亿人（70.53%）、第二产业就业人口为 0.69 亿人（17.30%）、第三产业就业人口为 0.49 亿人（12.18%）。2018 年，中国就业人口增加到 7.76 亿人，其中在第一产业就业人口为 2.03 亿人（26.16%）、第二产业就业人口为 2.14 亿人（27.58%）、第三产业就业人口为 3.59 亿人（46.26%）（见图 3 - 6）。随着经济的发展，劳动力转移的方向也在发生变化。1994 年以前，工业部门（第二产业）一直是吸收农业剩余劳动力最多的部门，农业劳动力主要向第二产业转移。1994 年，在第三产业就业的劳动力达到 1.55 亿人，首次超过第二产业部门，比第二产业部门的 1.53 亿人多 0.02 亿人（0.03%）。1994 年以后，服务业超越工业，成为提供非农就业岗位最多的部门。

云南省的劳动力转移变动趋势与全国基本一致，但波动幅度稍大（见图 3 - 7）。1980 ~ 2018 年，云南省第二、第三产业就业人口比重由 14.97% 上升到 51.54%，就业结构变化率为 36.57 个百分点，平均每年增加 0.96 个百分点（比全国低 0.15 个百分点）。

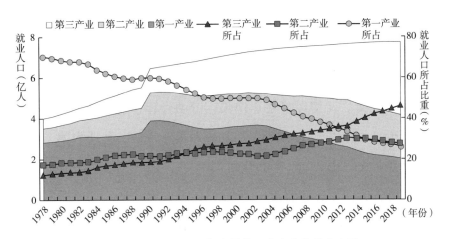

图 3 - 6　1978 ~ 2018 年中国按三次产业分就业人员

资料来源：《2019 中国统计年鉴》。

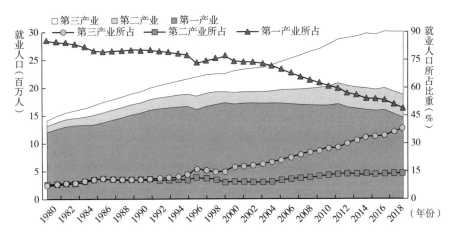

图 3 - 7　1980 ~ 2018 年云南省按三次产业分就业人员

资料来源：《2019 云南省统计年鉴》。

云南省农业劳动力转移大致分为三个阶段（见图 3 - 7）。第一阶段，1980 ~ 1989 年。农村改革成功和城乡隔离政策松动，大量农

村劳动力涌入城市，全国迎来第一次"民工潮"，云南省共有
167.30万人实现转移，第二、第三产业就业比重由14.97%提高到
20.07%。第二阶段，1990~2002年。1989年政治事件平息后，云
南经济快速增长，旅游业成为云南的支柱产业，吸纳大量劳动力就
业。在这一阶段，云南省共有240.60万劳动力实现转移，劳动力
第二、第三产业就业比重由20.02%上升到26.72%。第三阶段，
2003~2018年。云南经济快速增长，劳动力转移速度高于全国平均
水平。2003~2018年共有830万劳动力实现转移，劳动力第二、第
三产业就业比重由27.37%上升到51.54%。

云南省劳动力转移程度一直低于全国平均水平，且差距在不断
拉大。1980年，云南省第二、第三产业就业人口比重比全国低
16.28个百分点，1991年比全国低20.15个百分点，2018年比全国
低22.3个百分点。这主要是因为云南省第二产业规模较小，吸纳
劳动力就业的能力较弱。从1986年开始，云南省第三产业就业人
口比重就已经超过第二产业，成为吸纳农业剩余劳动力就业的主要
产业。2018年云南省第二产业就业人口比重为13.80%，不到第三
产业就业人口比重的一半水平，比全国同期水平低13.78个百分
点。1980~2018年，云南省第二产业就业人口比重由8.07%上升
到13.80%，38年间仅增加5.73个百分点。即便低于全国平均水
平，云南省的劳动力的就业结构也发生了剧烈变化，而且，在进入
21世纪后农业劳动力转移速度一直高于全国平均水平。在全国经
济增长进入新常态后也依然保持了这一趋势。

综上所述，劳动力转移不仅为第二、第三产业输送了大量劳动
力，支撑中国经济持续快速增长，而且使得农业劳动力大量减少，

为农业规模经营创造了条件。由于人口增长迅速，中国在很长一段时期内农业劳动力数量并未随着就业人口比重的下降而减少。1978～1991年，中国农业就业人口由2.83亿人增加到3.91亿人，平均每年增加0.083亿人。从1992年开始，中国农业劳动力的数量才开始下降。云南省由于第二产业吸纳劳动力就业能力较弱，进入21世纪后农业才迎来劳动力数量下降的时代。截至2017年，中国农业从业人员的数量为2.03亿人（为高峰时期的51.92%），云南省农业从业人员数量为1450万人（为高峰时期的84.30%）。

第四节　本章小结

本章回顾了新中国成立以来农村基层管理制度和土地产权制度的演变，分析了改革开放以来农业经营的变化趋势和现状。

中国现行的农村基层管理制度孕育于全面抗日战争时期的陕甘宁边区，在解放战争后期和新中国成立初期走向全国，在计划经济时代一度被人民公社制度取代，农村土地承包改革和政社分离后又逐渐被恢复和规范。在现行制度下，行政村实行村民自治，村民委员会由村民代表大会选举产生，负责管理村庄内部的日常事务，执行政府农村政策。村民委员会由包括村委会主任、副主任在内的5名委员组成，实行集体民主决策。村委会主任领导村委委员和村民小组组长（或称为自然村村长，由村民小组或自然村村民大会选举产生）管理行政村和自然村内部事务。中国共产党基层党组织在村庄日常管理和贯彻政府政策中也发挥重要作用。村党支部由支部书记、组织委员、纪律委员组成的委员会共同领导，通过党小组和全体党员发挥作用。在重大政策推出时，上级政府还会通过由上级政府机关或事业单位工作人员组成的工作队到农村开展工作。

中国农村土地制度的产权结构是集体所有、家庭承包经营，统分结合。土地集体所有（统）形成于农业合作化时代，而家庭承包经营（分）形成于改革开放时期。虽然法律规定农地所有权属于村民集体，但是农民集体既不是自然人，也不是法人。农地所有权人的虚化使得农地所有权无法自然地派生出使用权、收益权和处置权。农地使用权以集体发包和农户承包的方式产生，农地使用权再进一步派生出农户的农地收益权和处置权。改革开放以来，中央政府不断以政策和法律的形式明确、稳定和延长农民的土地承包经营权。农户的土地使用权、收益权和处置权不断得到明确和增强，但土地承包经营权的界定还在继续进行，尚未完全结束。

改革开放以来，农业的种植业结构和劳动投入发生了深刻变化。种植业转变的整体趋势是粮食作物和棉花作物的播种面积比例不断下降，而油料作物、烟叶作物和蔬菜作物的播种面积比例不断上升。政府保障粮食安全（粮食自给率）的政策目标使得这一转变趋势在不同时期出现反复，改革后政府更多以经济手段代替行政命令来调整和鼓励农民生产粮食。工业化和城镇化使得农业劳动力快速向第二、第三产业转移。劳动力转移不仅为第二、第三产业输送了大量劳动力，支撑中国经济持续快速增长，而且使得农业劳动力数量减少，为农业规模经营创造了条件。

本章附表

附表 3 - 1 1978~2018 年中国农村基层组织数量

单位：万个

年份	村委会	乡（镇）政府	镇政府	乡政府
1978	69.04	5.28	—	—
1979	69.86	5.33	—	—
1980	70.98	5.42	—	—
1981	71.80	5.44	—	—
1982	71.94	5.44	—	—
1983	75.01	5.63	—	—
1984	93.35	7.22	—	—
1985	94.06	7.22	0.93	6.29
1986	84.79	7.15	0.98	6.18
1987	83.03	6.83	1.03	5.80
1988	74.04	5.60	1.06	4.54
1989	74.64	5.58	1.11	4.47
1990	74.33	5.58	1.14	4.44
1991	80.42	5.55	1.19	4.37
1992	80.60	4.83	1.41	3.41
1993	80.24	4.82	1.52	3.30
1994	80.21	4.81	1.64	3.16
1995	74.02	4.71	1.73	2.99
1996	74.01	4.55	1.80	2.75
1997	73.94	4.47	1.84	2.63
1998	74.00	4.55	1.91	2.64
1999	73.74	4.47	1.92	2.56
2000	73.47	4.37	1.97	2.40
2001	70.93	4.02	1.96	2.06
2002	69.45	3.91	1.98	1.92
2003	67.86	3.80	1.96	1.84
2004	65.27	3.70	1.92	1.78

续表

年份	村委会	乡（镇）政府	镇政府	乡政府
2005	64.01	3.55	1.89	1.66
2006	63.12	3.45	1.88	1.56
2007	62.10	3.41	1.86	1.55
2008	60.36	3.43	1.92	1.51
2009	59.91	3.42	1.93	1.48
2010	59.47	3.40	1.94	1.46
2011	58.99	3.33	1.97	1.36
2012	58.84	3.32	1.99	1.33
2013	58.85	3.29	2.01	1.28
2014	58.55	3.27	2.04	1.23
2015	—	3.18	2.05	1.13
2016	—	3.18	2.09	1.09
2017	—	3.16	2.11	1.05
2018	—	3.16	2.13	1.03

注：图 3 - 1 的数据。

附表 3 - 2　1979 ~ 2018 年中国农作物播种面积变化率和
第二、第三产业就业人口变化率

单位：%

年份	农作物播种面积变化率		第二、第三产业就业人口变化率	
	全部作物	粮食作物	中国	云南
1979	- 1.08	- 1.10	2.47	
1980	- 1.41	- 1.70	3.47	
1981	- 0.84	- 1.94	2.07	5.50
1982	- 0.28	- 1.30	- 0.09	1.94
1983	- 0.53	0.52	3.28	5.07
1984	0.16	- 1.02	9.23	8.58
1985	- 0.41	- 3.58	4.53	11.70
1986	0.40	1.92	3.92	2.36
1987	0.52	0.30	2.46	- 1.84
1988	- 0.06	- 1.03	1.58	- 1.08

续表

年份	农作物播种面积变化率		第二、第三产业就业人口变化率	
	全部作物	粮食作物	中国	云南
1989	1.16	1.89	- 1.71	- 1.56
1990	1.23	1.12	- 0.13	- 0.27
1991	0.82	- 1.02	1.00	0.61
1992	- 0.39	- 1.56	2.98	2.52
1993	- 0.85	- 0.05	5.06	3.01
1994	0.34	- 0.87	4.82	4.03
1995	1.11	0.47	4.59	3.66
1996	1.67	2.26	3.56	17.52
1997	1.04	0.32	1.21	- 4.85
1998	1.13	0.78	0.20	- 3.77
1999	0.43	- 0.55	- 0.60	- 5.46
2000	- 0.05	- 4.15	0.20	11.95
2001	- 0.38	- 2.20	0.00	0.90
2002	- 0.69	- 2.06	0.00	1.37
2003	- 1.44	- 4.31	1.80	2.43
2004	0.75	2.21	4.32	4.92
2005	1.26	2.63	3.95	6.42
2006	- 2.15	0.65	3.99	6.67
2007	- 1.15	0.99	3.14	5.98
2008	2.19	1.46	2.03	5.33
2009	1.24	2.52	2.48	3.63
2010	0.77	1.31	2.26	4.96
2011	1.96	1.15	3.00	2.59
2012	1.23	1.23	1.84	6.44
2013	1.00	1.35	3.31	3.07
2014	0.93	1.34	2.77	3.52
2015	1.13	1.28	1.70	0.68
2016	0.07	0.22	0.84	1.35
2017	- 0.36	- 1.04	1.00	4.67
2018	- 0.26	- 0.81	1.19	4.68

注：图 3 - 2 和图 3 - 5 的数据。

附表 3 – 3 1978～2018 年中国主要农作物播种面积

单位：亿公顷

年份	粮食	油料	棉花	糖料	烟叶	蔬菜	其他
1978	12.06	0.62	0.49	0.09	0.08	0.33	1.34
1979	11.93	0.71	0.45	0.08	0.06	0.32	1.30
1980	11.72	0.79	0.49	0.09	0.05	0.32	1.17
1981	11.50	0.91	0.52	0.10	0.08	0.34	1.07
1982	11.35	0.93	0.58	0.11	0.11	0.39	1.00
1983	11.40	0.84	0.61	0.12	0.08	0.41	0.94
1984	11.29	0.87	0.69	0.12	0.09	0.43	0.93
1985	10.88	1.18	0.51	0.15	0.13	0.48	1.02
1986	11.09	1.14	0.43	0.15	0.11	0.53	0.97
1987	11.13	1.12	0.48	0.14	0.11	0.56	0.96
1988	11.01	1.06	0.55	0.17	0.16	0.60	0.93
1989	11.22	1.05	0.52	0.15	0.18	0.63	0.90
1990	11.35	1.09	0.56	0.17	0.16	0.63	0.88
1991	11.23	1.15	0.65	0.19	0.18	0.65	0.89
1992	11.06	1.15	0.68	0.19	0.21	0.70	0.91
1993	11.05	1.11	0.50	0.17	0.21	0.81	0.92
1994	10.95	1.21	0.55	0.18	0.15	0.89	0.89
1995	11.01	1.31	0.54	0.18	0.15	0.95	0.85
1996	11.25	1.26	0.47	0.18	0.19	1.05	0.84
1997	11.29	1.24	0.45	0.19	0.24	1.13	0.86
1998	11.38	1.29	0.45	0.20	0.14	1.23	0.89
1999	11.32	1.39	0.37	0.16	0.14	1.33	0.92
2000	10.85	1.54	0.40	0.15	0.14	1.52	1.02
2001	10.61	1.46	0.48	0.17	0.13	1.64	1.08
2002	10.39	1.48	0.42	0.19	0.13	1.74	1.12
2003	9.94	1.50	0.51	0.17	0.13	1.80	1.20
2004	10.16	1.44	0.57	0.16	0.13	1.76	1.14
2005	10.43	1.43	0.51	0.16	0.14	1.77	1.12
2006	10.50	1.17	0.58	0.16	0.12	1.66	1.02

年份	粮食	油料	棉花	糖料	烟叶	蔬菜	其他
2007	10.60	1.23	0.52	0.18	0.12	1.56	0.83
2008	10.75	1.32	0.53	0.19	0.13	1.65	0.79
2009	11.03	1.34	0.45	0.18	0.13	1.67	0.76
2010	11.17	1.37	0.44	0.18	0.13	1.62	0.77
2011	11.30	1.35	0.45	0.18	0.14	1.79	0.77
2012	11.44	1.34	0.44	0.19	0.15	1.85	0.77
2013	11.59	1.34	0.42	0.18	0.16	1.88	0.77
2014	11.75	1.34	0.42	0.17	0.14	1.92	0.76
2015	11.90	1.33	0.38	0.16	0.13	1.96	0.83
2016	11.92	1.32	0.32	0.16	0.12	1.96	0.90
2017	11.80	1.32	0.32	0.15	0.11	2.00	0.93
2018	11.70	1.29	0.34	0.16	0.11	2.04	0.95

注：图 3-3 的数据。

附表 3-4　1978~2018 年云南省主要农作物播种面积

单位：万公顷

年份	粮食	油料	棉花	糖料	烟叶	蔬菜	其他
1978	367.80	11.85	0.57	4.33	7.10	6.66	15.29
1979	368.73	11.28	0.53	4.73	6.87	7.21	12.86
1980	359.33	11.05	0.47	4.57	6.16	8.05	11.17
1981	353.98	13.29	0.44	4.82	7.47	7.05	10.25
1982	347.39	14.92	0.39	5.56	10.31	7.94	10.29
1983	347.08	13.69	0.37	6.01	8.40	9.29	11.75
1984	344.14	12.78	0.33	6.55	12.42	10.21	13.17
1985	331.85	12.82	0.28	8.40	21.34	11.85	13.86
1986	333.29	13.27	0.23	8.83	18.82	12.61	15.35
1987	336.45	12.92	0.21	9.27	18.69	13.69	16.48
1988	341.79	12.61	0.18	9.91	24.32	14.65	19.15
1989	352.71	10.99	0.18	10.37	24.54	15.56	21.65
1990	362.23	11.78	0.20	11.73	24.67	16.18	22.41

续表

年份	粮食	油料	棉花	糖料	烟叶	蔬菜	其他
1991	361.89	13.52	0.21	14.19	29.05	16.49	24.65
1992	358.20	14.04	0.20	15.68	38.09	18.27	26.32
1993	352.70	11.80	0.20	15.10	48.80	19.00	29.40
1994	366.89	12.36	0.20	15.19	39.02	20.03	31.11
1995	364.30	14.54	0.20	17.51	45.58	21.06	32.71
1996	369.82	14.85	0.18	20.26	50.39	21.73	33.29
1997	371.91	13.85	0.17	24.95	57.06	22.62	31.98
1998	388.63	14.28	0.18	28.38	32.26	24.73	34.15
1999	404.21	15.69	0.16	28.72	32.83	29.15	37.65
2000	423.87	21.26	0.12	26.03	33.95	35.33	38.04
2001	433.90	19.97	0.10	26.93	33.56	39.05	39.44
2002	416.06	18.62	0.10	29.74	35.80	40.27	40.73
2003	406.84	18.98	0.08	29.23	34.37	43.77	42.32
2004	415.85	20.49	0.06	28.08	36.30	45.99	42.24
2005	425.39	22.53	0.06	25.52	39.26	49.20	43.41
2006	402.21	14.15	0.03	25.17	38.85	52.30	44.90
2007	399.45	13.59	0.02	26.55	38.13	56.20	46.26
2008	409.59	18.80	0.04	30.98	40.06	58.34	47.79
2009	420.01	31.73	0.04	29.63	40.57	62.29	50.13
2010	427.44	33.33	0.03	29.52	43.85	67.13	42.44
2011	432.69	34.23	0.03	30.67	49.53	73.51	46.08
2012	439.96	34.33	0.03	33.15	54.52	80.38	49.68
2013	449.94	35.76	0.02	34.24	54.25	90.08	50.53
2014	450.82	35.95	0.01	33.97	50.61	94.75	53.33
2015	448.73	35.61	0.01	31.15	44.04	100.40	58.63
2016	448.12	35.58	0.01	28.22	43.83	104.01	56.68
2017	416.92	28.88	0.01	23.99	42.46	108.48	58.34
2018	417.40	30.95	0.00	26.00	40.16	113.19	61.38

注：图 3-4 的数据。

附表 3 – 5　1978～2018 年中国按三次产业分就业人口

单位：亿人,%

年份	第一产业	第二产业	第三产业	第一产业就业人口所占比重	第二产业就业人口所占比重	第三产业就业人口所占比重
1978	2.83	0.69	0.49	70.53	17.30	12.18
1979	2.86	0.72	0.52	69.80	17.58	12.62
1980	2.91	0.77	0.55	68.75	18.19	13.06
1981	2.98	0.80	0.59	68.10	18.30	13.60
1982	3.09	0.83	0.61	68.13	18.43	13.45
1983	3.12	0.87	0.66	67.08	18.69	14.23
1984	3.09	0.96	0.77	64.05	19.90	16.06
1985	3.11	1.04	0.84	62.42	20.82	16.76
1986	3.13	1.12	0.88	60.95	21.87	17.18
1987	3.17	1.17	0.94	59.99	22.22	17.80
1988	3.22	1.22	0.99	59.35	22.37	18.28
1989	3.32	1.20	1.01	60.05	21.65	18.31
1990	3.89	1.39	1.20	60.10	21.40	18.50
1991	3.91	1.40	1.24	59.70	21.40	18.90
1992	3.87	1.44	1.31	58.50	21.70	19.80
1993	3.77	1.50	1.42	56.40	22.40	21.20
1994	3.66	1.53	1.55	54.30	22.70	23.00
1995	3.55	1.57	1.69	52.20	23.00	24.80
1996	3.48	1.62	1.79	50.50	23.50	26.00
1997	3.48	1.65	1.84	49.90	23.70	26.40
1998	3.52	1.66	1.89	49.80	23.50	26.70
1999	3.58	1.64	1.92	50.10	23.00	26.90
2000	3.60	1.62	1.98	50.00	22.50	27.50
2001	3.64	1.62	2.02	50.00	22.30	27.70
2002	3.66	1.57	2.10	50.00	21.40	28.60
2003	3.62	1.59	2.16	49.10	21.60	29.30
2004	3.48	1.67	2.27	46.90	22.50	30.60
2005	3.34	1.78	2.34	44.80	23.80	31.40
2006	3.19	1.89	2.41	42.60	25.20	32.20

年份	第一产业	第二产业	第三产业	第一产业就业人口所占比重	第二产业就业人口所占比重	第三产业就业人口所占比重
2007	3.07	2.02	2.44	40.80	26.80	32.40
2008	2.99	2.06	2.51	39.60	27.20	33.20
2009	2.89	2.11	2.59	38.10	27.80	34.10
2010	2.79	2.18	2.63	36.70	28.70	34.60
2011	2.66	2.25	2.73	34.80	29.50	35.70
2012	2.58	2.32	2.77	33.60	30.30	36.10
2013	2.42	2.32	2.96	31.40	30.10	38.50
2014	2.28	2.31	3.14	29.50	29.90	40.60
2015	2.19	2.27	3.28	28.30	29.30	42.40
2016	2.15	2.24	3.38	27.70	28.80	43.50
2017	2.09	2.18	3.49	26.98	28.11	44.91
2018	2.03	2.14	3.59	26.16	27.58	46.26

注：图 3-6 的数据。

附表 3-6　1980~2018 年云南按三次产业分就业人口

单位：百万人，%

年份	第一产业	第二产业	第三产业	第一产业就业人口所占比重	第二产业就业人口所占比重	第三产业就业人口所占比重
1980	11.94	1.13	0.97	85.03	8.07	6.90
1981	12.46	1.24	1.10	84.21	8.39	7.41
1982	12.95	1.29	1.19	83.90	8.38	7.72
1983	13.15	1.33	1.34	83.08	8.43	8.49
1984	13.23	1.44	1.53	81.63	8.91	9.46
1985	13.29	1.72	1.71	79.48	10.29	10.23
1986	13.68	1.77	1.86	79.00	10.25	10.75
1987	14.11	1.83	1.84	79.39	10.29	10.32
1988	14.54	1.83	1.89	79.61	10.03	10.36
1989	15.03	1.84	1.94	79.93	9.78	10.29
1990	15.38	1.85	2.00	79.98	9.61	10.41
1991	15.89	1.92	2.09	79.86	9.64	10.51

年份	第一产业	第二产业	第三产业	第一产业就业 人口所占比重	第二产业就业 人口所占比重	第三产业就业 人口所占比重
1992	16.13	1.98	2.22	79.35	9.74	10.91
1993	16.31	2.04	2.37	78.73	9.83	11.44
1994	16.42	2.16	2.51	77.87	10.23	11.89
1995	16.56	2.17	2.76	77.06	10.08	12.86
1996	15.97	2.43	3.47	73.04	11.10	15.85
1997	16.53	2.36	3.34	74.35	10.61	15.03
1998	16.88	2.32	3.21	75.32	10.35	14.33
1999	17.20	1.98	3.26	76.67	8.80	14.53
2000	16.96	2.10	3.89	73.88	9.17	16.96
2001	17.10	2.08	4.04	73.64	8.95	17.40
2002	17.16	2.07	4.19	73.28	8.82	17.90
2003	17.09	2.10	4.34	72.63	8.92	18.45
2004	17.12	2.18	4.71	71.29	9.09	19.62
2005	17.09	2.45	5.07	69.44	9.96	20.60
2006	16.97	2.62	5.58	67.40	10.42	22.17
2007	16.85	2.80	6.09	65.46	10.87	23.67
2008	16.78	2.99	6.61	63.62	11.32	25.07
2009	16.73	3.21	6.91	62.30	11.97	25.74
2010	16.71	3.49	7.46	60.43	12.60	26.97
2011	16.97	3.74	7.86	59.40	13.10	27.50
2012	16.37	3.89	8.57	56.79	13.49	29.73
2013	16.15	3.85	9.12	55.46	13.21	31.33
2014	15.91	3.90	9.81	53.71	13.18	33.11
2015	15.77	3.82	9.84	53.58	12.99	33.44
2016	15.88	3.97	10.14	52.95	13.25	33.80
2017	15.19	4.02	10.72	50.75	13.44	35.81
2018	14.50	4.13	11.29	48.46	13.80	37.74

注：图3-7的数据。

第四章 分析框架构建

本章首先借鉴现有农户模型建立农地市场模型,然后利用农地市场模型对土地流转的交易费用和动力机制进行理论分析,提出假说以备实证检验。最后,根据农地流转的意义,提出规范分析村集体在农地流转中职能的标准。

第一节 农地市场模型

土地是农业部门重要的生产要素。农业部门的产品市场和其他要素市场变化需要土地在不同产品和不同生产者之间进行重新配置。在自由的农地流转市场中,土地将由价格信号引导向生产效率高的生产者流动。降低交易费用的市场机制将促进农地充分流动,实现资源的有效配置。研究借鉴农户模型构造考虑交易费用的农地市场供给曲线和需求曲线。利用供给和需求分析交易费用、种植业调整和劳动力转移对农地流转的影响。利用交易费用理论分析村集体在农地流转中的职能是否有利于降低交易费用和促进农地充分流转。

一　农户模型推导

研究借鉴前人发展的两部门（农业和非农）农户模型（Carter and Yao, 2002; Deininger and Jin, 2005; Jin and Deininger, 2007）构造农地市场的供给曲线和需求曲线。与现有模型相比，作者在新模型中省略了农业劳动力雇佣市场，明确了交易费用函数。理论推导基于以下假设进行：①农户是理性经济人，追求货币收入最大化，根据农业部门产品市场和要素市场变化配置劳动和土地两种生产要素；②农户用于农业的生产要素有劳动和土地，用于非农就业的要素只有劳动；③土地只能用于种植业经营；④不存在农业劳动力雇佣市场。假设②和假设③是基于中国农地用途的严格管制做出的，假设④则是为了简化分析，事实上农业劳动力雇佣市场虽然规模不大，却是广泛存在的。

假设农户甲有土地 T_1、劳动 L_1，农业生产函数为 $p_1 e_1 Q(L_A, T_A)$。T_A 和 L_A 是其用于农业生产的土地和劳动。$Q'_L > 0$，$Q'_T > 0$，且 Q 对于 L 和 T 严格凸（$Q''_L < 0$，$Q''_T < 0$）。在农业生产中，土地和劳动是互补的，即 $\partial^2 Q / \partial L \partial T > 0$。$p_1$ 是农产品价格，e_1 是农户的农地经营能力。$T_1 - T_A$ 是农户土地流转面积，r 是名义地租，$[r + C(X)]$ 是扣除交易费用后的实际地租，$C(X)$ 是交易费用函数，$L_1 - L_A$ 是农户用于非农就业的劳动，θ_1 是农户劳动力非农就业能力，w 是劳动力非农就业工资。农户甲的收益函数可写为式（4-1），即

$$\text{Max } \pi_1(L_A, T_A) = p_1 e_1 Q(L_A, T_A) + \theta_1 w(L_1 - L_A) + [r + C(X)](T_1 - T_A)$$

$$(4-1)$$

$$\text{s. t.} \quad \begin{aligned} 0 \leqslant L_A \leqslant L_1 \\ T_A \geqslant 0 \end{aligned}$$

其中交易费用函数为

$$C(X) = \frac{1}{2} C(G,P,M) H(T_1 - T_A) \qquad (4-2)$$

$$H(x) = \begin{cases} 1, x < 0 \\ -1, x \geqslant 0 \end{cases}$$

交易费用大小由交易内容、交易对象和交易媒介决定，G 表示交易内容，P 表示交易对象，M 表示交易媒介。如果农户在土地流转市场上是卖方，则其实际地租等于名义地租减去交易费用；如果农户在土地市场上是买方，则其实际地租等于名义地租加上交易费用。为了简化分析，假定买卖双方等额承担交易费用，即各分担一半交易费用。扣除分担的交易费用后，农户转出土地时实际收取的地租为 $r - \frac{1}{2} C(G,P,M)$，农户转入土地时实际支付的地租为 $r + \frac{1}{2} C(G,P,M)$。

农户实现收益最大化的条件是

$$\frac{\partial \pi_1}{\partial L_A} = \frac{\partial \pi_1}{\partial T_A} \qquad (4-3)$$

因为，

$$\frac{\partial \pi_1}{\partial L_A} = p_1 e_1 \frac{\partial Q}{\partial L_A} - \theta_1 w, \frac{\partial \pi}{\partial T_A} = -p_1 e_1 \frac{\partial Q}{\partial T_A} + r[1 + C(X)],$$

所以，

$$p_1 e_1 (Q'_{L_A} + Q'_{T_A}) - \theta_1 w = [r + C(X)] \qquad (4-4)$$

式（4-4）是农户甲的土地边际收益曲线，表示在土地租赁市场完备的情况下，农户经营土地的边际收益和其可以收取（或支付）的实际地租相等。当土地租金高于农户边际收益时，农户向外流转土地；当土地租金低于农户边际收益时，农户向内流转土地。根据农户在流转市场上的角色（买方或卖方），式（4-4）可以分为两种情况：

$$p_1 e_1 (Q'_{L_A} + Q'_{T_A}) - \theta_1 w = [r + C/2] \quad (4-5) \ （供给曲线 S）$$

$$p_1 e_1 (Q'_{L_A} + Q'_{T_A}) - \theta_1 w = [r - C/2] \quad (4-6) \ （需求曲线 D）$$

如果交易费用为零，则农户的土地边际收益曲线、供给曲线和需求曲线合为一体。

$$p_1 e_1 (Q'_{L_A} + Q'_{T_A}) - \theta_1 w = r \quad (4-7) \ （MR、S 和 D）$$

把式（4-5）、式（4-6）和式（4-7）表示在图4-1中。

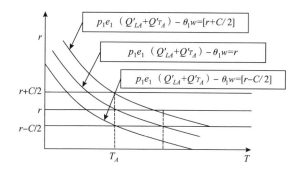

图 4-1 农户土地边际收益曲线、供给曲线和需求曲线

假设农地市场有甲、乙两个农户。甲生产农产品1，乙生产农产品2。农户甲和农户乙的土地边际收益曲线（供给曲线或需求曲线）的表达式分别为：

农户甲：$\quad p_1 e_1 (Q'_{L_A} + Q'_{T_A}) - \theta_1 w = [r + C(X)]$ (4-4)

农户乙：$\quad p_2 e_2 (Q'_{L_A} + Q'_{T_A}) - \theta_2 w = [r + C(X)]$ (4-8)

为了便于表述，把农户甲和农户乙的土地边际收益曲线（供给曲线或需求曲线）简写为

农户甲：$\quad r_1(T,C)$ (4-9)

农户乙：$\quad r_2(T,C)$ (4-10)

当交易费用为零时，进一步简写为

农户甲：$\quad r_1(T)$ (4-11)

农户乙：$\quad r_2(T)$ (4-12)

为了简化分析，假设农户甲在非农经营上具有比较优势，农户乙在农地经营上具有比较优势，即 $\theta_1 > \theta_2$ 和 $e_1 < e_2$。农产品价格和工资变化影响农户比较优势发挥，土地将由农户甲向农户乙流转。

在交易费用为零时，农户甲的土地供给曲线为 $r_1(T)$，农户乙的土地需求曲线为 $r_2(T)$，两条曲线相交于均衡点 A，土地交易量为 $T_1 - T_A$，农户甲实际获得的租金和农户乙实际支付的租金皆为 r。土地流转量受土地在农户之间的初始分配和农户比较优势差异程度的影响。与自己经营相比，转出土地使得农户甲的福利增加，增加的福利为三角形 ACD 的面积；与只能经营自己的土地相比，转入土地使得农户乙的福利增加，增加的福利为三角形 ABD 的面积（见图4-2）。

在交易费用不为零时，农户甲的土地供给曲线上升到 $r_1(T, C)$，农户乙的土地需求曲线下降到 $r_2(T,C)$，两条曲线相交于新的均衡点 A^*。名义租金没有变化，但农户甲收取的实际租金下降

为 $r - \dfrac{1}{2}C(G,P,M)$，农户乙实际支付的地租为 $r + \dfrac{1}{2}C(G,P,M)$。

两者的差额就是土地流转交易费用 $C(G,P,M)$。土地交易量减少到 $T_1 - T_A^*$，农户甲从土地流转中获得的福利也减小为三角形 A^*C^*D 的面积；农户乙从土地流转中获得的福利也减少为三角形 A^*B^*D 的面积。

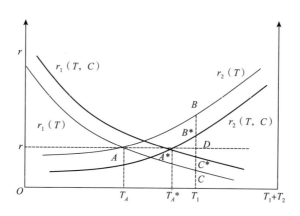

图 4 - 2　农户甲和农户乙的土地流转

因此，交易费用使得土地交易量减少，一部分土地无法通过交易提高生产效率，交易双方的福利都没有实现最大化。如果村集体参与土地流转能降低交易费用，那么均衡点将由 A^* 向 A 移动。土地的交易量和交易双方的福利都会增加。村集体参与土地流转将会增加农民收入和提高农业生产效率。

二　流转交易费用

在交易费用为零的理想世界中，无论生产和交易如何安排，资源的配置效率都是最优的（Coase，1960）。但在现实世界中交易费用无处不在。交易费用可能包括信息成本、谈判成本、签订和实施合约的成本、界定和保障产权的成本、实施产权的成本、监督成本和改变制度的成本等。不同的合约安排会产生不同的交易费用。合约要达到资源优化配置的目的就需以不同的合约选择来减少和降低交易费用（Cheung，1968）。本书将根据交易费用理论的这一范式来分析村集体在农地流转中降低交易费用的作用。

在交易费用函数：$C(X) = \dfrac{1}{2}C(G,P,M)H(T_1 - T_A)$ 中，

$$H(x) = \begin{cases} 1, x < 0 \\ -1, x \geq 0 \end{cases}$$

土地流转的交易费用 $C(G,P,M)$ 由交易内容（G）、交易对象（P）和交易媒介（M）共同决定。假设交易双方都是理性经济人，那么交易双方会根据交易内容的特征和彼此之间的关系选择合适的交易媒介，以实现交易费用的最小化。

土地流转的交易内容是特定地块一定时期的使用权，而交易可能发生在农户与农户之间，也可能发生在农户与外地农民和农业组织（农业公司和合作社）之间。可以用面积大小和期限长短来简单区分交易内容。下面以交易内容与交易对象的交叉来分析各种土地流转的交易费用。把交易费用分为两部分，一部分是达成交易的费用，另一部分是监督履约的费用。达成交易的费用受土地面积大小和交易对象间信任程度的影响。监督履约的费用同时受土地面积大小、流转期限长短和交易对象间信任程度的影响。

农户的土地面积小，且分散在不同地方。小面积的土地流转主要是一对一交易，而大面积的土地流转主要是多对一交易。与一对一交易相比，多对一交易达成流转的费用和监督履约的费用都更

高。因此，大面积土地流转达成流转的费用和监督履约的费用比小面积土地流转多 1 个单位。交易对象越陌生，彼此之间建立信任越困难，达成流转的费用和监督履约的费用越高。因此，与发生在本村农户之间的土地流转相比，发生在本村农户与外地农民和农业组织之间的土地流转达成流转的费用和监督履约的费用多 1 个单位。流转期限越长，监督履约的费用越高。因此，期限长的土地流转的监督履约费用多 1 个单位。

对面积小、期限短和发生在本村农户之间的土地流转的两项费用分别赋值为 1，并以此为起点对各种土地流转达成流转的费用和监督履约的费用进行排列。数字越大，代表费用越高。表 4-1 显示了各种土地达成流转的费用和监督履约的费用。

表 4-1　土地流转的交易费用矩阵

交易内容 (G)	交易对象 (P)		
	本村农户	村外农民	农业组织
面积小，期限短	(1, 1)	(2, 2)	(2, 2)
面积小，期限长	(1, 2)	(2, 3)	(2, 3)
面积大，期限短	(2, 2)	(3, 3)	(3, 3)
面积大，期限长	(2, 3)	(3, 4)	(3, 4)

注：括号中的数字分别代表达成流转的费用和监督履约的费用，数字只是费用大小的排序，并非实际费用。

把表 4-1 的达成流转的费用和监督履约的费用加总，表示土地流转的媒介需求强度。数值越大，意味着这种土地流转对使用交易媒介来降低交易费用的需求越迫切。但是，交易媒介并不是免费的，使用交易媒介需要支付相关费用。因此，除了需求强度外，交易媒介的使用还受制于交易物的费用负担能力。土地的面积越大，流转的期限越长，单位面积土地每年需要分担的媒介使用费用越低。对面积小、期限短的土地的费用负担能力赋值为1，其他类型的土地依次增加1个单位。面积大和期限短的土地的费用负担能力比面积小和期限长的土地的费用负担能力强。因为，期限长相当于扩大土地面积，但要受到货币时间价值的影响。表4-2报告了各种土地流转对交易媒介的需求强度和费用负担能力。

表4-2　土地流转对交易媒介的需求强度和费用负担能力矩阵

交易内容 （G）	交易对象（P）		
	本村农户	村外农民	农业组织
面积小，期限短	(2，1)	(4，1)	(4，1)
面积小，期限长	(3，2)	(5，2)	(5，2)
面积大，期限短	(4，3)	(6，3)	(6，3)
面积大，期限长	(5，4)	(7，4)	(7，4)

注：括号中的数字分别代表对交易媒介的需求强度和费用负担能力，数字只是费用大小的排序，并非实际费用。

土地流转对交易媒介的需求强度越高，交易媒介费用的负担能力越强，则使用交易媒介的概率越高。因此，把表4-2中对交易媒介的需求强度和费用负担能力简单加总，作为土地流转的交易媒介使用概率体现在表4-3中。数字只代表使用概率的高低排序，并不代表实际概率的大小。

表4-3　土地流转使用交易媒介概率矩阵

交易内容 （G）	交易对象（P）		
	本村农户	村外农民	农业组织
面积小，期限短	3	5	5
面积小，期限长	5	7	7
面积大，期限短	7	9	9
面积大，期限长	9	11	11

结合表 4 - 3 中的数值和前文分析，可以得出如下假说，以备实证检验。

假说 1：与一对一的土地流转相比，多对一的土地流转使用交易媒介的概率更高。

假说 2：流转期限越长，土地流转使用交易媒介的概率越高。

假说 3：与发生在本村农户之间的土地流转相比，发生在本村农户与外地农民和农业组织之间的土地流转使用交易媒介的概率更高。

本书第六章将使用流转地片的数据和计量分析方法对这 3 个假说进行实证检验。

第二节 农地流转的动力

交易费用决定市场的配置效率。但是，土地流转的动力则源自农业产品市场和要素市场的变化。下面分别从种植业调整和劳动力转移两个方面分析土地流转。种植业调整代表农业产品市场变化，劳动力转移代表生产要素市场变化。为了简化分析，以下推导假设交易费用为零。

依然假设农户甲在非农经营上有比较优势，农户乙在农地经营上具有比较优势，即 $\theta_1 > \theta_2$ 和 $e_1 < e_2$。农产品价格和工资变化影响农户比较优势发挥。把农户甲和农户乙的土地边际收益曲线（需求曲线或供给曲线）分别简写为 $r_1(T)$ 和 $r_2(T)$，$r_1^*(T)$ 和 $r_2^*(T)$ 是农户在农产品价格和非农就业工资变化后的土地边际收益曲线（需求曲线或供给曲线）。

一 种植业结构调整

农户甲在非农经营上具有比较优势，农户乙在农地经营上具有比较优势。土地由农户甲向农户乙流转。土地交易量为 $T_1 - T_A$，土地租金为 r（见图4-3）。

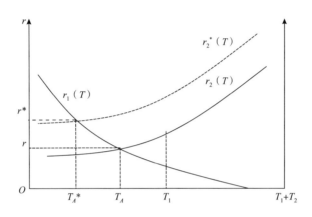

图4-3 种植业调整与农地流转

假设消费者对产品2的需求增加，导致产品2价格上升。产品2价格上升导致农户乙在土地市场上的土地边际收益曲线（需求曲线或供给曲线）上升。在图4-3中，曲线 $r_2(T)$ 上升到 $r_2^*(T)$，土地由农户甲向农户乙流转。农地流转量增加为 $T_1 - T_A^*$，土地租金由 r 上升到 r^*。

根据以上理论分析，有以下假说可供实证检验。

假说4：种植业调整促进农户间农地流转。

消费者需求变化要求种植业进行调整。农户将根据自己的比较优势决定是否调整。进行种植业调整的农户将通过农地市场转入农地，扩大种植规模；未进行种植业调整的农户将转出土地，收取租金。

假说5：种植业调整促进农地租金上升。

农产品价格上升引发农户种植业调整。种植业调整使农户农地需求增加，推动农地需求曲线上升，农地租金上涨。

二 农业劳动力转移

假设工资上升吸引劳动力转移。农户甲和农户乙的土地边际收益曲线（供给曲线和需求曲线）都将向下移动。由于农户甲在非农就业方面有优势，即 $\theta_1 > \theta_2$，在图4-4中农户甲的曲线下降幅度将更大。土地由农户甲向农户乙流转。农地流转量增加为 $T_1 - T_A^*$，土地租金由 r 下降到 r^*。

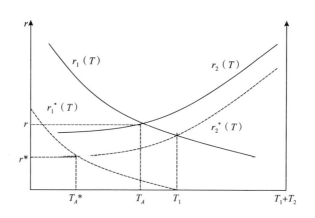

图4-4 劳动力转移与农地流转

根据以上理论分析，有以下假说可供实证检验。

假说6：劳动力转移促进农户间农地流转。

非农就业工资上升吸引农业劳动力转移，导致经营农地机会成本上升。家庭劳动力转移程度高的农户将转出农地，收取租金；劳动力转移程度低的农户将转入土地，扩大经营规模。

假说7：劳动力转移促进农地租金下降。

非农就业工资上升吸引劳动力转移，导致经营农地机会成本上升。机会成本上升会减少农地需求，推动农地需求和供给曲线下降，农地租金下跌。

本书第七章将对假说4、假说6和假说7进行实证检验。

第三节　农地流转的意义

农地流转是农地的使用权（或称经营权）交易，买卖双方交易的是特定地块、特定时间内的使用权。卖方通过让渡土地使用权获取地租等收益，买方通过支付地租等经济回报获得土地使用权。通过交易，卖方实现土地对自己的财产功能，买方实现土地对自己的生产要素功能。土地通过交易，得以在不同生产者之间进行重新配置，实现提高效率和增加社会福利的目的。因此，本书将以"两个有利于"（有利于土地家庭财产功能发挥，有利于土地生产要素功能发挥）为标准，对村集体在农地流转中的行为进行实证分析和规范分析，并以此为基础定位村集体在农地流转中可以发挥的职能。

一　家庭财产功能

土地使用权的家庭财产功能可以通过两种方式得以实现。一是农户自己经营，同时实现土地的财产功能和生产要素功能；二是通过农地流转，分离土地的财产功能和生产要素功能。第二种方式需要满足两个前提条件方可施行，一是存在潜在的需求者，二是农地流转的交易费用低。理想的村集体行为，既要解除管制，允许自由流转，又要积极作为，降低交易费用。

表4-4列出了农地经营可能的五种状态：①农户自己经营，且生产效率高；②农户自己经营，且生产效率低；③流转他人经营，且生产效率高；④流转他人经营，且生产效率低；⑤农地闲置。村集体对于农地流转可能采取四种态度：①禁止流转；②不管不问；③积极参与，降低交易费用；④强迫流转。

表4-4 农地经营可能的五种状态

序号	经营状态	禁止流转	不管不问	降低交易费用	强迫流转
1	农户自己经营，且生产效率高	1	1	1	
2	农户自己经营，且生产效率低	2	2	2	
3	流转他人经营，且生产效率高		3	3	3
4	流转他人经营，且生产效率低				4
5	农地闲置	5	5		

在使用权交易被禁止的情况下，农地只能由农户自己经营，或者被闲置。农地经营状态可能为①、②和⑤三种状态之一。在使用权自由交易、交易费用为零的情况下，农地经营状态可能是①、③两种状态中的一种。在农地自由流转，但有交易费用的情况下，农地经营状态可能为①、②、③和⑤四种状态之一。在村集体强迫农户转出土地的情况下，农地经营状态可能为③和④两种状态之一。

自由交易和降低交易费用，将提高农地生产效率和租金，减少农地闲置。在实证研究中，本书将通过分析村集体行为对农地闲置、生产效率和租金的考察，分析村集体行为对土地家庭财产功能的影响。

二 生产要素功能

通过使用权交易，卖方实现了土地的财产功能，买方则获得了土地的使用权。完整和稳定的土地使用权是土地发挥生产要素功能的必要非充分条件。土地流转的根源是市场根据种植业产品市场和要素市场的变化在不同农作物和不同生产者之间重新配置资源。若要充分发挥土地的生产要素功能还需要满足两个条件：一是土地使用权由生产效率最高的生产者经营；二是土地被用来种植生产效率最高的农作物。表4-5列出了农地可能的四种配置状态。

表4-5 农地可能的四种配置状态

生产者	农作物	
	效率低的农作物	效率高的农作物
效率低的生产者	A 最劣	B 一般
效率高的生产者	C 一般	D 最优

如果土地的重新配置发挥了农地的生产要素功能，那么土地的流转方向应该是以下三种：Λ→B、Λ→C和Λ→D。因此，可以从土地流转方向和生产效率判断村集体参与土地流转是否有利于农地生产要素功能的发挥。

除了方向外，还可以从程度上判断村集体参与是否有利于农地生产要素功能发挥。土地交易具有边际产出拉平效应（Besley，1995；姚洋，2000）。土地流转使土地由生产效率低的生产者向生产效率高的生产者流动。如果市场完全竞争，交易费用为零，土地流转将不断缩小生产者之间的生产效率差距，直至其完全相同。如果村集体参与有利于土地生产要素功能的发挥，那么市场中土地生产效率的差距将随着村集体参与程度的提高而下降。

第四节　本章小结

本章利用建立的农地市场模型对土地流转的交易费用和动力机制进行理论分析，提出了用于实证检验的研究假说。根据农地流转意义，提出了规范分析村集体在农地流转中职能的标准。

如果村集体在农地流转中的职能符合降低交易费用的要求，土地将根据农业部门产品市场和要素市场的变化在不同作物和不同生产者之间进行重新配置，交易双方将分别实现土地的家庭财产功能和生产要素功能。村集体职能将有利于农户转出土地、获得更高租金和减少土地闲置面积，将有利于土地由生产效率低的农作物和经营者向生产效率高的农作物和经营者流动，实现土地边际产出的均等化。本书第六章、第七章和第八章将对本章的理论分析结果和提出的研究假说进行实证检验。

第五章　农地产权认知和经营

本章首先对实证研究使用的一手田野调查数据进行介绍，然后对农户承包的土地状况（规模、结构和分布）、农民对土地所有权归属的认知和农地的经营状态（自营和流转）进行描述统计分析，为后续部分的研究做铺垫。

第一节　田野调查组织

为了对第四章提出的研究假说进行实证检验，判断村集体参与土地流转是否有助于其家庭财产功能和生产要素功能的发挥，作者于 2015 年 12 月至 2016 年 6 月在云南农村组织了田野调查，访谈村干部和农民，填写调查问卷，收集农地流转的相关信息。研究设计了两份问卷，一份是村庄经济情况调查问卷（附件 1），用于收集村干部和村集体关于村庄土地管理方面的信息，以村干部为调查对象；另一份是农户经济情况调查问卷（附件 2），用于收集农户家庭经营方面的信息，以农民为调查对象。

一　调查地点选取

选择在云南省完成田野调查主要有两个原因。一是，作者在云南工作，熟悉情况，便于调查活动的组织和协调；二是，时间和经费有限，不足以支撑调查小组在其他省份同时开展田野调查。只选择云南一省开展田野调查，存在一定的不足。中国的农村土地制度整体是家庭联产承包责任制，但由于中国农村改革是分省决策（周其仁，1995），地区之间在制度创新上存在一定差异（姚洋，2004）。这可能会对研究结论的适用范围产生影响。

田野调查采取分层随机抽样的方法，按照行政区划由高到低逐级选出调查的州市、县、乡（镇）和行政村。从地理位置来看，样本覆盖了滇东（红河州）、滇中（昆明市）和滇西（大理州）这三个地区。虽然还不足以反映云南农地经营的全貌，但已经能反映出地区之间在农作物上的差异。从经济发展水平看，样本对高、中、低水平的地区均有覆盖。2015年六个样本县按其农村居民人均纯收入由高到低排序分别在全省129个县（市、区）中排第17位（嵩明县，9260元/人），第35位（宾川县，7100元/人），第39位（祥云县，6713元/人），第78位（寻甸县，5630元/人），第119位（红河县，3707元/人），第121位（金平县，3644元/人）（见表5-1）。六个样本县按年人均生产总值排序的位次也大致如此。因此，调查地区的选取对云南有一定的代表性，能够反映出云南各地区之间在自然条件和经济发展水平上的差异，这对于研究土地流转尤其重要。因为农地经营既受到自然环境和农作传统的制约，又受到经济发展规律的支配。

表 5 – 1　2015 年调查地区的年人均生产总值和农村居民年人均纯收入

单位：元/人

市、州、县	年人均生产总值		农村居民年人均纯收入	
	金额	排名	金额	排名
昆明市	52094	1/16	9273	1/16
寻甸县	13999	99/129	5630	78/129
嵩明县	25810	32/129	9260	17/129
大理州	21727	6/16	6677	5/16
祥云县	22747	41/129	6713	39/129
宾川县	22345	45/129	7100	35/129
红河州	22442	7/16	6368	6/16
红河县	7927	128/129	3707	119/129
金平县	8872	123/129	3644	121/129
云南省	25083	—	6141	—

资料来源：《云南省统计年鉴》（2016 年）。

二　调查人员培训

调查地点确定后，课题组立即在大学公开招募研究生和本科生作为调查员。课题组发出招募通知，告知调查目的、内容和地点，接受本科生和研究生自愿报名。对自愿报名的学生进行初步筛选后再进行调查技能培训。培训结束后使用笔试和情景模拟两种方式对学生进行考核和二次筛选。

除课题组成员外，共有 28 名学生（其中本科生 23 名，研究生 5 名；男生 6 名，女生 22 名）参与了田野调查，部分学生还参与了数据的录入工作。

田野调查共收回有效的村庄调查问卷 31 份（有效率为 96.87%），其中昆明市 9 份，占 29.03%；大理州 14 份，占

45.16%；红河州 8 份，占 25.81%。有效的农户调查问卷 1004 份（有效率为 92.19%），其中昆明市 352 份，占 35.06%；大理州 365 份，占 36.35%；红河州 287 份，占 28.59%（见表 5 - 2）。

表 5 - 2　田野调查收回的有效问卷

单位：份，%

地区	村庄问卷		农户问卷	
	频数	频率	频数	频率
昆明市	9	29.03	352	35.06
大理州	14	45.16	365	36.35
红河州	8	25.81	287	28.59
合　计	31	100.00	1004	100.00

三　被调查者情况

除了调查员的选择和培训之外，访谈对象的选取也是确保调查获得准确和完整数据的关键。优质的访谈对象需要同时具备三个条件：一是掌握农村和家庭经营情况，能够提供准确信息；二是具备沟通交流能力，能保证访谈顺利进行；三是支持和配合调查，愿意提供可靠信息。在田野调查中，课题组要求调查员尽量选择满足这三个条件的农民进行访谈，填写调查问卷。从被调查者人口学特征和在家庭中的身份来看，这三个标准得到了很好的执行。

从人口学特征来看，被调查者中男性占 57.57%，女性占 44.43%，男性比女性略多。被调查者年龄最小的为 18 周岁，最大的为 85 岁，平均年龄为 48.57 岁。从年龄段分布来看，18～30 岁的农民占 7.57%，31～40 岁的农民占 19.92%，41～50 岁的农民占 31.47%，51～60 岁的农民占 23.71%，61～70 岁的农民占

12.95%，71~85岁的农民占4.38%，被调查者的年龄整体呈正态分布（见图5-1）。从被调查者的受教育水平来看，未接受过学校教育的农民占21.31%，学历为小学的农民占41.43%，学历为初中的农民占31.47%，学历为高中或中专的农民占4.78%，学历为专科的农民占0.90%，学历为本科的农民占0.10%（见图5-2）。被调查者的受教育水平以小学学历和初中学历为主（72.90%）。

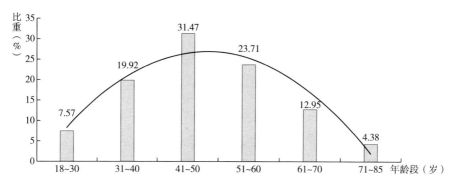

图5-1 被调查者的年龄分布

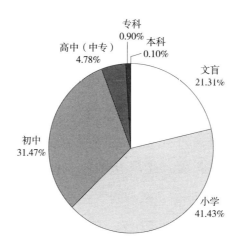

图5-2 被调查者的受教育水平

从在家庭中的身份来看，被调查者绝大部分是户主本人（57.17%）和户主配偶（29.08%），少部分是户主子女（6.08%）和户主父母（6.97%）（见图5－3）。户主及其配偶是农户家庭经营的核心成员，对家庭经营信息的掌握相对全面、准确。户主和户主配偶是被调查对象的主体（86.25%）能保证数据具有较高准确性。

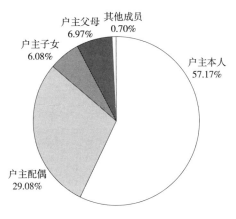

图5－3　被调查者在其家庭中的身份

从被调查者的人口学特征和其在家庭中的身份来看，被调查者是农村经济活动的主要参与者，是农户家庭经营的主要决策者和管理者。因此，被调查者提供的信息应该比较准确，能够较好地反映农户家庭经营和农地流转的基本情况。

第二节　农户资源禀赋状况

一　户主人口学特征

户主是农户的一家之主，是农户家庭经营的决策者和管理者，是农户对外参与经济社会活动的重要代表。笔者在问卷中设置了相关问题，了解户主的人口学特征。

样本农户的户主绝大部分为男性（占 91.04%），以女性为户主的农户较少（占 8.96%）。在少数民族聚居的地区，以女性为户主的比例更低（红河地区为 4.88%）。绝大部分户主的政治面貌为普通群众（占 87.03%），少数户主有政治身份（占 12.97%），主要是共产党员和共青团员（见表 5 - 3）。

表 5 - 3　农户户主的性别、民族和政治面貌

单位:%

地区	性别		民族		政治面貌	
	男性	女性	汉族	少数民族	群众	共产党员、共青团员
昆明	89.20	10.80	96.88	3.13	87.50	12.50
大理	89.59	10.41	71.51	28.49	84.57	15.43
红河	95.12	4.88	26.13	73.87	89.55	10.45
总体	91.04	8.96	67.43	32.57	87.03	12.97

云南是全国少数民族种类最多的省份，有 25 个土生土长的少数民族。调查地区含两个民族自治州（大理白族自治州和红河哈尼族彝族自治州）、两个民族自治县（寻甸回族彝族自治县和金平苗族瑶族傣族自治县）。

样本农户户主有三成是少数民族（32.57%）。从地区分布来看，昆明地区少数民族农户比例最低，仅占 3.13%；大理地区少数民族农户比例居中，占 28.49%；红河地区少数民族农户比例最高，达到 73.87%。样本共覆盖了 8 个少数民族，根据样本数量由多到少排序，依次是白族（8.56%）、苗族（8.35%）、彝族（6.58%）、傣族（5.22%）、哈尼族（1.57%）、回族（1.04%）、瑶族（0.84%）和纳西族（0.42%）（见图 5 - 4）。

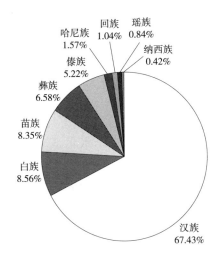

图 5 - 4　农户户主的民族属性

样本农户户主年龄最小的为 10 岁，年龄最大的为 80 岁，平均年龄为 48.03 岁。从分布来看，年龄在 30 岁以下的户主占 5.28%，年龄在 31～40 岁的占 20.82%，年龄在 41～50 岁的占 35.86%，年龄在 51～60 岁的占 24.70%，年龄在 60 岁以上的占 13.35%（见表 5 - 4）。其中，41～50 岁年龄段的户主最多，且基本呈正态分布。从地区比较来看，红河地区的户主更年轻，昆明地区和大理地区的户主年龄更大，但这两地的差异不大。

表 5 - 4　农户户主的年龄分布

单位：%

地区	≤30 岁	31～40 岁	41～50 岁	51～60 岁	>60 岁
昆明	4.26	18.75	35.23	26.70	15.06
大理	3.84	20.00	37.26	23.01	15.89
红河	8.36	24.39	34.84	24.39	8.01
总体	5.28	20.82	35.86	24.70	13.35

农户户主的受教育水平普遍较低，完成九年义务教育的户主仅

占四成。由表 5 - 5 可知，样本农户户主未接受学校教育的占 13.63%，学历为小学的占 45.09%，学历为初中的占 35.57%，学历为高中或中专的占 4.71%，学历为大专的仅占 0.90%。从地区比较来看，昆明地区的农户户主的受教育水平最高，其次是大理地区，红河地区农户户主的受教育水平最低。

表 5 - 5　农户户主的受教育水平

单位:%

地区	文盲	小学	初中	高中（中专）	大专
昆明	10.60	39.26	43.27	5.44	1.43
大理	9.37	47.93	37.47	4.96	0.28
红河	22.73	48.60	23.78	3.50	1.40
总体	13.63	45.09	35.57	4.71	0.90

二　农户家庭劳动力

由表 5 - 6 可知，样本农户户均有家庭人口 4.94 人，劳动力 2.71 人，负担人口 2.23 人，劳动力人口抚养比为 1.21。负担人口主要是在校学生（1.04 人/户）和老人（0.85 人/户）。三个地区农户的家庭人口数量和结构的差异不明显。

表 5 - 6　农户的劳动力和家庭人口

单位：人/户

地区	劳动力	负担人口			家庭人口
		在校学生	老人	其他	
昆明	2.57	1.05	0.88	0.40	4.91
大理	2.73	1.01	0.91	0.24	4.90
红河	2.85	1.05	0.72	0.42	5.04
总体	2.71	1.04	0.85	0.35	4.94

从劳动力的分布来看，家庭劳动力数量不超过 1 人的农户占 7.88%，有 2 个劳动力的农户占 45.51%，有 3 个劳动力的农户占 20.86%，有 4 个劳动力的农户占 19.26%，劳动力数量为 5 人及以上的农户占 6.49%（见表 5 – 7）。

表 5 – 7　农户的家庭劳动力分布

单位:%

地区	≤1 人	2 人	3 人	4 人	≥5 人
昆明	8.26	51.00	20.23	15.67	4.84
大理	7.12	43.01	25.48	17.81	6.58
红河	8.39	41.96	15.73	25.52	8.39
总体	7.88	45.51	20.86	19.26	6.49

三　农地规模与分散

人多地少是中国的基本国情，小农经济是中国农业生产的基本格局。地处中国西南的云南也不例外。样本农户户均耕地面积为 7.20 亩，人均耕地面积为 1.46 亩，与全国平均水平相当。云南境内高山绵延，河流纵横，地势高低不平，耕地绝大部分是位于山腰的坡地，灌溉条件较差，只有少部分耕地位于河谷地带，水利条件较好。云南农民把能灌溉的耕地称作"田"，把不能灌溉的耕地称作"地"。笔者在调查和统计中沿用了这种名称和分类。从调查结果来看，样本农户的耕地，26.91% 为水田，73.09% 为山地，水田和山地的比大概是 1∶3。分地区来看，昆明地区样本农户户均耕地面积 5.04 亩，其中水田 1.92 亩，占 38.10%；山地 3.12 亩，占 61.90%。大理地区样本农户户均耕地面积 5.15 亩，其中水田 1.59

亩，占 30.79%；山地 3.57 亩，占 69.21%。红河地区样本农户户
均耕地面积 12.46 亩，其中水田 2.41 亩，占 19.33%；山地 10.05
亩，占 80.67%（见表 5 – 8）。大理和昆明地区农民的耕地规模相
当，但昆明地区农民的耕地中水田所占比例更高（高出 7.31 个百
分点）。红河地区农民的耕地规模大（12.46 亩/户），山地比重高
（80.67%）。红河地区农户的耕地规模几乎是昆明地区和大理地区
的 2.5 倍。这说明，云南各地区农民的耕地无论是规模，还是形
态，差异都比较大。

表 5 – 8　农户耕地的规模和结构

地区	耕地		水田		山地	
	户均（亩/户）	人均（亩/人）	面积（亩）	比重（%）	面积（亩）	比重（%）
昆明	5.04	1.03	1.92	38.10	3.12	61.90
大理	5.15	1.05	1.59	30.79	3.57	69.21
红河	12.46	2.47	2.41	19.33	10.05	80.67
总体	7.20	1.46	1.94	26.91	5.26	73.09

从耕地的分配来看，家庭耕地面积不超过 2 亩的农户占
17.81%，耕地面积 2～4 亩的农户占 31.09%，耕地面积 4～6 亩的
农户占 15.79%，耕地面积 6～8 亩的农户占 10.36%，耕地面积
8～10 亩的农户占 7.95%，耕地面积超过 10 亩的农户占 17.00%
（见表 5 – 10）。这说明，耕地在农户之间的分配并不平均，农户之
间的耕地面积差异较大。形成这一现象的一个重要原因是自实行家
庭联产承包责任制以来，云南省的耕地很少在农户之间重新调整。
即使在第二轮土地承包时，调整的面积和范围也比较有限。

除了规模狭小外，中国农户耕地的另外一个劣势是位置分散

和地块细碎。云南农户的平均耕地面积与全国平均水平相当，但是耕地的分散和细碎程度却高于全国平均水平[①]。样本农户户均有 6.84 块耕地，这些耕地平均分布在 3.33 个位置不同的片区。地块的平均面积为 1.05 亩/块，每片地的平均面积为 2.16 亩（见表 5-9）。

表 5-9　农户耕地的分散程度和细碎程度

地区	分散程度		细碎程度	
	地片数量（片/户）	地片面积（亩/片）	地块数量（块/户）	地块面积（亩/块）
昆明	3.62	1.39	5.82	0.87
大理	3.31	1.56	6.06	0.85
红河	2.99	4.16	9.08	1.37
总体	3.33	2.16	6.84	1.05

分地区来看，昆明农户户均有耕地 5.82 块，地块平均面积为 0.87 亩/块，地块平均分散在 3.62 个片区，每片地平均面积为 1.39 亩；大理农户户均有 6.06 块耕地，地块平均面积为 0.85 亩，地块平均分散在 3.31 个片区，每片地平均面积为 1.56 亩；红河农户户均有 9.08 块耕地，地块平均面积为 1.37 亩/块，地块平均分散在 2.99 个片区，每片地平均面积为 4.16 亩（见表 5-9）。

由表 5-10 可知，耕地在农户之间的分布情况。从地块的位置来看，耕地只在 1 个地方的农户占 7.04%，分散在 2 个地方的农户占 31.09%，分散在 3 个地方的农户占 24.25%，分散在 4 个

[①] 农村固定观察点调查数据显示，2015 年全国每户农户平均经营耕地 7.07 亩，3.27 块。

地方的农户占 15.49%，分散在 5 个地方的农户占 10.46%，分散
在 6 个地方的农户占 11.67%。从地块的数量来看，地块数量 1~
2 块的农户占 13.38%，地块数量 3~4 块的农户占 28.57%，地
块数量 5~6 块的农户占 19.01%，地块数量 7~8 块的农户占
14.29%，地块数量 9~10 块的农户占 8.95%，地块数量在 10 块
以上的农户占 15.79%。

表 5-10 农户耕地的面积、地片和地块分布

单位:%

地区	≤2 亩	2~4 亩	4~6 亩	6~8 亩	8~10 亩	>10 亩
昆明	13.51	39.94	22.70	10.34	6.32	7.18
大理	27.95	35.89	9.86	9.04	6.03	11.23
红河	9.96	13.88	14.95	12.10	12.46	36.65
总体	17.81	31.09	15.79	10.36	7.95	17.00
地区	1 片	2 片	3 片	4 片	5 片	≥6 片
昆明	4.89	26.72	24.43	15.23	12.64	16.09
大理	6.85	30.96	26.85	16.71	8.22	10.41
红河	9.96	36.65	20.64	14.23	10.68	7.83
总体	7.04	31.09	24.25	15.49	10.46	11.67
地区	1~2 块	3~4 块	5~6 块	7~8 块	9~10 块	>10 块
昆明	12.07	29.89	22.70	16.95	8.91	9.48
大理	13.97	32.60	18.63	11.51	9.59	13.70
红河	14.23	21.71	14.95	14.59	8.19	26.33
总体	13.38	28.57	19.01	14.29	8.95	15.79

从地块面积与分散程度的关系来看（见图 5-5），家庭耕地面
积小于 6 亩时，耕地的分散程度与面积大小正相关，农户耕地面积
越大，分散程度越高，但家庭耕地面积超过 6 亩后，耕地的分散程
度虽还在上升，但只是略微增加。

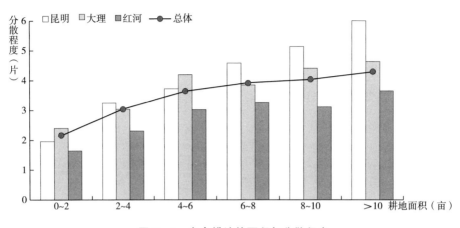

图 5 – 5　农户耕地的面积与分散程度

从耕地面积与细碎程度的关系来看（见图 5 – 6），农户的耕地面积越大，地块的细碎程度越高。耕地的细碎程度与耕地面积正相关。综合以上分析可知，农地的细碎程度主要是由地理条件决定，而农地的分散程度主要由包产到户的"插花"分配决定。耕地面积大的农户在相同片区的耕地面积更大、地块数量更多。

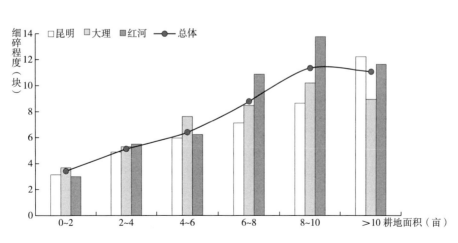

图 5 – 6　农户耕地的面积与细碎程度

农户耕地面积与其分散程度和细碎程度的关系说明，在类似云南这种山川纵横、地势起伏的地区，耕地的细碎程度主要由自然条件决定，分配只影响耕地的分散程度，这意味着，即使市场或行政手段可以解决农地的分散问题，但很难解决耕地的细碎问题。要解决耕地的细碎问题除了要依靠市场和行政手段外，还需要依靠工程技术手段。

第三节　农地产权归属认知

一　所有权归属认知

《中华人民共和国土地管理法》（2004 年修正）第八条明确规定，"农村和城市郊区的土地，除由法律规定属于国家所有的以外，属于农民集体所有；宅基地和自留地、自留山，属于农民集体所有"。但实证研究发现，农民对土地所有权归属的认知与法律规定并不一致，表现出明显的非集体化倾向［晋洪涛、史清华，2011；"农村土地问题立法研究"课题组（陈小君），2010；钱忠好等，2007；史清华、卓建伟，2009］。

为了掌握调查地区的实际情况，作者在调查问卷中设置了问题"你认为承包到户的耕地的所有权属于谁?"，并提供了"国家""村委会""村民小组""村集体经济组织""农户"5 个备选答案，了解农民和村干部对农地所有权归属的认知情况。

从调查结果来看（见表 5-11），认为农地所有权属于村集体的样本仅占 22.49%，不足四分之一；认为农地所有权属于农户的样本占 49.65%，将近一半；认为农地所有权属于国家的占 27.86%。农民和村干部的农地所有权归属认知表现出明显的非集体化倾向，与以往研究结果一致。与以往研究不同的地方是，认为农地所有权属于国家的样本比重并不高，大部分农民认为农地所有权属于农户自己。

由表 5–11 可知，农地所有权归属认知在不同年龄段农民之间的差异并不明显，但在不同性别、不同受教育程度和不同地域农民之间的差异明显。分性别来看，男性农民认为农地所有权属于国家的占 27.50%，认为属于村集体的占 26.32%，认为属于农户的占 46.18%；女性农民认为农地所有权属于国家的占 28.37%，认为属于村集体的占 17.07%，认为属于农户的占 54.57%。相对于男性，女性更倾向于认为农地所有权属于农户。从受教育水平高低来看，受教育水平越高，农地所有权归属认知越倾向于村集体；受教育水平越低，农地所有权归属认知越倾向于农户。分地区来看，昆明地区样本 35.45% 认为农地所有权属于国家，20.17% 认为属于村集体，44.38% 认为属于农户；大理地区样本 25.99% 认为农地所有权属于国家，24.58% 认为属于村集体，49.44% 认为属于农户；红河地区样本 20.07% 认为农地所有权属于国家，18.98% 认为属于村集体，60.95% 认为属于农户。

农地所有权归属认知差异在农民和村干部之间最为明显。有一半的农民认为农地所有权属于农户，认为农地所有权属于村集体和国家的分别占 21.44% 和 27.69%；大部分村干部则认为农地所有权属于集体（56.67%），认为农地所有权属于国家和农户的分别占 33.33% 和 10.00%。

表 5-11 农地所有权归属认知

单位:%

项目		国家	村集体	农户
年龄	≤30 岁	28.38	28.38	43.24
	31~40 岁	33.84	18.18	47.98
	41~50 岁	28.21	22.57	49.22
	51~60 岁	22.73	24.38	52.89
	>60 岁	27.33	22.09	50.58
性别	男性	27.50	26.32	46.18
	女性	28.37	17.07	54.57
受教育水平	文盲	26.07	17.54	56.40
	小学	24.50	20.30	55.20
	初中	32.92	23.51	43.57
	高中	30.19	43.40	26.42
	大专	27.78	50.00	22.22
身份	农民	27.69	21.44	50.87
	村干部	33.33	56.67	10.00
地区	昆明	35.45	20.17	44.38
	大理	25.99	24.58	49.44
	红河	20.07	18.98	60.95
总体		27.86	22.49	49.65

二 经营权归属认知

《中华人民共和国土地管理法》（2004 年修正）第十四条规定，"农民集体所有的土地由本集体经济组织的成员承包经营，从事种植业、林业、畜牧业、渔业生产。……农民的土地承包经营权受法律保护。"《中华人民共和国农村土地承包法》（2018 年修正）第十五条规定，发包方有"维护承包方的土地承包经营权"和"尊重承包方的生产经营自主权，不得干涉承包方依法进行正常的生产经营活动"的义务。法律明确规定，农地的所有权属于集体，但承包经营权属于农户。

笔者在问卷中也设置了问题"你认为承包到户的耕地经营权属于谁"和相同的备选答案"国家"、"村委会"、"村民小组"、"村集体经济组织"和"农户"来了解农民和村干部关于农地经营权归属的认知。与所有权归属认知的模糊（非集体化倾向）不同，农民和村干部对农地经营权归属的认知非常清晰，与法律规定表述一致。

由表 5 - 12 可知，绝大部分样本认为农地经营权属于农户（95.53%），只有极少数样本认为农地经营权属于国家（0.99%）或村集体（3.48%）。不同年龄、性别、受教育水平和不同地区的农户对农地经营权归属的认知高度一致，没有明显差异。农民的经营权归属认知与法律表述一致，这说明，农户的农地经营权得到了很好的尊重和维护。

表 5 - 12　农地经营权归属认知

单位：%

项目		国家	集体	农户
年龄	≤30 岁	1.35	2.70	95.95
	31~40 岁	1.01	3.03	95.96
	41~50 岁	0.63	3.76	95.61
	51~60 岁	1.24	4.13	95.04
	>60 岁	1.16	2.91	95.93
性别	男性	0.85	3.22	95.93
	女性	1.20	3.85	94.95
受教育水平	文盲	0.48	6.67	92.86
	小学	0.99	2.71	96.31
	初中	1.57	2.51	95.92

续表

项目		国家	集体	农户
受教育水平	高中	0.00	3.77	96.23
	大专	0.00	0.00	100.00
身份	农民	1.02	3.48	95.49
	村干部	0.00	3.33	96.67
地区	昆明	2.02	4.90	93.08
	大理	0.56	4.52	94.92
	红河	0.36	0.36	99.64
总体		0.99	3.48	95.53

第四节　农户土地经营行为

一　农地种植结构

农户土地上种植的农作物品种繁多（调查到 86 种作物），无法一一统计报告。本节把农作物大致归为六类，按播种面积比例分析种植结构。样本农户的家庭种植业整体上呈"四三二一"的比例结构（见表 5-13），即粮食作物的播种面积占四成（40.09%），水果作物的播种面积占三成（29.06%），林果作物的播种面积占二成（18.28%），其他作物的播种面积占一成（12.57%）。

分地区来看，昆明地区农户的家庭种植业以粮食（占 74.01%）和烟草（占 16.07%）为主；大理地区农户的家庭种植业以粮食（占53.67%）和水果（占 28.79%）为主；红河地区农户的家庭种植业以粮食（占 20.48%）、水果（占 40.72%）和林果（占 31.18%）为主（见表 5-13）。地区之间的种植业的作物和结构差异较大。

表 5 – 13   农地种植业结构

单位:%

地区	粮食	蔬菜	水果	药材	林果*	烟草
昆明	74.01	6.06	0.47	2.10	1.29	16.07
大理	53.67	6.48	28.79	2.12	4.41	4.52
红河	20.48	5.50	40.72	2.12	31.18	0.00
总体	40.09	5.86	29.06	2.11	18.28	4.60

注: * 主要是林木和坚果。

表 5 – 14 报告的是农户家庭种植业劳动力的年龄和受教育水平。从事种植业的劳动力年龄最小的为 18 岁,最大的为 73 岁,平均年龄为 39.29 岁。从分布来看,种植业劳动力年龄在 30 岁以内的占 20.53%,年龄为 31 ~ 40 岁的占 23.32%,年龄为 41 ~ 50 岁的占 30.05%,年龄为 51 ~ 60 岁的占 21.18%,年龄为 60 岁以上的占 4.93%。劳动力年龄整体呈正态分布。从地区比较来看,昆明地区的种植业劳动力年龄在 50 岁以下的较多(占 53.84%),年龄在 50 岁以上的较少(占 46.16%),红河地区的劳动力年龄在 50 岁以下的较多(占 79.33%),年龄在 50 岁以上的较少(占 20.67%)。相较于红河地区,昆明地区种植业劳动力的整体年龄更大。

表 5 – 14   种植业劳动力的年龄和受教育水平

单位:%

地区	≤30 岁	31 ~ 40 岁	41 ~ 50 岁	51 ~ 60 岁	>60 岁
昆明	11.54	16.92	25.38	31.54	14.62
大理	—	—	—	—	—
红河	22.96	25.05	31.32	18.37	2.30
总体	20.53	23.32	30.05	21.18	4.93
地区	文盲	小学	初中	高中 (中专)	大专
昆明	14.62	35.38	43.08	6.15	0.77

地区	文盲	小学	初中	高中（中专）	大专
大理	—	—	—	—	—
红河	34.94	41.42	20.50	2.72	0.42
总体	30.59	40.13	25.33	3.45	0.49

注：大理地区没有调查。

从受教育水平来看（见表5-14），种植业劳动力中有30.59%的人未受过学校教育，学历为小学的占40.13%，学历为初中的占25.33%，学历为高中或中专的占3.45%，学历为大专的占0.49%。种植业劳动力的受教育水平普遍较低。从地区比较来看，昆明地区的种植业劳动力中有14.62%的人未受过学校教育，学历为小学的占35.58%，学历为初中的占43.08%，学历为高中或中专的占6.15%，学历为大专的占0.77%；红河地区的种植业劳动力中有34.94%的人未受过学校教育，学历为小学的占41.42%，学历为初中的占20.50%，学历为高中或中专的占2.72%，学历为大专的占0.42%。昆明地区种植业劳动力的受教育水平以初中学历为主，红河地区的劳动力受教育水平以小学学历为主。

二 土地流转行为

由表5-15可知，样本农户中，参与农地流转的农户占62.85%，未参与的农户占37.15%。参与的农户，47.11%的农户转出耕地，12.85%的农户转入耕地，2.89%的农户同时转出和转入耕地。分地区来看，昆明地区的农户参与程度最高（占75.85%），其次是大理（占67.94%），红河地区的农户参与程度最低（占40.41%）。从流转方向上来看，昆明地区和大理地区转出耕地的农户分别占63.64%和54.52%，而转入耕地的农户仅占9.94%和9.04%，转入耕地的农户数量大大少于转出耕地的农户数量。红河地区转出耕地的农户占17.42%，转入耕地的农户占21.25%，转入耕地的农户数量比转出耕地的农户数量略多。两个原因会导致转入耕地的农户数量显著少于转出耕地的农户数量：一是农地集中向大户流转；二是农业公司、合作社、外地农民参与流转。考察流转的农地面积大小可以回答这个问题。

表5-15 农户参与农地流转情况

单位：%

地区	参与			未参与
	只转出	转出和转入	只转入	
昆明	63.64	2.27	9.94	24.15
大理	54.52	4.38	9.04	32.05
红河	17.42	1.74	21.25	59.58
总体	47.11	2.89	12.85	37.15

从流转的耕地面积来看（见表5-16），昆明地区农户转出耕地536.65亩，占农户承包耕地的30.27%；转入耕地276.50亩，占农户承包耕地的15.60%。大理地区农户转出耕地477.38亩，占农户承包耕地的25.39%；转入耕地309.93亩，占农户承包耕地的16.48%。红河地区农户转出耕地713.10亩，占农户承包耕地的19.94%；转入耕地1017.60亩，占农户承包耕地的28.46%。这说明，昆明地区和大理地区的农地流转市场相对开放，很多耕地被外地农民或农业组织等经营主体流转经营。

表 5 – 16　农户参与流转的耕地面积

单位：亩，%

地区	转出		转入	
	面积	比重	面积	比重
昆明	536. 65	30. 27	276. 50	15. 60
大理	477. 38	25. 39	309. 93	16. 48
红河	713. 10	19. 94	1017. 60	28. 46
总体	1727. 13	23. 89	1604. 03	22. 19

　　除了农户外，参与农地流转的经营主体还有外地农民、农业组织、合作社和村委会。

　　由表 5 – 17 可知，农户转出的地块，4.86% 的流转给了亲戚，21.48% 的流转给了本村农户，27.75% 的流转给了邻村农户，9.21% 的流转给了外地农民，36.70% 的流转给了农业公司、合作社等农业组织，外地农民和农业组织流转的地块接近一半。农户转入的地块，23.14% 的来自亲戚，46.72% 的来自本村农户，23.58% 的来自邻村农户，6.55% 的来自村委会。这说明，参与流转的经营主体日益多元，农地流转并不局限于亲戚和本村农户之间，本村和邻村农户是主要的需求方，但需求方除了农户外，还有外地农民、农业公司和合作社等农业组织。外地农民和农业组织的参与，使农地流转突破地域范围，农地市场日益开放。村委会在农地流转中只有转出，没有转入，说明村委会没有以"返租倒包"的形式参与农地流转，村委向外流转的是由村委会保留的尚未分配到农户的耕地。

表 5 - 17　农地流转对象

单位:%

地块	地区	亲戚	本村农户	邻村农户	外地农民	农业组织	村委会
转出地块	昆明	4.95	19.23	38.74	12.64	24.45	0.00
	大理	4.09	24.85	17.54	5.85	47.66	0.00
	红河	7.89	17.11	21.05	7.89	46.05	0.00
	总体	4.86	21.48	27.75	9.21	36.70	0.00
转入地块	昆明	34.78	42.03	13.04	0.00	0.00	10.14
	大理	22.54	67.61	4.23	0.00	0.00	5.63
	红河	14.61	33.71	47.19	0.00	0.00	4.49
	总体	23.14	46.72	23.58	0.00	0.00	6.55
全部地块	昆明	9.70	22.86	34.64	10.62	20.55	1.62
	大理	7.26	32.20	15.25	4.84	39.47	0.97
	红河	11.52	26.06	35.15	3.64	21.21	2.42
	总体	9.00	27.20	26.81	7.12	28.39	1.48

表 5 - 18 显示的是地块流转方式,以出租形式流转的地块占 91.38%,以转让方式流转的地块占 3.37%,以入股方式流转的地块占 0.40%,以互换方式流转的地块占 1.49%。这说明,出租是农地流转的主流方式。

表 5 - 18　农地流转方式

单位:%

地区	出租	转让	入股	互换	其他
昆明	92.61	3.70	0.46	1.62	1.62
大理	91.00	2.19	0.00	1.95	4.87
红河	89.09	5.45	1.21	0.00	4.24
总体	91.38	3.37	0.40	1.49	3.37

第五节　本章小结

本章首先介绍了田野调查数据，然后对农户承包的土地状况、农民对土地所有权归属的认知和农地的经营状态进行描述统计分析。

样本农户户均耕地面积为 7.20 亩，人均耕地面积为 1.46 亩，与全国平均水平相当。水田和山地的比例大概是 1∶3。耕地位置分散，分割细碎。样本农户户均有 6.84 块耕地，平均分布在 3.33 个位置不同的片区。地块平均面积为 1.05 亩，地片平均面积为 2.16 亩，耕地细碎程度高于全国平均水平。耕地的细碎程度主要由自然条件决定，这说明，即便市场或行政手段可以解决农地分散问题，也很难解决耕地分割细碎的问题，解决耕地的细碎问题除了要依靠市场和行政手段外，还要依靠工程技术手段。

农民和村干部对农地经营权归属认知与法律规定一致，但对所有权归属认知与法律规定差异较大。农民和村干部对所有权归属认知表现出明显的非集体化倾向，大部分农民认为农地所有权属于农户自己。

农户家庭种植业整体上呈"四三二一"的比例结构，即粮食作物的播种面积占四成、水果作物的播种面积占三成、林果作物的播种面积占二成，其他作物的播种面积占一成。

样本农户超过六成参与农地流转，出租是农地流转的主流方式。除了农户外，外地农民、农业公司和合作社等农业组织积极参与农地流转。农地流转逐渐突破地域范围，农地市场日益开放。

第六章　村集体农地流转职能

村集体在农地流转中可以扮演管理者、交易者和参与者三种角色。村集体是农村基层行政组织，是农户承包经营土地的发包方，对土地的经营使用既享有法定权利，也承担法定义务，在农地流转中以管理者的身份出现。村集体也可以向农地流转市场供给集体持有的或从农户手中转包的土地，在农地流转中以交易者的身份出现。村集体在农地流转中还以参与者的身份出现，发挥市场机制作用，促进农地流转。本章将依次对村集体的这三种职能进行实证分析，其中参与者职能将是本章关注的重点。研究将对第四章提出的相关假说进行实证检验，分析村集体参与者职能与农地流转交易费用的关系。

第一节　管理者职能

村集体是农村基层管理组织，亦是农村土地的发包方。它对待农地流转的态度和管理方式，对农地流转的规模和形态皆有影响。本节将从管理者（村集体）和被管理者（农户）两个方面考察村集体在农地流转中的管理者职能。

一 村集体对农地流转的态度

村集体对待农地流转的态度可能因人（交易对象）而异，因事（交易方式）而异。作者根据地缘关系的远近把交易对象分为三类："本村农户"、"邻村农户"和"外地农民（包括农业公司和合作社）"，根据管理强度的高低把村集体对待农地流转的态度分为五种："不允许"、"需要审批"、"需要登记"、"不管不问"和"鼓励流转"（见附件1），分类考察村集体对待农地流转的态度。虽然这五种态度之间并不完全互斥，但能反映出村集体对待农地流转的态度差异。由表6-1可知，村集体对待农地流转的态度因流转对象和流转方式的不同而差异较大。

表6-1　村集体对农地流转的态度

单位:%

对象	方式	不允许	需要审批	需要登记	不管不问	鼓励流转
本村农户	出租	0.00	0.00	3.45	89.66	6.90
	互换	0.00	0.00	6.90	89.66	3.45
	入股	0.00	36.84	26.32	26.32	10.53
	转让	68.97	0.00	3.45	24.14	3.45
邻村农户	出租	0.00	20.69	6.90	68.97	3.45
	互换	66.67	4.17	4.17	25.00	0.00
	入股	17.65	23.53	29.41	29.41	0.00
	转让	84.62	3.85	0.00	7.69	3.85
外地农民	出租	4.00	56.00	12.00	16.00	12.00
	互换	—	—	—	—	—
	入股	0.00	88.89	5.56	5.56	0.00
	转让	91.67	4.17	0.00	4.17	0.00

　　村集体对农地流转的管制和管制强度随着交易对象地缘关系由近到远而逐级增强。（1）本村农户之间以出租或互换方式流转农地，绝大部分村集体（占89.66%）持不管不问态度；以入股方式流转农地，36.84%的村集体认为需要审批，26.32%的村集体认为需要登记，26.32%的村集体持不管不问态度；以转让方式流转农地，68.97%的村集体持禁止态度，24.14%的村集体持不管不问态度。（2）农户把农地流转给邻村农户，若以出租方式流转，68.97%的村集体持不管不问态度，20.69%的村集体认为需要审批，6.90%的村集体认为需要登记；以互换方式流转，66.67%的村集体持禁止态度，25.00%的村集体持不管不问态度，少部分村集体认为需要审批（占4.17%）或登记（4.17%）；以入股方式流转，17.65%的村集体持禁止态度，23.53%的村集体认为需要审批，29.41%的村集体认为需要登记，29.41%的村集体持不管不问态度；以转让方式流转农地，84.62%的村集体持禁止态度，3.85%的村集体认为需要审批，7.69%的村集体持不管不问态度。（3）农户把农地流转给外地农民（或农业公司、合作社），若以出租方式流转，56.00%的村集体认为需要审批，12.00%的村集体认为需要登记，16.00%的村集体持不管不问态度，4.00%的村集体持禁止态度；以入股方式流转，88.89%的村集体认为需要审批，5.56%的村集体认为需要登记；以转让方式流转，绝大部分村集体（占91.67%）持禁止态度，4.17%的村集体认为需要审批，4.17%的村集体持不管不问态度。

　　村集体态度在不同流转方式之间差异较大。（1）出租是受村集体管制最少的农地流转方式。本村农户之间以出租方式流转农地接

近完全自由，农户把土地出租给邻村农户在少部分村集体需要审批
（20.69%）或登记（6.90%），把土地出租给外地农民大部分村集
体需要审批（56.00%）或登记（12.00%）。随着交易者地缘关系
变远，村集体的管理力度增强，但不禁止农地以出租方式流转。
（2）本村村民以互换方式流转农地非常自由，很少需要审批和登
记，但大部分村集体（66.67%）都不允许农户跨村互换土地。
（3）村集体对待入股方式上的态度差异较大。入股不超出本村范
围，36.84%的村集体需要审批，26.32%的村集体需要登记，
26.32%的村集体不管不问，10.53%的村集体鼓励流转；入股流转
给邻村农户，17.65%的村集体禁止，23.53%的村集体需要审批，
29.41%的村集体需要登记，29.41%的村集体不管不问。（4）以转
让方式流转农地在大部分村集体都受到管制。68.97%的村集体禁
止本村农户相互转让农地，84.62%的村集体禁止农户把农地转让
给邻村农户，91.67%的村集体禁止农户把农地转让给外地农民。

二 农民对村集体态度感知

农民对村集体态度的感知也因流转对象和流转方式的不同而差
异较大。由表6－2可知，对于本村农户之间以出租方式流转农地，
大部分农民（70.28%）表示完全自由，少部分农民表示须由村委
会批准（6.02%）或须到村委会登记（10.59%）；以互换方式流
转农地，69.17%的农民表示完全自由，9.92%的农民表示不被允
许，5.68%的农民表示须由村委会批准，6.41%的农民表示须到村
委会登记；以转让方式流转农地，42.80%的农民认为不被允许，
29.16%的农民认为完全自由，7.69%的农民表示须由村委会批准，

6.58%的农民表示须到村委会登记。

表6-2 农民对村集体态度的感知

单位:%

对象	方式	不被允许	乡镇批准	须由村委会批准	须到村委会登记	完全自由	其他
本村农户	出租	0.48	1.32	6.02	10.59	70.28	11.31
	互换	9.92	0.85	5.68	6.41	69.17	7.98
	转让	42.80	2.11	7.69	6.58	29.16	11.66
邻村农户	出租	0.48	1.69	9.44	18.52	55.81	14.04
	互换	12.50	1.23	8.82	12.62	53.06	11.76
	转让	49.31	2.39	7.92	10.57	17.23	12.58
外地农民	出租	1.83	1.95	12.45	23.81	40.54	19.41
	互换	—	—	—	—	—	—
	转让	47.74	2.01	5.53	14.45	14.70	15.58
农业组织	出租	1.74	3.74	14.69	22.79	23.79	33.25
	入股	5.84	2.92	14.61	18.30	20.58	37.74
	转让	42.86	2.68	6.63	14.41	7.91	25.51

对于把土地出租给邻村农户,55.81%的农民表示完全自由,9.44%的农民表示须由村委会批准,18.52%的农民表示须到村委会登记。对于与邻村农户互换土地,53.06%的农民表示完全自由,12.50%的农民表示不被允许,8.82%的农民表示须由村委会批准,12.62%的农民表示须到村委会登记;对于把土地转让给邻村农户,49.31%的农民表示不被允许,17.23%的农民表示完全自由,7.92%的农民表示须由村委会批准,10.57%的农民表示须到村委会登记。

对于把土地出租给外地农民,40.54%的农民表示完全自由,12.45%的农民表示须由村委会批准,23.81%的农民表示须到村委会登记;对于把土地转让给外地农民,47.74%的农民表示不被允许,5.53%的农民表示须由村委会批准,14.45%的农民表示须到村委会登记，14.70%的农民表示完全自由。

对于把土地出租给农业组织，23.79%的农民表示完全自由，1.74%的农民表示被不允许，14.69%的农民表示须由村委会批准，22.79%的农民表示须到村委会登记；对于土地入股农业组织，20.58%的农民表示完全自由，5.84%的农民表示不被允许，14.61%的农民表示须由村委会批准，18.30%的农民表示须到村委会登记；对于把土地转让给农业组织，7.91%的农民表示完全自由，42.86%的农民表示不被允许，6.63%的农民表示须由村集体批准，14.41%的农民表示须到村委会登记。

对比村集体态度和农民感知可知，农民感受和村集体管理是一致的。下面将对流转地片的审批和登记情况进行分析，从农地流转的实践层面进一步考察村集体管理行为。

三 村集体对农地流转管理

流转地片的审批情况。由表6-3可知，参与流转的地片，51.39%经过审批，其中5.64%经过村民小组批准，43.47%经过村委会批准，2.28%经过乡镇农业部门批准。

表6-3 流转地片的审批情况

单位:%

分类	地片	无须审批	审批部门		
			村民小组	村委会	乡镇农业部门
交易对象	亲戚	91.11	1.11	7.78	0.00
	本村村民	81.45	3.64	14.91	0.00
	邻村村民	49.81	6.64	42.07	1.48
	外地农民	25.00	12.50	62.50	0.00
	农业合作社	20.84	0.00	70.83	8.33

分类	地片	无须审批	审批部门		
			村民小组	村委会	乡镇农业部门
交易 对象	农业公司	10.28	6.72	76.28	6.72
	村委会	4.00	8.00	88.00	0.00
流转 方式	出租	45.71	5.86	45.93	2.50
	转让	70.59	2.94	26.47	0.00
	入股	75.00	25.00	0.00	0.00
	互换	100.00	0.00	0.00	0.00
	其他	79.41	0.00	20.59	0.00
地区	昆明	45.61	6.71	46.06	1.62
	大理	43.58	5.57	47.22	3.63
	红河	69.09	3.03	27.27	0.61
总体		48.61	5.64	43.47	2.28

分不同的交易对象来看，流转给亲戚的地片8.89%经过审批，流转给本村村民的地片18.55%经过审批，流转给邻村村民的地片50.19%经过审批，流转给外地农民的地片75.00%经过审批，流转给农业合作社的地片79.16%经过审批，流转给农业公司的地片89.72%经过审批。从亲戚到农业公司，随着交易者的地缘关系由近到远，流转地片经过审批的比例逐次提高。进一步细分审批部门可知，交易者地缘关系越远，流转需要村委会审批的比例也越高。流转给农业公司和农业合作社的地片部分经过乡镇农业部门审批。

分流转方式来看，以出租方式流转的地片54.29%经过审批，其中5.86%经过村民小组审批，45.93%经过村委会审批，2.50%经过乡镇农业部门审批；以转让方式流转的地片29.41%经过审批，其中2.94%经过村民小组审批，26.47%经过村委会审批；以入股方式流转的地片，25.00%经过村民小组审批；以互换方式流转的地片无须审批。

分地区来看，昆明地区参与流转的地片 54.39% 经过审批，大理地区参与流转的地片 56.42% 经过审批，两地差异不明显。红河地区参与流转的地片 30.91% 经过审批，审批的比例明显低于昆明地区和大理地区。这说明，红河地区的村集体对农地流转的管理更松散。

流转地片的登记情况。由表 6-4 可知，流转的地片 53.04% 经过登记，其中 5.29% 在村民小组登记，45.65% 在村委会登记，2.10% 在乡镇农业部门登记。分不同的交易对象来看，流转给亲戚的地片 9.89% 经过登记，流转给本村村民的地片 20.90% 经过登记，流转给邻村村民的地片 54.08% 经过登记，流转给外地农民的地片 75.00% 经过登记，流转给农业合作社的地片 87.50% 经过登记，流转给农业公司的地片 88.14% 经过登记。从亲戚到农业公司，随着交易者的地缘关系由近到远，流转地片经过登记的比例逐次提高。进一步细分登记部门可知，交易者地缘关系越远，流转需要村委会登记的比例也越高。流转给农业公司的地片有 6.72% 在乡镇农业部门登记。

表 6-4 流转地片的登记情况

单位:%

分类	地片	无须登记	登记部门		
			村民小组	村委会	乡镇农业部门
交易对象	亲戚	90.11	2.20	7.69	0.00
	本村村民	79.10	2.99	17.54	0.37
	邻村村民	45.93	6.30	46.67	1.11
	外地农民	25.00	16.67	58.33	0.00
	农业合作社	12.50	0.00	87.50	0.00
	农业公司	11.86	5.53	75.89	6.72
	村委会	4.35	0.00	95.65	0.00

续表

分类	地片	无须登记	登记部门		
			村民小组	村委会	乡镇农业部门
流转方式	出租	43.61	5.46	48.74	2.19
	转让	73.53	2.94	20.59	2.94
	入股	25.00	25.00	50.00	0.00
	互换	100.00	0.00	0.00	0.00
	其他	93.55	6.45	0.00	0.00
地区	昆明	46.40	6.73	45.94	0.93
	大理	38.92	4.43	52.96	3.69
	红河	68.29	3.66	26.83	1.22
总体		46.96	5.29	45.65	2.10

　　分流转方式来看，以出租方式流转的地片56.39%经过登记，其中5.46%在村民小组登记，48.74%在村委会登记，2.19%在乡镇农业部门登记；以转让方式流转的地片26.47%经过登记，其中2.94%在村民小组登记，20.59%在村委会登记，2.94%在乡镇农业部门登记；以入股方式流转的地片75.00%经过登记，其中25.00%在村民小组登记，50.00%在村委会登记；以互换方式流转的地片无须登记。

　　分地区来看，昆明地区参与流转的地片53.60%经过登记，大理地区参与流转的地片61.08%经过登记，两地差异不明显。红河地区参与流转的地片31.71%经过登记，登记的比例明显低于昆明地区和大理地区。流转地片的审批和登记情况基本相同。

　　对比村集体态度、农民感知和流转地片的审批与登记情况可知，村集体对农地流转的管理因流转对象和流转方式的不同而差异较大。除了部分村集体对转让方式进行管制外，村庄内部的土地流转几乎不受任何限制，处于完全自由状态。村集体的管制和管理主要发生在跨越村庄界限的农地流转上。整体上，村集体禁止农户以互换或转让的方式把农地流转给本集体外的农户或农业组织，以入股方式流转农地则需要严格审批和登记。出租是最自由的农地流转方式，但如果把土地出租给外地农民或农业组织，也需要得到村集体形式上的批准，并进行登记。

第二节　交易者职能

村集体可能以两种方式参与农地流转。一是向经营者供给村集体持有的土地；二是以"反租倒包"方式在市场上同时转入和转出的土地。但调查覆盖的村庄，只有部分村集体有第一种行为，没有发现村集体有第二种行为。因此，本节将忽略第二种行为的分析。

一　村集体持有的土地

大部分村集体的耕地全部发包给了农户。即便保留有土地的村集体，土地面积也非常狭小。样本村庄中，只有 16 个村集体（占 48.48%）拥有未分配的耕地。这 16 个村集体拥有的耕地面积共 1025.60 亩，平均每个村庄 64.10 亩，仅占它们全部耕地面积的 1.72%（见表 6-5）。

表 6-5　村集体未承包到户的土地

土地	频数（个）	频率（%）	面积（亩）	比重（%）
耕地	16	48.48	1025.60	1.72
荒地	18	54.54	7536.00	—

《中华人民共和国农村土地承包法》（2018 年版）第四十八条

规定，不宜采取家庭承包方式的荒山、荒沟、荒丘、荒滩等农村土地，通过招标、拍卖、公开协商等方式承包。但林权改革把村集体所有的荒山荒坡以林地使用权的形式分配到各家各户手中①。林权改革后，使用权属于村集体的荒山荒坡已经很少。样本村庄中，只有18个村集体（占54.54%）拥有未分配的荒地。这18个村集体一共拥有荒地7536.00亩，平均每个村庄拥有荒地418.67亩。

二 村集体的农地流转

村集体持有土地的经营情况，由表6-6可知，村集体持有的土地，除了部分荒地（41.18%）处于闲置状态外，其余土地（58.82%的荒地和全部耕地）被出租给农户、农业公司等经营主体经营。

表6-6 村集体的土地经营情况

单位:%

土地	闲置	经营			
		本村农户	邻村农户	外地农民	农业组织
耕地	0.00	68.75	6.25	12.50	12.50
荒地	41.18	60.02	0.00	19.99	19.99

从流向来看，村集体持有的耕地出租后，68.75%的耕地由本村农户使用，6.25%的耕地由邻村农户使用，12.50%的耕地由外地农民使用，12.50%的耕地由农业组织使用；出租的荒地60.02%由本村农户使用，19.99%由外地农民使用，19.99%由农业公司使

① 云南省在2003~2008年开展了集体林权制度改革。

用。本村村民是村集体土地的主要使用者。这可能是因为本村农户具有经营上的便利，而且法律规定村集体成员对村集体土地拥有优先承包权①。当村集体把土地出租给村外的农民或农业组织时，需要征得村民同意和接受监督。

农户和农业组织使用村集体土地一般租期较长，且都要向村集体支付租金。耕地租期最短的 1 年，最长的 50 年，平均租期 14.81年；荒地租期最短的 10 年，最长的 70 年，平均租期 31.50 年。耕地年租金最低为 70 元/亩，最高为 2500 元/亩，平均租金为 702.20元/亩；荒地年租金最低的 8 元/亩，最高的 300 元/亩，平均租金137.00 元/亩（见表 6－7）。荒地的租期更长，但租金更低。

表 6－7　村集体流转土地的租期和租金

土地	租期（年）			年租金（元/亩）		
	最小值	平均值	最大值	最小值	平均值	最大值
耕地	1	14.81/10	50	70	702.2/360	2500
荒地	10	31.50/20	70	8	137/100	300

第三节　参与者职能

除了管理者和交易者外，村集体还可以发挥桥梁和媒介作用，

---

① 《中华人民共和国农村土地承包法》（2003 年）第三章规定："不宜采取家庭承包方式的荒山、荒沟、荒丘、荒滩等农村土地，通过招标、拍卖、公开协商等方式承包的。……在同等条件下，本集体经济组织成员享有优先承包权。……发包方将农村土地发包给本集体经济组织以外的单位或者个人承包，应当事先经本集体经济组织成员的村民会议三分之二以上成员或者三分之二以上村民代表的同意，并报乡（镇）人民政府批准。"

以中介人和担保人的角色参与农地流转。本节将对流转地片的中介和担保使用进行实证分析，判断村集体的参与者职能是否符合降低交易费用的要求。

一　农地流转的中介人

（一）描述统计分析

表6-8显示了农地流转地片的中介使用情况。

表6-8　农地流转地片的中介使用情况

单位:%

分类	地片	无中介	中介人		
			村委会	村民小组	农民
面积大小	≤1 亩	35.85	46.67	9.89	7.59
	1~2 亩	41.25	46.56	7.50	4.69
	>2 亩	45.32	33.20	14.06	7.42
灌溉条件	水田	39.29	47.27	7.14	6.30
	山地	40.43	40.97	11.05	7.55
流转期限	≤5 年	69.47	16.58	4.21	9.74
	5~10 年	28.76	47.79	17.70	5.75
	10~15 年	15.09	71.23	10.85	2.83
	>15 年	22.27	59.59	12.44	5.70
流转对象	本村农户	70.65	16.42	3.23	9.70
	邻村农户	28.79	51.66	13.28	6.27
	外地农民	18.05	52.78	16.67	12.50
	农业组织	10.90	72.56	15.79	0.75
地区	昆明	34.64	46.65	10.62	8.08
	大理	35.11	49.39	9.44	6.05
	红河	66.06	18.79	10.91	4.24
总体		39.96	43.22	10.19	6.63

从地片面积大小与中介使用的关系来看，面积在1亩以内的地

片，64.15%使用中介进行流转；面积在 1 ~ 2 亩的地片，58.75%使用中介；面积在 2 亩以上的地片 54.68%使用中介。整体上，小面积地片使用中介流转的比例更高。从中介人的选择来看，小面积地片选择以村委会为中介人的比例更高，大面积地片选择以村民小组和农民作为中介人的比例更高。

从地片灌溉条件与中介使用的关系来看，水田和山地地片的中介使用比例基本相当，但水田地片更倾向于选择村委会作为中介人。

从地片流转期限与中介使用的关系来看，期限不超过 5 年的地片，69.47%没有使用中介，16.58%以村委会为中介人；期限为 5 ~ 10 年的地片，28.76%没有使用中介，47.79%以村委会为中介人；期限为 10 ~ 15 年的地片，15.09%没有使用中介，71.23%以村委会为中介人；期限在 15 年以上的地片，22.28%没有使用中介，59.59%以村委会为中介人。整体上，流转期限越长，地片使用中介流转和以村委会为中介人的比例越高。

从地片流转对象与中介使用关系来看，使用中介比例最低的地片和以村委会为中介人比例最低的地片是以本村农户为流转对象的地片（29.35%和 16.42%），其次是以邻村农户为流转对象的地片（71.21%和 51.66%），再次是以外地农民（81.95%和 52.78%）和农业组织为流转对象的地片（89.10%和 72.56%）。流转跨越村集体范围的地片，流转使用中介和以村委会为中介人的比例明显更高。

从地区间的差异来看，昆明地区和大理地区的土地流转使用中介的比例更高，红河地区土地流转使用中介的比例更低。

（二）计量模型构建

可以把农地流转的中介使用决策分成两步。第一步，交易双方决策是否使用中介进行交易；第二步，交易双方决策在可使用的中介人之间做出选择（见图6-1）。由前面的统计分析可知，中介人有乡土地流转中心、村委会、村干部、村民和亲戚朋友。可以把村民和亲戚朋友看作农民发挥中介作用，把村委会和村干部看作村集体发挥中介作用。调查样本中，只有一个乡建立了土地流转中心，通过中心流转的土地在样本中所占比例较低（占0.83%），而且村委会和村民小组在流转中发挥了组织和协调作用。因此，可以把通过农地流转中心流转的地块归并为村集体发挥中介作用。做此处理后，每一步决策交易者都是在两对互斥的选项中权衡取舍。

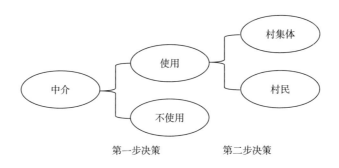

图6-1　农地流转中介使用的两步决策

研究使用变量 M_1（是否使用中介）和 M_2（中介人是否为村集体）表示农地流转中介使用的第一步和第二步决策结果。具体地，如果交易双方使用中介，变量 M_1（是否使用中介）赋值为1，否则为0。使用中介的地片，如果以村集体为中介人，则变量 M_2（中介人是否为村集体）赋值为1，否则为0。以这两个变量为因变量分别建立计量回归模型。

$$M_1 = \alpha_0 + \sum_{i=1}^{8} \beta_i L_i + \sum_{j=1}^{4} \gamma_j H_j + \sum_{\rho=1}^{2} \delta_l P_l + \mu \qquad (6-1)$$

$$M_2 = \alpha_0 + \sum_{i=1}^{8} \beta_i L_i + \sum_{j=1}^{4} \gamma_j H_j + \sum_{\rho=1}^{2} \delta_l P_l + \mu \qquad (6-2)$$

实证研究将使用模型（6-1）和模型（6-2）考察土地流转中介人使用的影响因素。表6-9列出了模型的因变量和自变量。

表6-9　流转地片中介使用模型变量的定义与赋值

变量	定义与赋值
因变量	
M_1（是否使用中介）	土地流转是否使用中介，是，赋值为1；否则为0
M_2（中介人是否为村集体）	中介人是否为村集体，是，赋值为1；否则为0
因变量	
M_3（是否使用担保）	土地流转是否使用担保，是，赋值为1；否则为0
M_4（担保人是否为村集体）	担保人是否为村集体，是，赋值为1；否则为0
自变量	
L_1（地片面积）	流转土地面积大小，单位：亩
L_2（地片块数）	流转土地细碎程度，单位：块
L_3（地片性质）	土地是水田或山地，水田赋值为1，山地为0
L_4（流转期限）	土地流转期限，赋值：1年=1、2~5年=2、6~10年=3、11~15年=4、15~20年=5、20年以上=6
L_5（流转租金）	流转土地的租金，单位：百元/亩
L_6（交易对象）	土地流转的交易对象，赋值：邻村农民=2、外地农民=3、农业组织=4
L_7（地片合并）	流转土地是否与其他农户的地片合并，是，赋值为1；否则为0
L_8（书面合同）	土地流转是否签订书面合同，是，赋值为1；否则为0
H_1（户主年龄）	农户户主实际年龄，单位：周岁
H_2（户主年龄平方）	农户户主实际年龄平方，单位：周岁^2
H_3（户主性别）	农户户主性别，男性赋值为1，女性为0
H_4（户主受教育程度）	农户户主受教育程度，具体赋值：文盲=1、小学=2、初中=3、高中（中专）=4、大专=5

变量	定义与赋值
P_1（地区1）	地区虚拟变量，昆明地区赋值为1，否则为0
P_2（地区2）	地区虚拟变量，大理地区赋值为1，否则为0

自变量 L_4（流转期限）、L_6（交易对象）、L_7（地片合并）和 L_8（书面合同）是模型的关键变量，用以检验第四章中提出的假说。变量 L_4（流转期限）表示农地的流转期限，具体赋值：流转期限1年的土地赋值为1，2～5年的赋值为2，6～10年的赋值为3，11～15年的赋值为4，15～20年的赋值为5，20年以上的赋值为6。部分土地（占30.14%）没有明确流转期限，赋值为1。这种流转类型的土地，虽然绝大部分土地交易对象数年不变，但是在年底会对租金等事项做重新约定。因此，把它们的流转期限看作1年。

L_6（交易对象）表示农户的交易对象，交易对象为亲戚、村民和村集体的赋值为1，交易对象为邻村农民的赋值为2，交易对象为外地农民的赋值为3，交易对象为农业组织的赋值为4。交易对象间的地缘关系越远，赋值越大。变量 L_7（地片合并）表示流转土地是否与其他农户的土地进行合并，如果合并赋值为1，否则为0。L_8（书面合同）表示土地流转是否签订书面合同，如果签订书面合同赋值为1，只有口头约定赋值为0。根据第四章的研究假说，变量 L_4（流转期限）、L_6（交易对象）、L_7（地片合并）和 L_8（书面合同）回归系数的符号预期为正。

回归模型引入三组控制自变量。（1）交易物特征变量：L_1（地片面积）、L_2（地片块数）、L_3（地片性质）、L_5（流转租金）。变量 L_1（地片面积）和变量 L_2（地片块数）分别表示同一片土地的面积和块数。变量 L_3（地片性质）用以区分土地是水田还是山地。变量 L_5（流转租金）表示同一片流转土地的单位面积租金。（2）交易农户户主人口学特征变量：H_1（户主年龄）、H_2（户主年龄平方）、H_3（户主性别）、H_4（户主受教育程度）。户主是家庭经营的主要决策者，其特征对农地流转的中介人使用决策可能有影响。（3）地区虚拟变量 P_1（地区1）、P_2（地区2），用以区分三个地区的使用中介和担保的差异。表6-10显示的是变量的主要统计指标。

表6-10　流转地片中介使用变量的统计指标

变量	观察值	平均值	标准差	最小值	最大值
因变量					
M_1（是否使用中介）	1004	0.60	0.49	0	1
M_2（中介人是否为村集体）	600	0.90	0.30	0	1
M_3（是否使用担保）	1001	0.37	0.48	0	1
M_4（担保人是否为村集体）	360	0.89	0.31	0	1
自变量					
L_1（地片面积）	1011	3.29	8.31	0.1	100
L_2（地片块数）	1009	1.91	1.94	1	30
L_3（地片性质）	994	0.56	0.50	0	1
L_4（流转期限）	1011	3.06	1.74	1	6
L_5（流转租金）	985	12.10	19.69	0	28
L_6（交易对象）	1011	2.20	1.22	1	4
L_7（地片合并）	988	0.60	0.49	0	1
L_8（书面合同）	992	0.78	0.47	0	1
H_1（户主年龄）	1011	48.96	10.28	24	80
H_2（户主年龄平方）	1011	2503.01	1056.08	576	6400
H_3（户主性别）	1011	0.90	0.30	0	1
H_4（户主受教育程度）	1010	2.39	0.79	1	5
P_1（地区1）	1011	0.43	0.50	0	1
P_2（地区2）	1011	0.41	0.49	0	1

（三）回归结果分析

表 6 – 11 显示的是以 M_1（是否使用中介）和 M_2（中介人是否为村集体）为因变量的回归结果。从模型的对数似然值（Log likelihood）和拟 R – 平方值（Pseudo R^2）可知，模型显著，且拟合程度较好。变量回归系数符合经济意义，可用于土地流转中介使用决策的影响因素分析。

表 6 – 11　流转地片中介使用模型的回归结果

变量	模型（6 – 1）		模型（6 – 2）	
	系数	z 值	系数	z 值
L_1（地片面积）	– 0.0322 ***	– 3.02	– 0.0108	– 0.59
L_2（地片块数）	0.0302	0.59	– 0.0902	– 1.07
L_3（地片性质）	– 0.1214	– 0.58	0.2173	0.54
L_4（流转期限）	0.2722 ***	4.00	0.2832 **	2.04
L_5（流转租金）	0.0135	1.46	0.0121	0.76
L_6（交易对象）	0.6815 ***	7.55	0.7881 ***	4.52
L_7（地片合并）	0.8148 ***	3.57	1.6149 ***	4.01
L_8（书面合同）	1.0578 ***	3.95	1.0772 **	2.28
H_1（户主年龄）	0.0418	0.53	0.2662 **	2.00
H_2（户主年龄平方）	– 0.0004	– 0.51	– 0.0025 *	– 1.90
H_3（户主性别）	0.2585	0.79	– 1.4580	– 1.35
H_4（户主受教育程度）	– 0.0099	– 0.08	– 0.2094	– 0.74
P_1（地区1）	0.9765 ***	2.84	– 0.6640	– 0.89
P_2（地区2）	1.2319 ***	3.89	– 0.0015	0.00
截距项	– 4.3508 **	– 2.13	– 6.2153 *	– 1.78
观察值	976		571	
Log likelihood	– 335.0423		– 121.3820	
Pseudo R^2	0.3604		0.3374	

注：*、**、*** 分别表示系数在 10%、5%、1% 水平上显著。

从模型（6-1）的系数和显著性来看，使用中介的决策受三个方面的因素影响。（1）地片面积大小和使用权期限长短对中介使用有显著影响。表征交易物的四个变量，L_1（地片面积）和 L_4（流转期限）的系数为一负一正，且都在 1% 水平上显著；L_2（地片块数）和 L_3（地片性质）的系数一正一负，但都没有通过显著性检验。这说明，地片面积大小和使用期限对中介使用有显著影响，地片面积小和使用权期限长的农地流转使用中介的比例显著更高，但地片的细碎程度和地片是否是水田或山地对中介的使用影响较小。（2）交易对象对中介人使用有显著影响。L_6（交易对象）的系数为正，且在 1% 水平上显著，但表征户主人口学特征的变量 H_1（户主年龄）、H_2（户主年龄平方）、H_3（户主性别）和 H_4（户主受教育程度）虽然系数符号与预期相符，但都没有通过显著性检验。这说明，中介的使用决策在农户之间没有明显差异，交易者之间的地缘关系远近才是决定流转是否使用中介的关键因素。整体上，交易者与户主的地缘关系越近（亲戚、村民），流转使用中介的比重越低；交易者与户主的地缘关系越远（外地人、农业组织），流转使用中介的比重越高。（3）地片合并和签订合同对中介的使用有显著影响。L_7（地片合并）和 L_8（书面合同）的系数为正，且都在 1% 水平上通过显著性检验。这说明，地片与其他农户的相连地片合并，签订书面合同的流转使用中介的比重明显更高。

由模型（6-2）的系数和显著性来看，以下因素对农民选择村集体还是村民作为中介人影响显著。（1）使用权期限长短对中介人选择影响显著。表征交易物的四个变量，只有 L_4（流转期限）系数为正且在 5% 水平上显著，其余三个变量都没有通过显著性检验。

这说明，在村集体和村民之间选择时，土地使用权期限长的流转更倾向于使用村集体作为中介人。地片面积大小和细碎程度以及地片是水田还是山地对中介人的选择影响较小。（2）农户户主的年龄和交易对象对中介人的选择影响显著。H_1（户主年龄）和 H_2（户主年龄平方）的系数一正一负，且分别在5%和10%水平上通过显著性检验。这说明中介人选择与农户户主年龄呈现明显的"倒U形"变化，户主年龄小和年龄大的农户更倾向于选择村民作为中介人，中年农户户主更倾向于选择村集体作为中介人。L_6（交易对象）的系数为正，且在1%水平上显著，这说明交易对象与农户的地缘关系越近，土地流转越倾向于选择村民作为中介人，交易对象与户主的关系越远，土地流转越倾向于选择村集体作为中介人。（3）地片合并和签订合同对中介人选择影响显著。L_7（地片合并）和 L_8（书面合同）的系数为正，且分别在1%和5%水平上通过显著性检验。这说明，地片与其他农户的相连地片合并，签订书面合同的流转更倾向于以村集体为中介人。

综上可知，流转期限长短、流转对象远近、土地是否合并和是否签订书面合同是影响土地流转是否使用中介和是否以村集体为中介人的关键因素。流转期限越长、流转对象与农户的地缘关系越远、不同农户的土地需要进行合并、签订书面合同的土地越倾向于以村集体作为中介人进行流转。

二　农地流转的担保人

（一）描述统计分析

表6-12报告了流转地片的担保使用情况。63.72%的流转地片

没有担保人，28.04%的流转地片以村委会为担保人，4.32%的流转地片以村民小组为担保人，3.92%的流转地片以村民为担保人。

从地片面积大小与担保使用的关系来看，面积不超过1亩的地片63.40%没有担保人，30.07%以村委会为担保人，3.03%以村民小组为担保人，3.50%以村民为担保人；面积1～2亩的地片62.54%没有担保人，28.57%以村委会为担保人，4.76%以村民小组为担保人，4.13%以村民为担保人；面积2亩以上的地片65.74%没有担保人，23.90%以村委会为担保人，5.98%以村民小组为担保人，4.38%以村民为担保人。整体上，地片面积大小对担保人使用的影响不明显。从灌溉条件与担保使用的关系来看，水田61.20%没有担保人，28.96%以村委会为担保人；山地65.95%没有担保人，26.77%以村委会为担保人。相对于山地，水田使用担保的比例和以村委会为担保人的比例更高。

表6-12 流转地片的担保使用情况

单位:%

分类	地片	无担保	担保人		
			村委会	村民小组	村民
面积大小	≤1亩	63.40	30.07	3.03	3.50
	1～2亩	62.54	28.57	4.76	4.13
	>2亩	65.74	23.90	5.98	4.38
灌溉条件	水田	61.20	28.96	5.46	4.37
	山地	65.95	26.77	3.21	4.07
流转期限	≤5年	83.96	11.76	1.60	2.67
	5～10年	54.09	37.27	4.09	4.55
	10～15年	53.85	35.58	6.73	3.85
	>15年	46.11	40.93	7.25	5.70

续表

分类	地片	无担保	担保人		
			村委会	村民小组	村民
流转对象	本村农户	83.67	13.01	1.28	2.04
	邻村农户	51.49	36.94	4.10	7.46
	外地农民	51.39	31.94	11.11	5.56
	农业组织	49.81	40.30	7.22	2.66
地区	昆明	56.00	36.24	4.00	3.76
	大理	65.04	26.89	4.89	3.18
	红河	80.75	9.32	3.73	6.21
总体		63.72	28.04	4.32	3.92

从流转期限与担保使用的关系来看，期限在 5 年以内的地片 83.96% 没有使用担保，11.76% 以村委会为担保人；期限在 5～10 年的地片 54.09% 没有使用担保，37.27% 以村委会为担保人；期限在 10～15 年的地片 53.85% 没有使用担保，35.58% 以村委会为担保人；期限在 15 年以上的地片 46.11% 没有使用担保，40.93% 以村委会为担保人（见表 6－12）。流转期限越长的地片，使用担保的比例和以村委会为担保人的比例越高。

从流转对象与担保使用的关系来看，流转给本村农户的地片 83.67% 没有使用担保，13.01% 以村委会为担保人；流转给邻村农户的地片 51.49% 没有使用担保，36.94% 以村委会为担保人；流转给外地农民的地片 51.39% 没有使用担保，31.94% 以村委会为担保人；流转给农业组织的地片 49.81% 没有使用担保，40.30% 以村委会为担保人。整体上，本村农户之间流转很少使用担保，流转跨越村集体的地片一半使用担保，而且主要以村委会为担保人。

（二）计量模型构建

同样可以把土地流转的担保使用决策分成两步。第一步，交易双方决策是否使用担保进行交易；第二步，交易双方决策在可使用的担保人之间做出选择。同样把村民和亲戚朋友视为农民发挥担保作用，把村委会和村干部视为村集体发挥担保作用。把通过土地流转中心流转的地块归并为村集体发挥担保作用。做此处理后，每一步决策交易者都是在两对互斥的选项中权衡取舍。

研究使用因变量 M_3（是否使用担保）、M_4（担保人是否为村集体）表示农地流转担保使用的第一步和第二步决策结果（见图 6 - 2）。具体地，交易双方使用担保，M_3（是否使用担保）赋值为 1，否则为 0；使用担保的土地，如果以村集体为担保人，则 M_4（担保人是否为村集体）赋值为 1，否则为 0。以这两个变量为因变量分别建立计量回归模型。

$$M_3 = \alpha_0 + \sum_{i=1}^{8} \beta_i L_i + \sum_{j=1}^{4} \gamma_j H_j + \sum_{\rho=1}^{2} \delta_i P_l + \mu \qquad (6-3)$$

$$M_4 = \alpha_0 + \sum_{i=1}^{8} \beta_i L_i + \sum_{j=1}^{4} \gamma_j H_j + \sum_{\rho=1}^{2} \delta_i P_l + \mu \qquad (6-4)$$

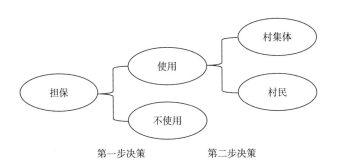

图 6 - 2 农地流转担保使用的两步决策

表 6 - 10 列出了模型（6 - 3）和模型（6 - 4）的因变量和自变量。模型的自变量的定义和赋值与前面相同，不再赘述。担保在土地流转中起到规避违约风险的作用。风险越高的土地流转使用担保的概率越高。根据第四章的假说，交易对象地缘关系越远、流转的期限越长，土地流转发生违约风险的可能性越大，农户地块合并经营发生违约对交易双方造成的损失越大。因此，变量：L_4（流转期限）、L_6（交易对象）、L_7（地片合并）和 L_8（书面合同）在模型（6 - 3）和模型（6 - 4）中的回归系数预期为正。

（三）回归结果分析

表 6 - 13 显示的是以 M_3（是否使用担保）和 M_4（担保人是否为村集体）为因变量的回归结果。从模型的对数似然值（Log likelihood）和拟 R - 平方值（Pseudo R^2）可知，模型显著，且拟合程度较好。变量回归系数符合经济意义，可用于土地流转担保使用决策的影响因素分析。

表 6 - 13　流转地片担保使用模型的回归结果

变量	模型（6 - 3）		模型（6 - 4）	
	系数	z 值	系数	z 值
L_1（地片面积）	0.0079	0.75	0.0013	0.06
L_2（地片块数）	0.0118	0.27	- 0.1011	- 0.89
L_3（地片性质）	0.5345 ***	2.89	0.1939	0.41
L_4（流转期限）	0.1409 **	2.31	0.2046 *	1.75
L_5（流转租金）	0.0029	0.64	0.0174	1.57
L_6（交易对象）	0.2150 ***	3.01	0.3226 *	1.84
L_7（地片合并）	1.2233 ***	7.69	1.8917 ***	3.59
L_8（书面合同）	1.7863 ***	6.05	2.5148 ***	3.01
H_1（户主年龄）	0.1079	1.50	0.1326	0.78

变量	模型（6-3）		模型（6-4）	
	系数	z值	系数	z值
H_2（户主年龄平方）	-0.0010	-1.49	-0.0016	-0.96
H_3（户主性别）	-0.2259	-0.79	-1.6637	-1.57
H_4（户主受教育程度）	-0.0314	-0.28	-0.2798	-0.89
P_1（地区1）	1.8097***	5.19	1.7204**	2.20
P_2（地区2）	1.2614***	3.81	2.2442***	3.00
截距项	-4.7274**	-2.54	-2.9446	-0.64
观察值	959		345	
Log likelihood	-492.9877		-89.6140	
Pseudo R^2	0.1946		0.2002	

注：*、**、***分别表示系数在10%、5%、1%水平上显著。

由模型（6-3）各变量回归系数的符号和显著性可知，土地流转的担保使用主要受以下几个因素影响。（1）地片性质和使用权期限。表征交易物的五个变量，变量 L_3（地片性质）和 L_4（流转期限）的系数皆为正，且分别在1%和5%水平上通过显著性检验，而变量 L_1（地片面积）、L_2（地片块数）和 L_5（流转租金）皆没有通过显著性检验。这说明，与山地相比，水田流转使用担保的比例更高，地片流转期限越长，越倾向于使用担保，地片面积大小和细碎程度对是否使用担保的影响较小。（2）交易对象。表征农户户主人口学特征变量即 H_1（户主年龄）、H_2（户主年龄平方）、H_3（户主性别）和 H_4（户主受教育程度）没有通过显著性检验。变量 L_6（交易对象）的系数为正，且在1%水平上通过了显著性检验。这说明，农户户主之间在是否使用担保的决策上没有明显差异，与谁交易才是影响流转是否使用担保的关键因素。整体上，交易对象与农户的地缘关系越近，流转使用担保的比例越低；交易对象与农户的地缘关系越远，流转使用担保的比例越高。（3）地片合并和书面合同。变量 L_7（地片合并）和 L_8（书面合同）的系数为正，且都在 1% 水平上通过了显著性检验。这说明，地片是否与属于其他农户的地片合并、流转是否签订书面合同对土地流转的担保使用影响显著。

由模型（6-4）各变量回归系数的符号和显著性可知，土地流转的担保人选择主要受以下因素影响。（1）流转期限的长短。L_4（流转期限）的系数为正，且在 10% 水平上通过了显著性检验。这说明，流转期限长短对选择以村集体还是村民作为担保人的影响显著，流转期限越长，交易双方越倾向于选择村集体作为担保人。（2）交易对象地缘关系远近。L_6（交易对象）的系数为正，且在 10% 水平上通过了显著性检验。这说明，交易对象地缘关系的远近对担保人的选择影响显著。地缘关系越近，流转越倾向于选择村民作为担保人，地缘关系越远，流转越倾向于选择村集体作为担保人。（3）农户之间的地片是否进行合并。L_7（地片合并）的系数为正，且在 1% 水平上通过了显著性检验。这说明，地片合并对担保人的选择影响显著，与其他农户地片合并的地片选择村集体作为担保人的比例更高。（4）是否签订书面合同。L_8（书面合同）的系数为正，且在 1% 水平上通过了显著性检验。这说明，签订书面合同对担保人的选择影响显著，签订书面合同的流转，选择村集体作为担保人的概率更高。

综上可知，流转期限长短、交易对象地缘关系远近、地片是否合并和是否签订书面合同是影响土地流转是否使用担保和是否以村集体为担保人的关键因素。流转期限越长，流转对象与农户的地缘关系越远，不同农户的土地需要进行合并，签书面合同的土地越倾向于以村集体为担保人进行流转。土地流转中介和担保使用的影响因素基本相同。

第四节　本章小结

本章依次对村集体在土地流转中的管理者职能、交易者职能和参与者职能进行了实证分析，重点分析了村集体参与者职能与农地流转交易费用和风险的关系，对第四章提出的假说进行了实证检验。结果表明，村委会是村集体的主要行为主体。虽然法律规定的村集体（发包方）可能是村民委员会、村民小组或村集体经济组织，而且绝大部分地区土地的发包方是村民小组（自然村），但是在土地流转中发挥管理者职能和参与者职能的主体是村民委员会。这是因为，村委会是农村最基层的行政机构，村民小组只有小组长一人，没有设立组织机构，而且小组长本身是村委会的管理成员，受村民委员会管理。

村集体管理者职能。村集体对农地流转的管理因流转对象和流转方式的不同而差异较大。除了部分村集体对转让方式进行管制外，村庄内部的土地流转几乎不受任何限制，处于完全自由状态。村集体的管制和管理主要发生在跨越村庄界限的土地流转上。整体上，村集体禁止农户以互换或转让方式把土地流转给本集体外的农户或农业组织，以入股方式流转土地则需要严格审批和登记。出租是最自由的土地流转方式，但如果把土地出租给外地农民或农业组织，也需要得到村集体形式上的批准，并进行登记。

村集体交易者职能。调查中没有发现村集体以"反租倒包"的方式参与交易。

村集体参与者职能。村集体主要以担任中介人和担保人的方式在土地流转中发挥降低交易费用和规避风险的作用。流转期限长短、流转对象地缘关系远近、土地是否合并和是否签订书面合同是影响土地流转担保人使用和以村集体为担保人的关键因素。流转期限长、流转对象地缘关系远、土地需要进行合并、签订书面合同的流转土地以村集体为中介人和担保人进行流转的比例较高。

第七章　农地家庭财产功能

　　土地是农户重要的家庭财产。农户可以通过自己经营获取收益，实现土地的财产功能。在农地市场发育成熟的地方，缺乏比较优势的农户还可以出租土地换取租金，实现土地的财产功能。但在交易受抑制或交易费用过高的情况下，农地可能会被闲置。如果村集体参与能促进农地家庭财产功能的发挥，那么参与流转的农户和土地会增加，闲置的土地会减少，反之，土地流转会减少，闲置的土地会增多。但流转并不意味着土地财产功能的实现。在村集体强制农户向外流转土地的情况下，土地流转会增加，但土地的家庭财产功能反而遭到破坏。本章将从农户土地流转行为、土地闲置情况和土地租金三个方面实证分析村集体参与者职能对农地财产功能的影响。

第一节　农户土地流转

　　第五章对农户的土地流转行为做了统计描述分析，本节将使用计量分析方法对农户土地流转的影响因素进行回归分析。村集体参与者职能（中介人和担保人）与农户土地流转行为的相关关系将是研究关注的重点。

一 计量模型构建

以供给和需求为视角，可以把土地流转市场中的农户分为四类：未参与农户、只转出农户、只转入农户和既转出也转入农户。样本农户中，未参与的农户占37.15%，只转出的农户占47.11%，只转入的农户占12.85%，既转出也转入的农户占2.89%。第四类农户数量较少，且流转方式以互换为主。第六章的统计分析表明，本村农户之间互换土地完全自由，与邻村农户互换土地在大部分村集体（占66.67%）受到禁止。村集体的态度比较明确，而且本节主要关注村集体参与对农户土地流转行为的影响。因此，研究根据转出和转入的面积大小把第四类农户归入转出和转入两类，忽略对第四类流转行为的分析。

除了转出和转入方向上的差别外，农户之间还存在流转面积大小的差异。研究引入四个因变量：T_1（农户转出土地）、T_2（农户转入土地）、T_3（农户转出面积）和 T_4（农户转入面积）来表征农户的土地流转行为。前两个变量表示农户在土地流转中是转出土地还是转入土地。如果农户转出土地，变量 T_1（农户转出土地）赋值为1，否则为0；如果农户转入土地，变量 T_2（农户转入土地）赋值为1，否则为0。后两个变量表示农户流转土地面积大小，如果农户转出土地，变量 T_3（农户转出面积）是其转出土地的实际面积，否则赋值为0；如果农户转入土地，变量 T_4（农户转入面积）是其转入土地的实际面积，否则赋值为0。针对这四个变量分别建立如下计量回归模型。

$$T_1 = \alpha_0 + \sum_{i=1}^{4} \beta_i H_i + \sum_{j=1}^{5} \gamma_j F_j + \sum_{k=1}^{2} \delta_k V_k + \sum_{l=1}^{2} \delta_l P_l + \mu \qquad (7-1)$$

$$T_2 = \alpha_0 + \sum_{i=1}^{4} \beta_i H_i + \sum_{j=1}^{5} \gamma_j F_j + \sum_{k=1}^{2} \delta_k V_k + \sum_{l=1}^{2} \delta_l P_l + \mu \qquad (7-2)$$

$$T_3 = \alpha_0 + \sum_{i=1}^{4} \beta_i H_i + \sum_{j=1}^{5} \gamma_j F_j + \sum_{k=1}^{2} \delta_k V_k + \sum_{l=1}^{2} \delta_l P_l + \mu \qquad (7-3)$$

$$T_4 = \alpha_0 + \sum_{i=1}^{4} \beta_i H_i + \sum_{j=1}^{5} \gamma_j F_j + \sum_{k=1}^{2} \delta_k V_k + \sum_{l=1}^{2} \delta_l P_l + \mu \qquad (7-4)$$

自变量 H_i、F_j、V_k 和 P_l 分别表征农户户主特征、农户家庭特征、行政村特征和地区差异。表7-1显示了模型变量的定义与具体赋值。

表7-1 农户土地流转模型变量的定义与赋值

变量	定义与赋值
因变量	
T_1（农户转出土地）	农户是否转出土地，是，赋值为1；否则为0
T_2（农户转入土地）	农户是否转入土地，是，赋值为1；否则为0
T_3（农户转出面积）	农户转出土地的面积，单位：亩
T_4（农户转入面积）	农户转入土地的面积，单位：亩
自变量	
H_1（户主年龄）	农户户主实际年龄，单位：周岁
H_2（户主年龄平方）	农户户主实际年龄平方，单位：周岁^2
H_3（户主性别）	农户户主性别，男性赋值为1，女性为0
H_4（户主受教育程度）	农户户主受教育程度，文盲、小学、初中、高中（中专）和大专依次赋值为1、2、3、4和5
F_1（家庭劳动力）	农户的家庭劳动力数量，单位：人
F_2（人均土地面积）	农户的人均土地面积，单位：亩/人
F_3（人均年收入）	农户的人均年收入，单位：千元/年
F_4（非农收入比重）	农户非农经营和务工收入比重，单位:%
F_5（粮食面积比重）	农户粮食播种面积比重，单位:%
V_1（农地市场发育）	村集体农地流转市场发育程度，单位:%
V_2（村集体参与度）	村集体农地流转市场参与程度，单位:%

变量	定义与赋值
P_1（地区1）	地区虚拟变量，昆明地区赋值为1，否则为0
P_2（地区2）	地区虚拟变量，大理地区赋值为1，否则为0

　　根据村集体参与农地流转的角色（中介人和担保人），研究构建了关键变量 V_2（村集体参与度）来表征村集体参与农地流转的程度差异。具体计算方法是，先计算出每个村集体（行政村）流转地片中以村委会或村民小组为中介人或担保人的比例，然后把两个比例进行加总。研究引入的另一个村庄变量是 V_1（农地市场发育），表征行政村的农地市场发育程度。具体赋值为村集体（行政村）中参与土地流转农户所占的比例。如果农地市场发育和村集体参与有利于土地流转，则 V_1（农地市场发育）和 V_2（村集体参与度）在四个模型中的回归系数应该显著为正。

　　表7-2显示了农户土地流转模型变量的主要统计指标。

表7-2　农户土地流转模型变量的统计指标

变量	观察值	平均值	标准差	最小值	最大值
因变量					
T_1（农户转出土地）	1004	0.49	0.50	0	1
T_2（农户转入土地）	1004	0.14	0.36	0	1
T_3（农户转出面积）	1004	1.72	5.56	0	100
T_4（农户转入面积）	1004	1.60	7.49	0	100
自变量					
H_1（户主年龄）	1004	48.03	10.79	18	80
H_2（户主年龄平方）	1004	2422.90	1076.80	324	6400
H_3（户主性别）	1004	0.91	0.29	0	1
H_4（户主受教育程度）	998	2.34	0.81	1	6
F_1（家庭劳动力）	1002	2.71	1.18	0	8

续表

变量	观察值	平均值	标准差	最小值	最大值
F_2（人均土地面积）	1002	1.55	2.08	0	26.25
F_3（人均年收入）	999	12.74	16.89	0.35	333.25
F_4（非农收入比重）	1000	57.77	37.05	0	100
F_5（粮食面积比重）	958	68.60	39.23	0	100
V_1（农地市场发育）	1003	63.01	22.81	20.51	96.67
V_2（村集体参与度）	1004	80.70	40.37	9.09	200
P_1（地区1）	1004	0.35	0.48	0	1
P_2（地区2）	1004	0.36	0.48	0	1

二 回归结果分析

因变量 T_1（农户转出土地）和 T_2（农户转入土地）的取值为 1 和 0，可使用二元选择模型（Logit 模型或 Probit 模型）进行回归。两者的区别在于随机干扰项的分布是逻辑分布还是标准正态分布。从实际回归结果来看，两种模型的变量系数除了大小差异外，符号和显著性完全相同。本书使用 Logit 模型回归结果进行分析。因变量 T_3（农户转出面积）和 T_4（农户转入面积）是以流转土地面积赋值的连续变量，很多农户取值为 0。Tobit 模型适用于因变量在严格为正且大致连续，但总体中有一个不可忽略部分取值为 0 的回归分析（伍德里奇，2014）。因此，研究使用 Tobit 模型对模型（7-3）和模型（7-4）进行回归分析。

表 7-3 显示的是 Logit 模型的回归结果，表 7-4 显示的是 Tobit 模型的回归结果。由各模型的对数似然值（Log likelihood）和拟 R-平方值（Pseudo R^2）可知，模型显著，拟合程度较好。而且模

型变量的回归系数符合经济意义，可用于农户土地流转行为的分析。根据回归系数的符号和显著性，可以得出如下结论。

表 7 - 3　农户土地流转模型的回归结果（Logit 模型）

变量	模型（7-1）		模型（7-2）	
	系数	z 值	系数	z 值
H_1（户主年龄）	0.1094 **	2.26	0.1643 **	2.06
H_2（户主年龄平方）	- 0.0009 *	- 1.95	- 0.0019 **	- 2.21
H_3（户主性别）	0.2703	0.96	- 0.2535	- 0.73
H_4（户主受教育程度）	0.0302	0.28	0.2848 **	2.32
F_1（家庭劳动力）	- 0.0423	- 0.55	0.0033	0.03
F_2（人均土地面积）	0.1053 **	2.30	- 0.0041	- 0.09
F_3（人均年收入）	0.0247	0.50	- 0.0028	- 0.57
F_4（非农收入比重）	0.0124 ***	4.96	- 0.0136 ***	- 4.64
F_5（粮食面积比重）	0.0112 ***	4.50	- 0.0173 ***	- 5.98
V_1（农地市场发育）	0.0440 ***	7.20	0.0155 **	2.30
V_2（村集体参与度）	0.0098 ***	2.91	- 0.0155 ***	- 3.76
P_1（地区1）	- 0.1554	- 0.54	0.5271	1.60
P_2（地区2）	0.2477	0.94	0.1791	0.57
_ cons（常数项）	- 7.4017 ***	- 5.17	- 3.8957 **	- 2.10
观察值	944		946	
Log likelihood	- 453.4132		- 343.8737	
卡方统计值	402.17		142.91	
Pseudo R^2	0.3072		0.1720	

注：*、**、*** 分别表示系数在 10%、5%、1% 水平上显著。

（1）村集体参与土地流转有利于农户转出土地，但不利于农户转入土地。变量 V_2（村集体参与度）在模型（7-1）和模型（7-

3）的回归系数显著为正，在模型（7-2）和模型（7-4）中的回归系数显著为负。这说明，在村集体参与程度高的村庄，转出土地的农户和农户转出的土地面积都明显更多，但转入土地的农户和农户转入的土地面积明显更少。第六章的分析也发现，交易对象为外地农民和农业组织的地片以村集体为中介人和担保人的比例更高。因此，村集体参与有助于土地流转突破地域限制，实现土地流转市场对外开放，有助于农户通过流转实现土地的家庭财产功能。但是，村集体的参与对本村希望通过土地流转扩大经营规模的农户明显不利。市场开放和竞争对手增多，使其能够转入的土地明显减少。如何协调这两类农民的利益冲突，是村集体参与农地流转必须要面对的一个挑战。

表 7-4　农户土地流转模型的回归结果（Tobit 模型）

变量	模型（7-3）		模型（7-4）	
	系数	z 值	系数	z 值
H_1（户主年龄）	0.0536	0.28	1.6813 *	1.85
H_2（户主年龄平方）	0.0002	0.08	-0.0195 **	-2.04
H_3（户主性别）	0.6103	0.62	-1.2936	-0.31
H_4（户主受教育程度）	0.6235 *	1.66	2.6762 *	1.83
F_1（家庭劳动力）	-0.4359 *	-1.66	0.0588	0.05
F_2（人均土地面积）	1.1794 ***	7.58	-0.1524	-0.29
F_3（人均年收入）	0.0465 **	2.31	-0.0237	-0.39
F_4（非农收入比重）	0.0191 **	2.11	-0.1401 ***	-3.89
F_5（粮食面积比重）	0.0242 ***	2.62	-0.1978 ***	-5.66
V_1（农地市场发育）	0.0950 ***	4.37	0.1311	1.65
V_2（村集体参与度）	0.0934 ***	8.07	-0.1839 ***	-3.69
P_1（地区1）	-5.6997 ***	-5.28	3.8319	1.01
P_2（地区2）	-4.3027 ***	-4.43	0.5032	0.14

续表

变量	模型 (7-3)		模型 (7-4)	
	系数	z 值	系数	z 值
_ cons（常数项）	-22.3770***	-4.51	-40.1077*	-1.84
观察值	944		946	
Log likelihood	-1915.9635		-871.3862	
卡方统计值	269.44		144.18	
Pseudo R²	0.0657		0.0764	

注：*、**、*** 分别表示系数 10%、5%、1% 水平上显著。

（2）农地流转市场发育使得农户流转土地更加便利。变量 V_1（农地市场发育）在模型（7-1）和模型（7-2）回归系数显著为正。这说明，在农地市场发育程度高的村庄，无论转出土地还是转入土地，农户参与的比例明显较高。变量 V_1（农地市场发育）在模型（7-3）中回归系数显著为正，在模型（7-4）中的系数为正，但没有通过显著性检验。这说明，当地农地市场发育使农户能更多地转出土地，但对促进农户更多地转入土地的作用并不明显。这可能是因为外来经营者转入的土地面积比当地农户转入的土地面积更大。

（3）家庭劳动力转移对农户经营土地有显著的负向影响。变量 F_4（非农收入比重）在模型（7-1）和模型（7-3）中的回归系数显著为正，在模型（7-2）和模型（7-4）中的回归系数显著为负。这说明，家庭劳动力转移程度高的农户转出土地的可能性越高，转入土地的可能性越低。而且，从流转数量来看，家庭劳动力转移程度高的农户转出土地的面积也明显更多，转入土地的面积则明显更少。从农户土地流转行为可知，随着家庭劳动力转移程度提高，农户经营土地的意愿在下降，而供给土地的意愿在上升。

（4）种植粮食作物的农户在流转中更倾向于供给土地。变量 F_5（粮食面积比重）在模型（7-1）和模型（7-3）中的回归系数显著为正，在模型（7-2）和模型（7-4）中的回归系数显著为负。这说明，土地经营以粮食作物为主的农户更倾向于向外转出土地，以蔬菜、水果和林果等经济作物为主的农户更倾向于转入土地。农地流转存在明显的非粮化趋势，土地由粮食作物向经济作物流动。这意味着提高种植粮食的收益、保护种粮农民的积极性，需要决策者持续给予关注。

（5）农户资源禀赋差异对其土地流转影响不大。变量 F_1（家庭劳动力）在模型（7-1）和模型（7-3）中的系数为负，在模型（7-2）和模型（7-4）中的系数为正，但只有在模型（7-3）中通过显著性检验。变量 F_2（人均土地面积）和 F_3（人均年收入）在模型（7-1）和模型（7-3）中的系数为正，在模型（7-2）和模型（7-4）中系数为负，在模型（7-1）和模型（7-3）中通过显著性检验。这说明，资源禀赋差异对农户土地流转有一定影响，土地资源丰富、劳动力资源缺乏的农户转出土地的数量更多。但相对于其他因素，资源禀赋差异对农户土地流转的影响并不大。

（6）户主的年龄和受教育程度对其利用土地流转配置资源能力影响显著。变量 H_1（户主年龄）和 H_2（户主年龄平方）在模型（7-3）以外的三个模型中的系数一正一负，且在模型（7-1）、模型（7-2）和模型（7-4）中通过显著性检验。这说明，农户参与土地流转的概率、流转的面积随其年龄呈现"倒 U 形"变化。户主年龄在 60 岁左右的农户转出土地的数量最多，户主年龄在 43 岁左右的农户转入土地的概率最高，转入的面积最多。土地流转受到农户生命周期的影响。变量 H_4（户主受教育程度）在模型（7 - 2）、模型（7 - 3）、模型（7 - 4）中的系数显著为正。这说明，户主的受教育水平越高，其利用市场配置土地资源的能力越强。

综上所述，村集体参与土地流转有助于农户转出土地，有助于农地市场开放，引入外地农民和农业组织参与竞争，有助于土地家庭财产功能的发挥，但对当地希望通过土地流转扩大经营规模的农户明显不利。除此之外，农户土地流转行为还受其户主特征、家庭经营情况和农地市场发育程度的影响。

第二节　农户土地闲置

村集体对土地闲置的影响是间接的。村集体通过影响土地流转市场影响农户土地经营行为。因此，本节将分两步考察村集体参与者职能对农户土地闲置的影响。第一步，分析农户参与土地流转是否能减少其闲置土地的数量；第二步，分析农户闲置土地的面积和数量与其村集体参与程度的相关性。

一　统计描述分析

从农户方面来看，样本农户中有四分之一的农户报告存在土地闲置情况，这些农户户均闲置土地面积 4.65 亩。从土地方面来看，被闲置的土地占样本农户土地面积的 15.67%，被闲置的土地 19.48% 是水田。土地闲置程度较高，而且相对于水田，山地被闲置的概率更高（见表 7 - 5）。

表 7 - 5　农户土地闲置情况

地区	农户闲置	闲置面积	土地闲置	水田比例
	（％）	（亩/户）	（％）	（％）
昆明	13.99	1.64	2.53	23.08
大理	23.56	2.61	14.10	17.01
红河	36.93	7.09	23.69	20.02
总体	25.92	4.65	15.67	19.48

分地区来看，昆明地区 13.99％的农户存在土地闲置情况，被闲置的土地面积占 2.53％，土地闲置程度最轻；红河地区 36.93％的农户存在土地闲置情况，被闲置的土地面积占 23.69％，土地闲置情况最严重；大理地区 23.56％的农户存在土地闲置情况，被闲置的土地面积占 14.10％。

参与土地流转能显著降低农户的土地闲置情况。从四类农户对比来看，未参与土地流转的农户闲置土地的比例最高（占 31.95％），只转出土地的农户闲置土地的比例居第二位（占 23.10％），只转入土地的农户闲置土地的比例居第三位（占 20.79％），同时转出和转入土地的农户闲置土地的比例最低（占 16.67％）（见表 7 - 6）。下面将使用计量分析方法，在控制更多土地闲置影响因素的基础上分析土地流转与闲置的关系。

表 7 - 6　农户土地流转与闲置的交叉分析

单位:％

地区	未参与	只转出	只转入	转出转入
昆明	8.00	15.19	14.29	0.00
大理	22.22	26.63	15.15	12.50
红河	42.11	34.00	24.59	40.00
总体	31.95	23.10	20.79	16.67

二　计量模型构建

研究同时使用分类变量和连续变量来描述农户土地闲置情况。因变量 U_1（农户闲置土地）表征农户是否有闲置的土地，如果有赋值为1，否则为0。因变量 U_2（农户闲置面积）表征农户闲置土地的数量，具体以农户闲置的土地面积赋值，单位为亩。如果农户没有闲置不种的土地，则赋值为0。针对 U_1（农户闲置土地）和 U_2（农户闲置面积）分别建立模型（7-5）和模型（7-6）。

$$U_1 = \alpha_0 + \sum_{i=1}^{4} \beta_i H_i + \sum_{j=4}^{7} \gamma_j F_j + \sum_{k=1}^{2} \delta_k T_k + \sum_{l=1}^{2} \delta_l P_l + \mu \qquad (7-5)$$

$$U_2 = \alpha_0 + \sum_{i=1}^{4} \beta_i H_i + \sum_{j=4}^{7} \gamma_j F_j + \sum_{k=1}^{2} \delta_k T_k + \sum_{l=1}^{2} \delta_l P_l + \mu \qquad (7-6)$$

表7-7列出了这两个模型因变量和自变量的定义与具体赋值。

表7-7　农户土地闲置模型变量的定义与赋值

变量	定义与赋值
因变量	
U_1（农户闲置土地）	农户是否有闲置土地，是赋值为1；否则为0
U_2（农户闲置面积）	农户闲置土地的面积，单位：亩
自变量	
H_1（户主年龄）	农户户主实际年龄，单位：周岁
H_2（户主年龄平方）	农户户主实际年龄平方，单位：周岁^2
H_3（户主性别）	农户户主性别，男性赋值为1，女性为0
H_4（户主受教育程度）	农户户主受教育程度，文盲、小学、初中、高中（或中专）和大专依次赋值为1、2、3、4和5
F_4（非农收入比重）	农户非农经营和务工收入比重，单位:%
F_5（粮食面积比重）	农户粮食播种面积比重，单位:%
F_6（劳均土地面积）	农户每个家庭劳动力的土地面积，单位：亩/人
F_7（水田面积比重）	农户耕地中水田面积比重，单位:%

续表

变量	定义与赋值
T_1（农户转出土地）	农户是否转出土地，是，赋值为1；否则为0
T_2（农户转入土地）	农户是否转入土地，是，赋值为1；否则为0
P_1（地区1）	地区虚拟变量，昆明地区赋值为1，否则为0
P_2（地区2）	地区虚拟变量，大理地区赋值为1，否则为0

自变量 T_1（农户转出土地）和 T_2（农户转入土地）是模型（7-5）和模型（7-6）的关键变量，用以表征农户在土地流转市场上的行为，具体赋值见表7-7。如果土地流转市场发育成熟，那么，在农地经营上缺乏比较优势的农户将转出土地，而不是使土地闲置不用。因此，变量 T_1（农户转出土地）在两个模型中的回归系数应该为负。如果农户通过土地市场转入土地，那么，农户在经营农地上具有优势，自然不会使自有的土地闲置。因此，变量 T_2（农户转入土地）在两个模型中的回归系数也应该为负。

模型引入三组变量：农户户主特征变量、农户家庭特征变量和地区虚拟变量，来控制其他影响农户闲置土地的因素。农户户主特征变量与地区虚拟变量的定义与赋值与前面章节相同，不再赘述。

农户家庭特征变量共四个。经营变量 F_4（非农收入比重）和 F_5（粮食面积比重）表征农户的主要收入来源和家庭土地种植的主要农作物，定义和赋值与上一节相同。家庭劳动力转移使得农户经营土地的机会成本增加，因此变量 F_4（非农收入比重）的系数符号应该为正。相对于种植蔬菜、水果等经济作物，种植粮食作物的收益更低，因此 F_5（粮食面积比重）的系数符号应该为正。变量 F_6（劳均土地面积）表征农户在土地和劳动禀赋上的差异。理论上，家庭劳动力对应的耕地面积越多，土地被闲置的概率越高。因

此变量 F_6（劳均土地面积）的回归系数符号预期为正。变量 F_7（水田面积比重）表征的是农户土地中水田所占的比例的高低。与水田靠水利工程灌溉相比，山地完全靠降水灌溉，生产条件较差。在降水不足的情况下，更有可能被闲置。因此变量 F_7（水田面积比重）的回归系数符号预期为负。

表 7-8 显示了模型（7-5）和模型（7-6）因变量和自变量的主要统计指标。

表 7-8　农户土地闲置模型变量的统计指标

变量	观察值	平均值	标准差	最小值	最大值
因变量					
U_1（农户闲置土地）	845	0.26	0.44	0	1
U_2（农户闲置面积）	845	1.21	4.08	0	50
自变量					
H_1（户主年龄）	845	47.88	10.71	18	80
H_2（户主年龄平方）	845	2407.34	1062.98	324	6400
H_3（户主性别）	845	0.91	0.28	0	1
H_4（户主受教育程度）	841	2.34	0.81	1	5
F_4（非农收入比重）	841	59.56	37.35	0	100
F_5（粮食面积比重）	799	66.26	40.27	0	100
F_6（劳均土地面积）	823	2.93	4.28	0	52.5
F_7（水田面积比重）	817	45.11	35.06	0	100
T_1（农户转出土地）	845	0.51	0.50	0	1
T_2（农户转入土地）	845	0.15	0.36	0	1
P_1（地区1）	845	0.23	0.42	0	1
P_2（地区2）	845	0.43	0.50	0	1

三　回归结果分析

表 7-9 显示了模型（7-5）和模型（7-6）的回归结果。

由模型的对数似然值（Log likelihood）和拟 R-平方值（Pseudo R^2）可知，模型显著，拟合程度较好。变量的回归系数符合预期，可用于农户土地闲置行为分析。根据两个模型回归系数的符号和显著性，可以得出如下结论。

表 7 - 9　农户土地闲置模型的回归结果

变量	模型（7 - 5）		模型（7 - 6）	
	系数	Z 值	系数	T 值
H_1（户主年龄）	0.0210	0.36	0.3110	1.05
H_2（户主年龄平方）	- 0.0002	- 0.40	- 0.0031	- 1.02
H_3（户主性别）	0.0082	0.03	0.8907	0.52
H_4（户主受教育程度）	- 0.0079	- 0.07	- 0.5522	- 0.93
F_4（非农收入比重）	0.0124 ***	3.98	0.0559 ***	3.65
F_5（粮食面积比重）	0.0017	0.64	0.0032	0.23
F_6（劳均土地面积）	0.0629 ***	3.04	0.5157 ***	5.11
F_7（水田面积比重）	- 0.0023	- 0.84	- 0.0192	- 1.36
T_1（农户转出土地）	- 0.2056 ***	- 2.67	- 0.2206 **	- 2.20
T_2（农户转入土地）	- 0.3827 **	- 2.23	- 0.5133 **	- 2.16
P_1（地区1）	- 1.5736 ***	4.94	- 7.9185 ***	- 4.77
P_2（地区2）	- 0.6319 ***	- 2.77	- 3.6939 ***	- 3.10
_ cons（常数项）	- 0.7625 ***	- 6.40	- 14.7981 *	- 1.94
观察值	789		789	
Log likelihood	- 416.7498		- 893.5637	
卡方统计值	76.71		85.77	
Pseudo R^2	0.2482		0.1458	

注：*、**、*** 分别表示系数在10%、5%、1%水平上显著。

（1）参与土地流转能显著降低农户闲置土地的概率。变量 T_1（农户转出土地）和 T_2（农户转入土地）在两个模型中的回归系数显著为负，与预期相符。说明，参与土地流转的农户闲置土地的概率和面积明显更小。土地市场通过在农户之间重新配置土地，可以使土地由经营家庭种植业机会成本高的农户向机会成本低的农户流转。

（2）家庭劳动力不足对农户闲置土地有显著影响。变量 F_6（劳均土地面积）在两个模型中的系数显著为正，与预期相符。说明，家庭劳动力少、土地面积大的农户，闲置的土地数量明显更多。

（3）家庭劳动力转移使农户闲置土地的概率和面积增加。变量 F_4（非农收入比重）在两个模型中的系数显著为正，与预期相符。这说明，随着家庭劳动力转移程度的提高，农户闲置土地的概率明显提高，闲置土地的面积明显增加。农村劳动力向第二、第三产业转移使得农户经营土地的机会成本增加。

（4）户主特征和土地形态对农户的土地闲置没有影响。表征户主特征的四个变量皆没有通过显著性检验。这说明，户主人口学特征对农户的土地闲置决策没有明显影响。变量 F_7（水田面积比重）的系数为负，与预期相符，但没有通过显著性检验。这说明，水田和山地在被闲置的概率上不存在太大差异。这可能是因为近几年云南的降水量回升①，种植山地的自然条件得到改善。

综上所述，家庭劳动力数量不足和劳动力转移是农户闲置土地的主要原因。参与土地流转能显著减少农户的土地闲置面积。既有利于农户收入增加，也有利于农业生产经营和农产品供给。

回归分析表明土地流转能减少土地闲置。为了考察村集体参与土地流转是否有利于减少本村的土地闲置面积，研究将以行政村为

---

① 云南在 2009~2012 年经历了四年干旱。见《科学通报》编辑部《科学家发现 2009~2012 年云南大旱为过去 250 年之最》，《科学通报》，2016，61（27）：3064。

单元考察村集体参与程度与土地闲置比例的相关关系。首先计算出每个行政村有闲置土地的农户比例、闲置土地所占比例、农地市场发育程度和村集体参与程度。农地市场发育和村集体参与程度的计算在本章第1节有说明，在此不再赘述。因为行政村数量不多，观察值达不到做回归分析的要求，研究使用散点图来分析村集体参与程度与当地土地闲置的相关关系。研究对行政村闲置土地的农户比例、闲置土地所占比例与农地市场发育程度和村集体参与程度绘制散点图，结果合并成图7-1进行展示。

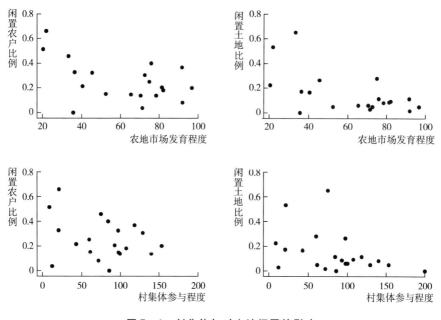

图7-1 村集体与对土地闲置的影响

由图7-1可知，无论是闲置土地的农户比例和闲置土地的面积比例都与农地市场发育程度和村集体参与程度表现出明显的负相关关系。这说明，发展农地市场和村集体参与土地流转有助于减少土地闲置，有助于土地家庭财产功能的发挥。

第三节 流转地片租金

相对于闲置,农户自己经营和向外流转是土地家庭财产功能的更好发挥。但与农户自己经营相比,向外流转未必是土地家庭财产功能的更好发挥。如果村集体强迫农户向外流转土地,农户的土地流转会增加。但是,这不仅没有促进农户土地财产功能的发挥,反而是对土地财产功能的破坏。因此,本节将对流转地片的租金进行分析,检验村集体参与流转的地片租金是否显著低于其他地片,以便准确地判断村集体参与对土地家庭财产功能的影响。

一 统计描述分析

表 7 - 10 显示了按面积大小、灌溉条件、流转期限、流转对象、村集体参与和地区分类的流转地片的租金分布。流转地片中少量地片(10.88%)没有收取租金。租金不超过 500 元/亩的地片占 21.66%,租金在 500 ~ 1000 元/亩的地片占 21.46%,租金在 1000 ~ 1500元/亩的地片占 28.23%,租金在 1500 ~ 2000 元/亩的地片占 11.09%,租金在 2000 元/亩以上的地片占 6.67%。

表 7 - 10 流转地片的租金分布

单位:%

分类	类别	0 元/亩	0 ~ 500 元/亩	500 ~ 1000 元/亩	1000 ~ 1500 元/亩	1500 ~ 2000 元/亩	≥2000 元/亩
面积大小	≤1 亩	13.23	11.60	23.20	29.23	15.78	6.96
	1 ~ 2 亩	8.68	18.33	22.19	31.51	10.61	8.68
	>2 亩	9.48	44.83	17.24	21.98	3.02	3.45

分类	类别	0 元/亩	0～500 元/亩	500～1000 元/亩	1000～1500 元/亩	1500～2000 元/亩	≥2000 元/亩
灌溉条件	水田	8.39	9.25	22.80	30.75	17.42	11.40
	山地	14.90	35.53	26.07	12.61	7.45	3.44
流转期限	≤5 年	27.69	27.96	23.66	10.48	5.91	4.30
	5～10 年	0.00	8.44	19.56	39.56	19.56	12.89
	10～15 年	0.47	6.13	22.17	52.83	12.74	5.66
	>15 年	1.21	45.45	18.18	21.21	9.09	4.85
流转对象	本村农户	25.19	26.23	21.30	9.35	10.65	7.27
	邻村农户	0.74	17.78	23.33	38.89	11.48	7.78
	外地农民	7.14	8.57	17.14	32.86	25.71	8.57
	农业组织	0.80	22.49	20.88	44.58	7.23	4.02
村集体参与	中介	2.26	16.20	21.78	40.59	13.07	6.10
	担保	1.14	16.24	25.07	37.32	12.25	7.98
地区	昆明	6.70	14.59	12.20	35.41	17.46	13.64
	大理	15.78	21.84	29.37	26.94	6.07	0.00
	红河	9.03	41.67	25.69	11.11	6.94	5.56
总体		10.88	21.66	21.46	28.23	11.09	6.67

从面积大小来看，面积在 2 亩以内的地片租金主要分布在 500～1000元/亩和 1000～1500 元/亩两个区间，面积在 2 亩以上的地片租金主要分布在 0～500 元/亩（44.83%）和 1000～1500 元/亩（21.98%）两个区间。

从灌溉条件来看，水田地片的租金主要分布在 500～1000元/亩（22.80%）和 1000～1500 元/亩（30.75%）两个区间；山地地片的租金主要分布在 0～500 元/亩（35.53%）和 500～1000元/亩（26.07%）两个区间。水田地片的租金明显更高。

从流转期限来看，年限在 5 年以内的地片租金分布比较分散，年限在 5～10 年和 10～15 年的地片租金主要分布在1000～1500 元/

亩区间（39.56%和52.83%），年限在15年以上的地片租金主要分布在0～500元/亩区间（45.45%）。

从流转对象来看，流转给本村农户的地片25.19%没有收取租金，租金在0～500元/亩的地片占26.23%，在500～1000元/亩的地片占21.30%；流转给邻村农户、外地农民和农业组织的地片租金主要分布在1000～1500元/亩区间。流转给本村农户的地片租金明显更低。

从地区差异来看，昆明地区地片的租金分布在1000元/亩以上的占66.51%，大理地区地片租金在1000元/亩以上的占33.01%，红河地区的地片租金在1000元/亩以上的占23.61%。昆明地区地片的租金明显更高。

从村集体参与来看，以村集体为中介人和担保人的地片，不收取租金的（2.26%和1.14%）和租金在0～500元/亩的地片（16.20%和16.24%）较少，租金在1000～1500元/亩之间的较多（40.59%和37.32%）（见图7-2）。这说明，以村集体为中介人进行流转的地片租金明显更高。

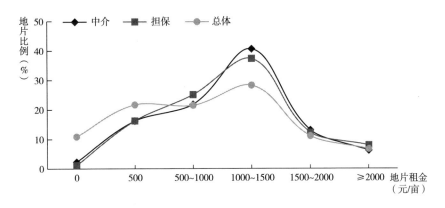

图7-2 流转地片的租金分布

二 计量模型构建

研究使用因变量 R_1（土地租金实数）和 R_2（土地租金对数）表征流转地片租金的差异。变量 R_1（土地租金实数）以流转地片目标年的实际货币租金赋值，单位为百元/亩。如果地片没有收取租金，赋值为 0。少部分地片以粮食支付租金，则根据当地相关粮食的市场价折算成货币租金。变量 R_2（土地租金对数）是实际租金的自然对数，没有包括租金为零的地片。针对因变量 R_1（土地租金实数）和 R_2（土地租金对数）分别建立模型（7-7）和模型（7-8）进行回归分析。

$$R_1 = \alpha_0 + \sum_{i=1}^{4} \beta_i L_i + \sum_{i=6}^{7} \beta_i L_i + \sum_{j=1}^{4} \gamma_j H_j + \sum_{k=5}^{6} \delta_k M_k + \sum_{l=1}^{2} \delta_l P_l + \mu \quad (7-7)$$

$$R_2 = \alpha_0 + \sum_{i=1}^{4} \beta_i L_i + \sum_{i=6}^{7} \beta_i L_i + \sum_{j=1}^{4} \gamma_j H_j + \sum_{k=5}^{6} \delta_k M_k + \sum_{l=1}^{2} \delta_l P_l + \mu \quad (7-8)$$

表 7-11 列出了这两个模型因变量和自变量的定义与具体赋值。

表 7-11　流转地片租金模型变量的定义与赋值

变量	定义与赋值
因变量	
R_1（土地租金实数）	流转地片实际租金，单位：百元/亩
R_2（土地租金对数）	流转地片实际租金对数，$\ln R_1$
自变量	
L_1（地片面积）	流转土地面积大小，单位：亩
L_2（地片块数）	流转土地细碎程度，单位：块
L_3（地片性质）	土地是水田或山地，水田赋值为 1，山地为 0
L_4（流转期限）	土地流转期限，单位：年
L_6（交易对象）	土地流转的交易对象
L_7（地片合并）	土地是否与其他农户地块合并，合并赋值为 1，否则为 0

续表

变量	定义与赋值
H_1（户主年龄）	农户户主实际年龄，单位：周岁
H_2（户主年龄平方）	农户户主实际年龄平方，单位：周岁^2
H_3（户主性别）	农户户主性别，男性赋值为1，女性为0
H_4（户主受教育程度）	农户户主受教育程度，文盲、小学、初中、高中（中专）和大专依次赋值为1、2、3、4和5
M_5（村集体中介）	地片是否以村集体为中介人，是，赋值为1；否则为0
M_6（村集体担保）	地片是否以村集体为担保人，是，赋值为1；否则为0
P_1（地区1）	地区虚拟变量，昆明地区赋值为1，否则为0
P_2（地区2）	地区虚拟变量，大理地区赋值为1，否则为0

自变量 M_5（村集体中介）和 M_6（村集体担保）是关键变量，用以检验村集体参与对流转地片租金的影响。变量 M_5（村集体中介）表征流转地片是否以村集体为中介人，是，赋值为1；否则为0；变量 M_6（村集体担保）表征流转地片是否以村集体为担保人，是，赋值为1；否则为0。如果村集体参与对土地的家庭财产功能有破坏，那么村集体参与的地片租金应该显著低于其他地片。因此，如果村集体参与有助于土地财产功能发挥，则两个变量的系数显著为正，否则为负。

除了这两个关键变量外，模型引入了四组自变量控制影响土地租金的其他因素。（1）地片特征变量一共四个，分别是 L_1（地片面积）、L_2（地片块数）、L_3（地片性质）和 L_4（流转期限），用来表征交易物（土地使用权）的差异。（2）流转特征变量一共两个，分别是 L_6（交易对象）和 L_7（地块合并），用来表征交易对象差异和土地是否与其他农户的土地合并。（3）户主特征变量 H_1（户主年龄）、H_2（户主年龄平方）、H_3（户主性别）、H_4（户主受教育程度），用以表征农户参与土地市场的能力差异。（4）地区虚拟变量

P_1（地区 1）和 P_2（地区 2）。这四组变量的定义与赋值与前面相同，在此不再赘述。

表 7 - 12 显示了模型（7 - 7）和模型（7 - 8）的因变量和自变量的主要描述统计指标。

表 7 - 12　流转地片租金模型变量的统计指标

变量	观察值	平均值	标准差	最小值	最大值
因变量					
R_1（土地租金实数）	969	9.96	7.11	0	40
R_2（土地租金对数）	863	6.76	0.86	1.61	8.29
自变量					
L_1（地片面积）	985	3.25	8.35	0.09	100
L_2（地片块数）	983	1.87	1.89	1	30
L_3（地片性质）	825	0.56	0.50	0	1
L_4（流转期限）	940	10.33	10.61	1	70
L_6（交易对象）	985	2.21	1.22	1	4
L_7（地片合并）	985	48.89	10.27	24	80
H_1（户主年龄）	985	2495.69	1054.98	576	6400
H_2（户主年龄平方）	985	0.90	0.30	0	1
H_3（户主性别）	984	2.39	0.78	1	5
H_4（户主受教育程度）	962	0.60	0.49	0	1
M_5（村集体中介）	978	0.60	0.49	0	1
M_6（村集体担保）	975	0.37	0.48	0	1
P_1（地区 1）	985	0.43	0.49	0	1
P_2（地区 2）	985	0.42	0.49	0	1

三　回归结果分析

使用最小二乘法（OLS）对模型（7 - 7）和模型（7 - 8）进行回归分析。表 7 - 13 显示了模型的回归结果。

表 7 - 13　流转地片租金模型的回归结果

变量	模型（7 - 7）		模型（7 - 8）	
	系数	T 值	系数	T 值
L_1（地片面积）	- 0.0597 **	- 2.31	- 0.0212 ***	- 6.40
L_2（地片块数）	- 0.0207	- 0.18	- 0.0031	- 0.21
L_3（地片性质）	4.3179 ***	9.84	0.5901 ***	10.14
L_4（流转期限）	- 0.0009	- 0.04	- 0.0057 **	- 2.06
L_6（交易对象）	0.1106	0.55	- 0.0111	- 0.43
L_7（地片合并）	2.4418 ***	4.60	0.2248 ***	3.20
H_1（户主年龄）	- 0.2203	- 1.29	- 0.0370	- 1.59
H_2（户主年龄平方）	0.0017	1.05	0.0003	1.46
H_3（户主性别）	- 0.6516	- 0.90	- 0.0554	- 0.59
H_4（户主受教育程度）	0.2858	1.03	0.0367	0.98
M_5（村集体中介）	1.1618 **	2.01	0.1290 **	2.01
M_6（村集体担保）	0.6997	1.37	- 0.0463	- 0.61
P_1（地区1）	4.4123 ***	5.89	0.5535 ***	5.58
P_2（地区2）	- 1.8245 ***	- 2.80	0.1084	1.21
_ cons（常数项）	10.8851 **	2.47	7.1056 ***	12.04
观察值	893		797	
F 值	31.30		25.78	
调整 R^2	0.3631		0.3438	

注：*、**、*** 分别表示系数在 10%、5%、1% 水平上显著。

由模型的 F 值和调整后的 R 平方值可知，模型显著，拟合程度较好。关键变量的回归系数符合预期，可用于农户土地闲置行为分析。根据两个模型回归系数的符号和显著性，可以得出如下结论。

（1）以村集体为中介人流转的地片租金明显更高。变量 M_5（村集体中介）在模型（7 - 7）和模型（7 - 8）中的回归系数显著为正。这说明，流转以村集体为中介人的地片租金比其他地片高 116.18 元（12.90%）。变量 M_6（村集体担保）在模型（7 - 7）和模型（7 - 8）中的系数一正一负，但都没有通过显著性检验。从前面统计分析可知，以村集体为中介人和担保人的地片租金分布相似。变量 M_6（村集体担保）的系数不显著，说明村集体担保对租金影响不明显。结合统计描述分析和两个变量的回归系数可知，村集体参与者职能使得地片租金提高，有助于农户土地家庭财产功能的发挥。

（2）水田租金大大高于山地租金。变量 L_3（地片性质）在模型（7-7）和模型（7-8）中的回归系数显著为正。这说明，水田的租金显著高于山地。从具体的系数值来看，每亩水田的租金平均比山地高431.79元（59.01%）。

（3）地片面积越大租金越低。变量 L_1（地片面积）在模型（7-7）和模型（7-8）中的系数显著为负。这说明，地片面积越大，租金越低。从具体的数值来看，地片面积每增大1亩，地片租金下降2.12%（5.97元）。按常理，地片面积越大，越便于经营，土地的租金应该越高。出现这一反常现象可能有两个原因。一是，模型没有控制住土壤因素，地片面积大的土地可能土壤质量较差；二是，模型没有控制距离因素，地片面积大的土地可能所处的位置比较偏远。

（4）流转后与其他农户土地进行合并的地片租金明显更高。变量 L_7（地片合并）在模型（7-7）和模型（7-8）中的回归系数显著为正。这说明，地片合并能显著提高租金。与不合并的地片相比，流转后进行合并地片的租金平均每亩高244.18元（22.48%）。

（5）流转期限越长，租金越低。变量 L_4（流转期限）在两个模型中的回归系数为负，且在模型（7-8）中在5%水平上通过了显著性检验。这说明，流转期限长的土地租金更低。

（6）交易对象和农户户主特征对土地租金的影响不大。变量 L_6（交易对象）和户主特征变量 H_1（户主年龄）、H_2（户主年龄平方）、H_3（户主性别）和 H_4（户主受教育程度）的回归系数皆不显著。这可能因为土地租金信息是公开的，且市场上买者和卖者的数量都很多，参与者都是价格的接受者，交易者个人的议价能力对土地租金影响不大。

综上可知，村集体参与土地流转不仅不会降低地片租金，而且有助于地片租金的提高。因此，从土地租金高低来看，村集体参与土地流转有助于土地家庭财产功能的发挥。

第四节　本章小结

为了判断村集体在土地流转中的参与者职能（中介人和担保人）对农地家庭财产功能发挥的影响，本章从土地流转、土地闲置和土地租金三个方面进行实证分析。结果表明，村集体在土地流转中扮演中介人和担保人，有助于农户转出土地，减少土地闲置，有助于土地租金的提高。这意味着，村集体在土地流转中的参与者职能有助于农地家庭财产功能的发挥。村集体参与使农地流转市场变得开放，有利于外地农民和农业组织流转土地，有利于当地农户通过出租实现土地的家庭财产功能。

但村集体参与土地流转有损于其他农户的利益。农地市场开放意味着转入方的竞争加剧，当地希望通过流转土地扩大经营规模的农户需要支付更高的租金，或者被迫放弃流转土地。本章的实证结果表明，随着村集体参与程度上升，当地转入土地的农户和农户转入土地的面积大幅下降。因此，村集体参与土地流转要注意协调这两部分农户的利益冲突。

第八章　农地生产要素功能

　　土地是农业重要的生产要素。土地流转通过在不同生产者之间和不同用途之间重新配置土地，达到提高农业生产效率和增加农产品产量的目的。如果村集体参与有助于土地生产要素功能的发挥，则流转后土地的生产效率会提高，经营者之间的生产效率和土地的边际产出会趋同，反之，则流转后土地的生产效率会降低，经营者生产效率和土地边际产出会分离。本章将从土地用途和土地经营者两个方面分析土地流转是否符合农业生产效率提高的要求，并以此检验村集体参与者职能对土地生产要素功能的影响。

第一节　土地种植的作物

　　本节将从农户家庭种植业作物和流转土地种植的作物两个视角，分析土地在不同用途之间的重新配置。

一　农户家庭种植业作物

　　表 8-1 显示的是样本农户目标年实际种植的作物种类及其播

种面积比例。田野调查问卷填写了农户种植的具体作物名称，但是由于作物品种太多（共86个品种），无法一一列出，将其归并为6类进行统计描述分析。样本农户的家庭种植业整体上呈"四三二一"的比例结构，即粮食作物的播种面积占四成（40.09%）、水果作物的播种面积占三成（29.06%）、林果作物的播种面积占二成（18.28%），其他作物的播种面积占一成（12.57%）。

表8-1　农户家庭种植业作物

单位：%

地区	农户	粮食	蔬菜	水果	药材	林果ª	烟草
昆明	转出	92.28	0.99	0.00	0.35	0.57	5.80
	未转	83.06	1.33	0.00	0.00	1.65	13.96
	转入	40.33	17.91	1.59	6.71	1.82	31.63
	总体	74.01	6.06	0.47	2.10	1.29	16.07
大理	转出	52.79	4.93	33.60	3.94	1.97	2.77
	未转	58.06	5.75	28.83	2.24	3.37	1.76
	转入	48.55	9.01	24.05	0.17	8.22	10.00
	总体	53.67	6.48	28.79	2.12	4.41	4.52
红河ᵇ	转出	42.69	17.18	23.46	6.58	10.09	0.00
	未转	31.86	3.76	45.15	2.92	16.31	0.00
	转入	8.53	5.10	39.91	0.85	45.61	0.00
	总体	20.48	5.50	40.72	2.12	31.18	0.00
总体	转出	67.40	5.92	17.09	2.99	3.14	3.46
	未转	48.06	3.80	32.56	2.20	10.32	3.07
	转入	20.15	7.72	31.37	1.63	32.60	6.53
	总体	40.09	5.86	29.06	2.11	18.28	4.60

注：a 林果主要指林木和坚果；b 红河地区的山地和林地的界线比较模糊。

受自然环境和气候条件差异影响，云南各地种植业结构差异较大。以调查的三个地区为例，昆明地区农户种植的作物，粮食占

74.01%，烟草占 16.07%，其他作物占 9.92%；大理地区农户种植的作物，粮食占 53.67%，水果占 28.79%，蔬菜占 6.48%，其他作物占 11.05%；红河地区农户种植的作物，粮食占 20.48%，水果占 40.72%，林果占 31.18%，其他作物占 7.62%（见表 8 - 1）。三个地区蔬菜播种面积的比例基本一致，但其他作物的比例差异较大。除此之外，三个地区的作物品种差异也较大。例如，大理地区种植的水果主要是葡萄和柑橘，林果主要是板栗和核桃，而红河地区的水果主要是香蕉和芒果，林果主要是橡胶和松木。自然环境多变和农民因地制宜的适应性耕作共同塑造了云南五彩缤纷的种植业。

虽然差异较大，但是三个地区的种植业也有一定的规律性。由北往南（昆明—大理—红河），随着海拔逐渐降低和气温逐渐升高，三个地区的粮食和烟草的播种面积比例依次降低，水果和林果的播种面积比例依次升高（见图 8 - 1）。

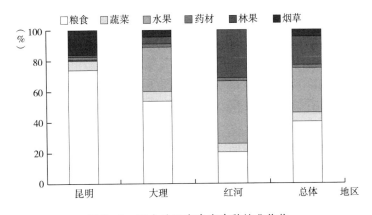

图 8 - 1 三个地区农户家庭种植业作物

从农户家庭种植业结构的差异来看，转出土地的农户粮食播种面积占 67.40%，蔬菜占 5.92%，水果占 17.09%，药材占 2.99%，林果占 3.14%，烟草占 3.46%；未参与土地流转的农户粮食播种面积占 48.06%，蔬菜占 3.80%，水果占 32.56%，药材占 2.20%，林果占 10.32%，烟草占 3.07%；转入土地的农户粮食播种面积占 20.15%，蔬菜占 7.72%，水果 31.37%，药材占 1.63%，林果占 32.60%，烟草占 6.53%（见表 8－1）。整体上，转出土地农户家庭种植业以粮食作物为主，转入土地农户的家庭种植业以水果和林果等经济作物为主，未参与流转农户的家庭种植业粮食和经济作物各占一半（见图 8－2）。

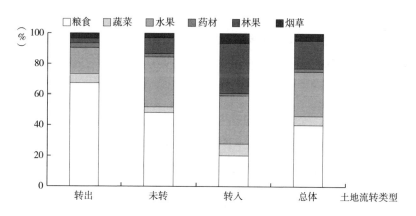

图 8－2　三类流转农户家庭种植业作物

二　流转土地种植的作物

比较土地流转前后所种植的作物，可以较好地发现土地在各种用途之间的重新配置。由表 8－2 可知，参与流转的土地，流转前主要种植粮食（56.84%）和水果（11.43%）作物，流转后主要种植水果（41.42%）、蔬菜（20.35%）、粮食（17.98%）和林果

（10.05%）等作物。土地流转后，粮食的种植比例显著下降（减
少38.86个百分点），蔬菜（增加18.25个百分点）、水果（增加
29.99个百分点）和林果（增加4.98个百分点）等经济作物的种
植比例显著上升。流转土地的种植结构前后差异较大，且流转后
种植作物的非粮食化现象明显。这说明，土地流转在各种作物之
间重新配置资源的作用显著。土地流转不仅是经营者变换，也是
种植业结构调整。本书重点关注作物之间土地生产率差异，土地
流转对粮食自给率的影响（曾福生，2015；王倩、余劲，2015）
不在本书的研究范围之内。除此之外，研究还发现通过流转，部
分被闲置的耕地（17.29%）重新被用于农业生产。这不仅有助
于农业产出增加，也有助于农民收入提高。再次验证了土地流转
有助于减少土地闲置，有助于农地家庭财产功能发挥的结论（见
第七章第2节）。

表 8 - 2　土地流转前后种植的作物

单位:%

地区	村集体参与	土地流转前						
		粮食	蔬菜	水果	药材	林果	烟草	闲置
昆明	中介	94.39	2.41	0.00	0.00	0.00	2.66	0.54
	担保	94.19	2.92	0.00	0.00	0.00	2.10	0.79
	总体	85.41	2.09	0.00	0.00	0.80	7.40	4.29
大理	中介	80.13	0.30	0.70	0.00	12.97	0.51	5.39
	担保	70.49	0.17	3.33	0.00	16.65	0.93	8.43
	总体	69.67	4.23	3.37	0.18	10.22	6.80	5.53
红河	中介	22.93	0.31	21.35	13.38	0.00	0.00	42.03
	担保	43.02	7.46	8.25	0.00	1.47	0.00	39.79
	总体	37.59	1.14	20.47	7.31	4.74	0.00	28.76

续表

地区	村集体参与	土地流转前						
		粮食	蔬菜	水果	药材	林果	烟草	闲置
总体	中介	56.59	0.87	10.38	6.39	3.33	0.84	21.60
	担保	63.36	0.86	4.47	4.14	4.35	0.79	22.03
	总体	56.84	2.10	11.43	3.84	5.07	3.42	17.29

地区	村集体参与	土地流转后						
		粮食	蔬菜	水果	药材	林果	烟草	闲置
昆明	中介	7.72	62.40	23.33	2.71	0.49	1.88	1.47
	担保	6.56	62.85	25.04	1.65	0.00	1.75	2.15
	总体	11.97	52.40	15.38	1.85	4.62	12.27	1.50
大理	中介	16.50	27.76	35.95	4.56	5.99	7.21	2.03
	担保	4.26	23.89	48.74	3.47	11.01	7.31	1.31
	总体	26.21	18.31	30.80	3.11	6.84	13.36	1.38
红河	中介	28.37	0.74	45.57	8.19	17.13	0.00	0.00
	担保	14.23	70.18	0.00	0.00	15.59	0.00	0.00
	总体	16.99	5.14	59.81	3.68	14.38	0.00	0.00
总体	中介	19.15	25.93	36.52	5.61	9.26	2.55	0.99
	担保	11.63	28.11	49.99	1.08	5.54	2.48	1.16
	总体	17.98	20.35	41.42	3.08	10.05	6.39	0.72

分地区来看，昆明地区参与流转的土地，流转前主要种植粮食（85.41%），流转后主要种植蔬菜（52.40%）、水果（15.38%）和烟草（12.27%）等经济作物。大理地区参与流转的土地，流转前主要种植粮食（69.67%）、林果（10.22%）和烟草（6.80%），流转后主要种植水果（30.80%）、粮食（26.21%）、蔬菜（18.31%）和烟草（13.36%）。红河地区参与流转的土地，流转前主要种植粮食（37.59%）和水果（20.47%），流转后主要种植水果（59.81%）、粮食（16.99%）和林果（14.38%）。土地在不同作物间重新配置，三个地区在作物选择上的非粮食化趋势一致，

但在经济作物的选择上有差异（见表8－3和图8－4）。

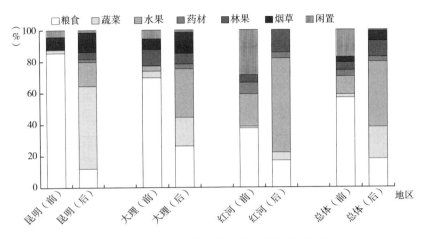

图8－3　三个地区的土地流转前后种植的作物

村集体参与是否有助于土地在不同用途之间进行重新配置，抑或造成土地配置扭曲？比较以村集体作为中介人（53.39%）或担保人（32.36%）进行流转的土地用途转变与其他土地的用途转变，可以初步回答这个问题。由表8－2可知，以村集体为中介人流转的土地，流转前56.59%种植粮食，21.60%被闲置，10.38%种植水果，6.39%种植药材；流转后36.52%种植水果，25.93%种植蔬菜，19.15%种植粮食，9.26%种植林果。以村集体为担保人的土地，流转前63.36%种植粮食，22.03%被闲置；流转后49.99%种植水果，28.11%种植蔬菜，11.63%种植粮食。以村集体为中介人流转的土地，在用途转变的趋势和程度上与其他土地基本一致。但以村集体为担保人进行流转的土地，粮食比例下降更多（降低51.73个百分点），蔬菜（上升27.25个百分点）和水果（上升45.52个百分点）等经济作物的比例上升更多。分地区来看，这一现象亦非常明显（见图 8 - 4）。这说明以村集体为担保人进行流转，更有助于土地由种植粮食向种植蔬菜和水果转变。

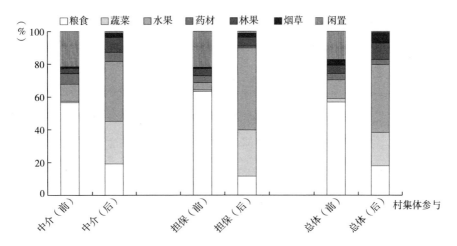

图 8 - 4 村集体参与的土地流转前后种植的作物

第二节 土地的生产效率

土地用途变化并不一定意味着生产效率提高。为了检验土地在不同经营者和不同用途之间的重新配置是否符合生产效率提高的要求，本节将分作物和分流转类型对农户的生产效率进行测算。

一 生产效率的测算方法

借鉴现有研究（Deininger and Jin，2005；李承政等，2015）构建的柯布—道格拉斯生产函数（Cobb - Douglas Production Function，C - DPF）。

$$Q_{cij} = A_{cij} \, T_{cij}^{\beta_T} L_{cij}^{\beta_L} \, K_{cij}^{\beta_K} \,, \; A_{cij} = e^{a_c + a_i + a_j} \qquad (8-1)$$

$$Q_{ij} = A_{ij} \, T_{ij}^{\beta_T} L_{ij}^{\beta_L} K_{ij}^{\beta_K} , \; A_{ij} = e^{a_i + a_j} \tag{8-2}$$

在生产函数（8-1）中，Q_{cij} 表示第 j 个村第 i 个农户第 c 种作物的产值，T_{cij}、L_{cij} 和 K_{cij} 分别表示对应的播种面积、劳动和资本投入，A_{cij} 是种植该作物的全要素生产率（Total Factor Productivity，TFP）。在生产函数（8-2）中 Q_{ij} 表示第 j 个村第 i 个农户家庭种植业的产值，T_{ij}、L_{ij} 和 K_{ij} 分别表示该农户家庭种植业的土地、劳动和资本投入，A_{ij} 是农户家庭种植业的全要素生产率。对农户生产函数取对数可得生产函数的计量回归模型。a_c 表示农户在具体作物上的生产能力，a_i 表示农户在经营家庭种植业上的能力，a_j 表示对农户经营种植业有整体性影响的村庄因素，比如灌溉、土壤和气候等自然条件。

$$\ln Q_{cij} = a_c + a_i + a_j + \beta_T \ln T_{cij} + \beta_L \ln L_{cij} + \beta_K \ln K_{cij} + \mu_{cij} \tag{8-3}$$

$$\ln Q_{ij} = a_i + a_j + \beta_T \ln T_{ij} + \beta_L \ln L_{ij} + \beta_K \ln K_{ij} + \mu_{ij} \tag{8-4}$$

利用最小二乘法（OLS）获得回归系数后，便可计算全要素生产率和土地边际产出（MPT）。

$$A_{cij} = Q_{cij} / T_{cij}^{\beta_T} L_{cij}^{\beta_L} K_{cij}^{\beta_K} \tag{8-5}$$

$$MPT_{cij} = \frac{\partial Q_{cij}}{\partial T_{cij}} = \beta_T \frac{Q_{cij}}{T_{cij}} \tag{8-6}$$

$$A_{ij} = Q_{ij} / T_{ij}^{\beta_T} L_{ij}^{\beta_L} K_{ij}^{\beta_K} \tag{8-7}$$

$$MPT_{ij} = \frac{\partial Q_{ij}}{\partial T_{ij}} = \beta_T \frac{Q_{ij}}{T_{ij}} \tag{8-8}$$

本章后续部分将使用式（8-3）至式（8-8）依次测算农户的生产效率。

二　不同作物的生产效率

首先分作物测算生产效率，检验土地在不同作物间的重新配置是否符合土地生产效率提高的要求。

表8-3显示了农户在各种作物生产上的平均投入和产出。以播种面积衡量，农户经营规模从大到小的作物依次是水果（6.48亩）、烟草（4.98亩）、林果（4.39亩）、药材（3.11亩）、粮食（2.61亩）和蔬菜（2.12亩）。以产品价值衡量，规模从大到小的作物依次是水果（4.79万元）、烟草（2.29万元）、蔬菜（1.02万元）、林果（0.88万元）、药材（0.68万元）和粮食（0.25万元）。

表8-3　各种作物的平均投入和产出

作物	产值（元）	面积[a]（亩）	劳动[b]（工日）	资本（元）
粮食	2451.25 (2606.58)[c]	2.61 (3.17)	22.84 (25.87)	989.27 (1243.78)
蔬菜	10233.53 (16850.96)	2.12 (3.16)	32.53 (55.99)	3638.27 (10691.85)
水果	47887.74 (119006.20)	6.48 (9.78)	91.38 (103.84)	17419.79 (28659.31)
药材	6785.81 (9605.66)	3.11 (3.04)	46.59 (40.77)	2636.10 (4717.29)
林果	8816.47 (12703.53)	4.39 (4.76)	72.94 (140.22)	3433.47 (7251.15)
烟草	22855.71 (12400.24)	4.98 (2.93)	119.22 (94.19)	5088.27 (3827.48)

注：a作物播种面积；b农户家庭劳动投入，雇工费用归入资本投入，下同；c括号中的值是标准差，下同。

以单位面积计算作物的投入和产出。作物以每亩土地劳动投入由高到低排序依次是烟草（23.94 工日）、林果（16.62 工日）、蔬菜（15.34 工日）、药材（14.98 工日）、水果（14.10 工日）和粮食（8.75 工日），以每亩资本投入由高到低排序依次是水果（2688.24 元）、蔬菜（1716.17 元）、烟草（1021.74 元）、药材（847.62 元）、林果（782.11 元）和粮食（379.03 元）。作物以每亩土地产值由高到低排序依次是水果（7390.08 元）、蔬菜（4827.14 元）、烟草（4589.50 元）、药材（2181.93 元）、林果（2008.31 元）和粮食（939.18 元）。整体上，粮食作物的经营规模小，劳动和资本投入少，产值也比较低，经济作物的经营规模大，劳动和资本投入更多，产值也更高。在经济作物中，水果、蔬菜和烟草的单位投入更高，产值也更高。

表 8-4 显示了式（8-3）的最小二乘法回归结果。由 F 值可知，各模型显著。药材、林果和烟草的观察值较少，对模型的拟合效果产生了一定影响。由可决系数（调整 R^2）可知，除了作物烟草作物模型拟合稍差外（调整 $R^2 = 0.3026$），其他模型的拟合程度皆较好。变量的回归系数符号皆为正，符合预期，除了蔬菜、林果和烟草模型劳动对数的回归系数不显著外，其他变量皆通过了显著性检验。模型的回归结果可用于土地生产效率的测算。利用式（8-5）和式（8-6），结合表 8-4 中各种投入的弹性系数和变量取值，计算农户在以上六种作物生产上的全要素生产率（TFP）、土地边际产出（MPT）、劳动边际产出（MPL）和资本边际产出（MPK）。

表 8 - 4　各种作物的生产函数

变量	粮食	蔬菜	水果	药材	林果	烟草
$\ln T$	0.4087***	0.3954***	0.3652***	0.1294	0.7934***	0.4125***
	(12.39)	(4.16)	(7.46)	(0.76)	(4.16)	(3.22)
$\ln L$	0.1212***	0.0511	0.1279**	0.6534***	0.0950	0.0864
	(3.790)	(0.61)	(2.44)	(3.12)	(0.39)	(0.82)
$\ln K$	0.4368***	0.5947***	0.5307***	0.3514**	0.2681*	0.2898**
	(18.19)	(10.77)	14.31	(2.72)	(1.94)	(2.29)
常数项	3.9766***	3.8839***	4.1797***	3.2598***	5.4353***	8.1329***
	(25.05)	(10.07)	(13.67)	(4.23)	(10.86)	(11.77)
标准化系数						
土地	0.4228	0.3798	0.3567	0.1141	0.6860	0.5230
劳动	0.1254	0.0491	0.1249	0.5761	0.0821	0.1095
资本	0.4518	0.5712	0.5184	0.3098	0.2318	0.3674
观察值	1016	180	251	41	17	63
F 值	529.72	169.62	171.76	16.70	26.39	9.97
调整 R^2	0.6098	0.7386	0.6720	0.5408	0.8264	0.3026

注：*、**、*** 分别表示系数在 10%、5%、1% 水平上显著。

由表 8 - 5 可知，这六种作物的全要素生产率（TFP）和土地边际产出（MPT）差异显著。六种作物按全要素生产率由高到低排序依次是烟草（3727.28）、林果（256.24）、水果（80.46）、蔬菜（66.10）、粮食（64.68）和药材（33.32）。按土地边际产出由高到低排序依次是水果（2846.07 元/亩）、烟草（2231.73 元/亩）、蔬菜（1928.67 元/亩）、林果（1413.13 元/亩）、粮食（467.89 元/亩）和药材（374.84 元/亩）。因此，流转后，土地由种植粮食向种植蔬菜、水果、烟草和林果等经济作物转变符合提高效率的要求。这说明，土地流转有助于土地在不同作物中进行重新配置，有助于农业生产效率的提高。以村集体为担保人进行流转的土地，流转后种植蔬菜和水果的比例更高，农业生产效率提高的可能性更大。

表 8 - 5　各种作物的生产效率

作物	TFP	MPT	MPL	MPK
粮食	64.68 (49.07)	467.89 (428.47)	16.55 (17.23)	1.70 (4.31)
蔬菜	66.10 (62.76)	1928.67 (1574.00)	22.46 (44.64)	3.41 (5.50)
水果	80.46 (73.30)	2846.07 (3385.47)	89.66 (196.40)	2.77 (6.23)
药材	33.32 (22.04)	374.84 (531.03)	97.01 (115.37)	1.65 (1.84)
林果	256.24 (129.51)	1413.13 (733.41)	17.43 (17.90)	3.28 (4.25)
烟草	3727.28 (1617.84)	2231.73 (1302.84)	23.44 (22.66)	2.00 (1.89)
平均	216.64 (789.55)	1169.23 (2024.89)	33.91 (122.38)	2.09 (4.70)

三　不同农户的生产效率

除了在不同作物间进行比较外，检验土地生产效率还可以在不同农户之间进行比较。下面分农户类型测算生产效率，检验土地在不同农户中的重新配置是否符合土地生产效率提高的要求。

表 8 - 6 显示的是三种农户在家庭种植业中的平均投入和产出。转出土地农户户均经营土地 3.61 亩，投入劳动 50.25 工日，资本 4970.30 元，创造产值 1.17 万元；未参与土地流转农户户均经营土地 6.92 亩，投入劳动 87.12 工日，资本 7890.03 元，创造产值

2.76 万元；转入土地农户户均经营土地 12.27 亩，投入劳动 125 工日，资本 1.64 万元，创造产值 3.82 万元。转入土地农户经营规模最大，投入和产出也最高；转出土地农户经营规模最小，投入和产出也最低。未参与土地流转农户的经营规模和投入产出居于二者之间。

表 8－6　农户家庭种植业的平均投入和产出

农户	产值（元）	面积（亩）[a]	劳动（工日）	资本（元）
转出	11695.17 (38558.75)	3.61 (4.83)	50.25 (64.10)	4970.30 (16335.42)
未转	27585.10 (119746.90)	6.92 (7.50)	87.12 (106.06)	7890.03 (19946.56)
转入	38190.08 (49205.50)	12.27 (13.30)	125.00 (120.03)	16389.18 (28022.25)
总体	22605.88 (83163.11)	6.42 (8.47)	77.82 (97.21)	8088.54 (20552.22)

注：a 面积是农户用于家庭种植业的土地面积，等于自有土地面积加上转入土地面积减去转出土地面积减去闲置土地面积。

根据（8－4）式使用最小二乘法（OLS）依次对这三种农户的生产函数做回归分析，结果报告在表 8－7 中。由 F 值和判决系数（调整 R^2）可知，三个回归模型显著，且拟合程度较好。变量回归系数符号为正，符合经济意义，且都在 1% 水平上通过了显著性检验。因此，模型的回归结果可用于这三种农户家庭种植业生产效率的测算。根据式（8－7）和式（8－8），使用表 8－7 的回归系数和变量取值，测算农户全要素生产率（*TFP*）和土地边际产出（*MPT*），结果见表 8－8。

表 8 - 7　农户家庭种植业的生产函数（分类）

变量	转出	未转	转入
$\ln T$	0.3406***	0.3166***	0.2176***
	(7.12)	(6.26)	(2.64)
$\ln L$	0.3239***	0.2085***	0.2234***
	(6.39)	(4.11)	(3.38)
$\ln K$	0.5791***	0.7023***	0.6101***
	(17.45)	(21.26)	(11.22)
常数项	2.4780****	2.0960***	3.00309***
	(13.85)	(9.46)	(8.08)
标准化系数			
土地	0.2739	0.2579	0.2070
劳动	0.2605	0.1699	0.2125
资本	0.4657	0.5722	0.5804
观察值	344	325	137
F 值	808.27	491.13	182.21
调整 R^2	0.8759	0.8194	0.7999

注：*、**、*** 分别表示系数在 10%、5%、1% 水平上显著。

由表 8 - 8 可知，三类农户比较，转入土地农户的全要素生产率（12.79）和土地边际产出（974.23 元/亩）最高；未参与流转农户的全要素生产率（12.50）和土地边际产出（893.49 元/亩）居中；转出土地农户的全要素生产率（11.31）和土地边际产出（641.85 元/亩）最低。这说明，土地由生产效率低的农户流向生产效率高的农户。土地在农户之间的重新配置符合土地生产效率提高的要求，土地流转有助于提高生产效率。

表 8 - 8　农户家庭种植业的生产效率

农户	TFP	MPT	MPL	MPK
转出	11. 31	641. 85	34. 34	2. 17
	(10. 98)	(913. 41)	(39. 37)	(5. 15)
未转	12. 50	893. 49	61. 69	2. 55
	(9. 85)	(1575. 27)	(126. 99)	(3. 44)
转入	12. 79	974. 23	113. 02	2. 44
	(9. 81)	(801. 17)	(240. 82)	(2. 66)
总体	12. 04	798. 80	58. 60	2. 37
	(10. 35)	(1215. 45)	(132. 74)	(4. 16)

四　粮食作物的生产效率

以上分析表明，土地在作物和农户之间的重新配置，提高了农业生产效率。但并非所有土地在流转后都变换了作物。对于作物没有发生改变的土地，其生产效率是否也通过土地流转得到提高呢？为了回答这个问题，下面对三类农户在粮食作物上的生产效率进行测算。

由表 8 - 9 可知，转出土地农户户均种植粮食 2.00 亩，投入劳动 19.47 工日，资本 786.41 元，创造产值 1922.13 元；未参与流转农户户均种植粮食 2.86 亩，投入劳动 25.52 工日，资本 1001.15 元，创造产值 2614.63 元；转入土地农户户均种植粮食 3.64 亩，投入劳动 25.13 工日，资本 1543.33 元，创造产值 3527.16 元。从单位面积上的投入和产出来看，劳动投入最高的是转出农户（9.74 工日/亩），最低的是转入农户（6.90 工日/亩），未参与流转农户居中（8.92 工日/亩）。资本投入最高的是转入农户（423.99 元/亩），最低的是未参与流转农户（350.05 元/亩），转出农户居中（393.21 元/亩）。单位面积产值最高的是转入农户（969.00 元/

亩），其次是转出农户（961.07 元/亩）和未参与流转农户（914.21 元/亩）。整体上，与转出农户相比，转入农户和未参与流转农户的劳动投入更少，资本投入和产出更高，但转入和未参与转入农户的产出差异并不明显。

表 8-9　农户粮食作物的平均投入和产出

农户	产值（元）	面积（亩）	劳动（工日）	资本（元）
转出	1922.13	2.00	19.47	786.41
	(2155.63)	(2.01)	(15.49)	(771.38)
未转	2614.63	2.86	25.52	1001.15
	(2564.77)	(3.50)	(33.51)	(1135.57)
转入	3527.16	3.64	25.13	1543.33
	(4915.42)	(5.12)	(25.20)	(2418.69)
总体	2451.25	2.61	22.84	989.27
	(2941.34)	(3.33)	(25.98)	(1314.89)

根据式（8-3）使用最小二乘法（OLS）分流转类型对农户的粮食生产函数进行计量回归，结果在表 8-10 中报告。由模型的 F 值和判决系数（调整 R^2）可知，模型显著，拟合程度较好。变量的回归系数符号与经济意义相符。除了转入农户模型的劳动系数外，其他模型变量的系数都通过了显著性检验。因此，回归结果可用于农户粮食生产效率计算。

表 8-10　农户粮食作物生产函数

变量	转出	未转	转入
$\ln T$	0.3931 ***	0.4078 ***	0.3927 ***
	(7.86)	(7.65)	(4.73)
$\ln L$	0.1293 ***	0.1081 **	0.1149
	(2.80)	(2.10)	(1.36)

续表

变量	转出	未转	转入
ln$K$	0.4728 ***	0.4466 ***	0.3615 ***
	(12.22)	(12.02)	(6.43)
常数项	3.6774 ***	3.9757 ***	4.6110 ***
	(15.04)	(15.81)	(11.90)
标准化系数			
土地	0.3950	0.4237	0.4518
劳动	0.1299	0.1123	0.1322
资本	0.4751	0.4640	0.4159
观察值	440	424	152
F 值	233.17	180.79	93.70
调整 R^2	0.6134	0.5605	0.6481

注：$*$、$**$、$***$ 分别表示系数在 10%、5%、1% 水平上显著。

表 8 – 11 列出了利用回归结果和变量值计算的全要素生产率（TFP）和土地边际产出（MPT）。从全要素生产率来看，转入农户的粮食生产效率最高（120.29），未参与流转农户的粮食生产效率居第二位（65.47），转出农户的粮食生产效率最低（47.22）。从土地边际产出来看，转出农户的粮食生产效率较低（433.63 元/亩），未参与流转和转入农户的粮食生产效率较高，但这两类农户的土地边际产出差异不大（474.95 元/亩和 475.02 元/亩）。这说明，土地流转有助于提高粮食生产效率。即便所种植的作物没有变化，通过在农户之间重新配置土地，土地的生产效率也能得到显著提高。

表 8 – 11　农户粮食作物生产效率

农户	TFP	MPT	MPL	MPK
转出	47.22	433.63	15.66	1.60
	(35.51)	(364.66)	(15.37)	(3.65)

农户	TFP	MPT	MPL	MPK
未转	65. 47 (51. 38)	474. 95 (494. 76)	15. 27 (15. 93)	1. 74 (2. 18)
转入	120. 29 (79. 42)	475. 02 (340. 35)	19. 28 (20. 57)	1. 91 (7. 35)
总体	65. 76 (56. 38)	457. 07 (420. 93)	16. 04 (16. 51)	1. 71 (3. 97)

综上可知，土地在作物和农户之间的重新配置遵循效率原则，土地流转有助于提高农业生产效率，有助于土地生产要素功能的发挥。村集体参与土地流转，有助于把土地配置到生产效率更高的农作物生产上。

第三节 市场的配置效率

除了流动方向外，还可以从程度上分析村集体参与对土地生产要素功能的影响，本节将以行政村为单元考察土地边际产出离散程度与村集体参与程度的相关性。

一 配置效率测算方法

土地交易具有边际产出拉平效应（Besley，1995；姚洋，2000）。在完全市场下，土地的初始分配不影响生产效率，土地市场能实现资源的有效配置（Feder and Gershon，1988）。土地流转使土地由生产效率低的生产者向生产效率高的生产者流动。如果市场完全竞争，交易费用为零，土地流转将不断缩小生产者之间的生产效率差距，直至其完全相同。前面的分析表明，村集体参与土地流转有助于交易费用的降低和土地生产效率的提高。因此，村集体在市场中的参与程度越高，生产者之间土地边际产出的离散程度应该越低。考察土地边际产出离散程度与村集体参与程度的相关性可以对此进行实证检验。

在前面分析中，研究使用全要素生产率（TFP）和土地边际产出（MPT）表征作物和农户生产效率高低。为了保证分析的一致性和连续性，下面将使用它们的对数标准差测度行政村农户生产效率的离散程度，这一方法在实证研究中被广泛使用（Asker et al.，2014；Bartelsman et al.，2009；李承政等，2015）。研究先使用式（8-4）对经营家庭种植业的农户进行回归，然后用回归系数和变量值根据式（8-7）和式（8-8）计算出农户的全要素生产率（TFP）和土地边际产出（MPT）。再以行政村为单元测算全要素生产率对数标准误和土地边际产出对数标准误。

$$sdln(TFP) = sd(lnA_{ij}) \qquad (8-9)$$

$$sdln(MPT) = sd(lnMPT_{ij}) \qquad (8-10)$$

二　农户生产函数回归

表8-12显示的是农户家庭种植业生产函数的回归结果。由 F 值和判决系数（调整 R^2）可知，模型显著且拟合程度较好。模型的回归系数符号和大小符合经济意义，可用于农户种植业生产效率的计算。在农户家庭种植业经营中，土地、劳动和资本的产值弹性分别为 0.2634、0.2090 和 0.5276。

表 8 - 12　农户家庭种植业的生产函数（总和）

变量	系数	t 值	P > t
ln$T$	0.3220 ***	10.25	0.000
ln$L$	0.2555 ***	8.14	0.000
ln$K$	0.6450 ***	30.31	0.000
常数项	2.3169 ***	17.95	0.000
标准化系数			
土地	0.2634	观察值	806
劳动	0.2090	F 值	1787.96
资本	0.5276	调整 R^2	0.8694

注：*、**、*** 分别表示系数在 10%、5%、1% 水平上显著。

三　土地边际产出差异

利用农户家庭种植业生产函数和投入产出数值计算的行政村的全要素生产率对数标准误［sd（lnTFP）］和土地边际产出对数标准误［sd（lnMPT）］在表 8 - 13 中列示。表 8 - 13 还列出了第六章和第七章中表示行政村土地市场发育程度（MDL）和村集体参与土地流转程度（CPL）的指标。由于行政村的数量较少，无法满足自由度的需要，不能使用计量回归方法分析这四个指标之间的相关关系。研究使用散点图粗略考察农地市场发育程度（MDL）和村集体参与度（CPL）对农户生产效率差异的影响。四个指标两两制作成散点图，合成后统一在图 8 - 5 中进行报告。

表 8 - 13　行政村农户生产效率的离散程度

| 行政村 | 农地市场发育 | 村集体参与度 | ln（TFP）标准误 | ln（MPT）标准误 |
	MDL（%）	CPL（%）	sd（lnTFP）	sd（lnMPT）
11111	34.78	21.05	0.61	0.63

续表

行政村	农地市场发育	村集体参与度	ln（TFP）标准误	ln（MPT）标准误
	MDL（%）	CPL（%）	sd（lnTFP）	sd（lnMPT）
11112	74.11	104.90	0.53	0.71
11211	78.43	140.26	0.42	0.56
11212	96.67	153.33	0.45	0.42
11221	82.00	107.55	0.37	0.36
11222	91.94	72.15	0.62	0.45
12111	76.00	84.38	0.57	0.81
12112	52.50	61.29	0.54	0.76
12121	70.45	100.00	0.53	0.84
12122	91.67	118.42	0.42	0.72
12131	81.36	92.94	0.54	0.66
12211	45.59	97.37	0.51	0.74
12221	65.45	97.92	0.58	0.84
12231	35.71	85.71	0.45	0.37
13111	71.43	12.50	0.58	0.60
13112	75.00	60.00	0.39	0.54
13121	72.73	129.41	0.47	0.84
13131	22.00	21.43	0.66	0.78
13211	40.48	42.86	0.50	0.58
13212	33.33	75.00	0.64	0.69
13221	36.36	20.69	0.48	0.57
13222	20.51	9.09	0.68	0.82

由图 8-5 中位置在上的两图可知，全要素生产率对数标准误 [sd（lnTFP）] 和土地边际产出对数标准误 [sd（lnMPT）] 与农地市场发育程度（MDL）呈负相关关系。这说明，行政村的农地市场发育程度越高，本村农户在全要素生产率（TFP）和土地边际产出（MPT）上的差异越小。由位置在下的两个图可知，全要素生产率对数标准误 [sd（lnTFP）] 和土地边际产出对数标准误

［sd（lnMPT）］与村集体参与度（CPL）整体上呈负相关关系。这说明，村集体参与程度越高的行政村，农户在全要素生产率（TFP）和土地边际产出（MPT）上的差异越小。

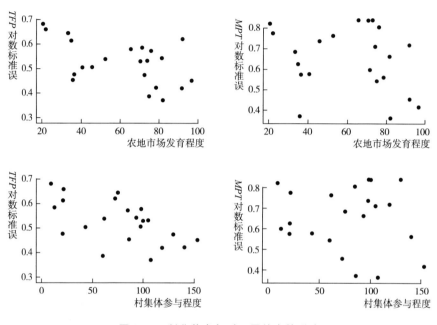

图8-5　村集体参与对配置效率的影响

综上可知，发展农地市场和村集体参与有助于缩小农户之间的生产效率差异，有助于土地生产要素功能的发挥。

第四节　本章小结

为了考察土地流转，尤其是村集体参与的土地流转是否有助于农地生产要素功能的发挥，本章先从方向上检验了土地是否向生产效率更高的农作物和经营者流动，然后从程度上检验了市场发育程度和村集体参与程度对土地边际产出差异的影响。

　　研究结果表明，通过在作物和经营者之间重新配置土地资源，土地流转有助于生产要素向效率更高的农作物和经营者流动，有助于农业生产效率的提高。土地流转具有土地边际产出拉平效应，农地市场发育程度较高的村庄，农户间的生产效率差距也较小。村集体参与土地流转，有助于市场将土地配置到生产效率更高的农作物生产中，有助于农户间生产效率差距的缩小。村集体参与土地流转，不仅没有造成资源配置扭曲，而且有助于土地生产要素功能的发挥，有助于农业生产效率的提高。

第九章　结论和政策建议

本书分析了村集体在农地流转中的三种职能（管理者职能、交易者职能和参与者职能），重点对参与者职能进行了理论分析和实证检验。研究结果表明，村集体在农地流转中的参与者职能符合降低交易费用的要求，有利于农地家庭财产功能和生产要素功能的发挥，但对部分农户的福利有负面影响，需要村集体和相关部门的决策者重视。

第一节　主要结论

（一）村民委员会是村集体在农地流转中的主要行为主体

农村土地属于农民集体所有。根据《中华人民共和国土地管理法》和《中华人民共和国农村土地承包法》对发包方的界定，村集体在农地流转中的行为主体可能是行政村村民委员会、自然村村民小组，也可能是行政村内部的农村集体经济组织和乡镇内部的农村集体经济组织。田野调查没有观察到农村集体经济组织发包土地的情况，仅观察到行政村村民委员会和自然村村民小组发包土地的情况。村委会和村民小组是村集体的行为主体。而且从土地分割情况来看，农民集体所有的边界是村民小组（自然村）。

实证研究表明，村集体在农地流转中的行为主体主要是村民委员会。从管理者职能来看，流转需要审批和登记的地片，绝大部分由村委会批准和在村委会登记，只有少部分由村民小组批准和在村民小组登记。从参与者职能来看，使用中介和担保进行流转的地片，绝大部分以村委会为中介人和担保人，以村民小组为中介人和担保人的地片数量较少。

虽然法律规定中的村集体（发包方）可能是村民委员会、村民小组和村集体经济组织，而且绝大部分地区土地的发包方是村民小组（自然村），但是在土地流转中发挥管理者职能和参与者职能的主体却是村民委员会。这是因为，村委会是农村最基层的行政机构，村民小组只有小组长一人，没有设立组织机构，而且小组长本身是村委会的管理成员，受村民委员会管理。所以，村委会是村集体在农地流转中的主要行为主体。

（二）村集体在农地流转中具有三种职能

村集体在农地流转中扮演着管理者、交易者和参与者三种角色。

村民委员会和村民小组既是农民自治组织，也是农村行政组织，还是农村土地的发包方，具有管理土地以及村庄的法定权力和义务，可以在农地流转中发挥管理者职能。实证研究表明，村集体对农地流转的管理因流转对象和流转方式的不同而差异较大。除了部分村集体对转让方式进行管制外，村庄内部的土地流转几乎不受任何限制，处于完全自由状态。村集体的管制和管理主要发生在跨越村庄界限的土地流转上。整体上，村集体禁止农户以互换或转让方式把土地流转给本集体（行政村）外的农户或农业组织，以入股方式流转土地则需要审批和登记。出租是最自由的土地流转方式，但如果把土地出租给外地农民或农业组织，也需要得到村集体形式上的批准，并进行登记。

村集体可能以两种方式参与农地流转交易。一是向经营者供给村集体持有的土地，二是以"反租倒包"方式在市场上同时转入和转出土地。但调查覆盖的地区，只有部分村集体有第一种行为，没有发现村集体有第二种行为。第二轮土地承包后，尤其是林权改革后，大部分村集体保留的土地都分包给了农户。即便还保留有土地的村集体，土地面积也非常狭小。村集体保留的荒地大部分处于闲置状态，少部分荒地和全部耕地被出租给农户、农业公司等经营主体经营。本村农户租赁的土地最多。

除了管理者职能和交易者职能外，村集体还可以发挥桥梁和媒介作用，在农地流转中发挥参与者职能。

（三）村集体参与者职能有助于降低农地流转交易费用

村集体以担任中介人和担保人的方式在农地流转中发挥参与者职能。参与流转的地片，六成使用了中介，四成使用了担保。中介人和担保人主要是村集体。村集体参与农地流转，可以起到降低交易费用（达成流转的费用和监督履约的费用）的作用。

理论分析和实证研究表明，村集体参与使农地流转突破交易者地缘关系的限制，实现农地市场开放，引入外地农民和农业组织参与当地农地流转和经营。在农户土地面积狭小、位置分散和地块细碎的情况下，村集体参与农地流转有助于农地的合并和拆分，有助于经营者扩大规模，实现规模经济。除此之外，村集体作为参与者，还有助于降低因流转期限延长引起的监督履约费用，有助于农地流转期限的延长和书面合同的签订。

村集体作为中介人和担保人参与农地流转，有助于农地市场开放、地块合并、流转期限延长和合同规范。

（四）村集体参与者职能有助于农地家庭财产功能的发挥

村集体参与者职能有助于农户通过流转实现农地家庭财产功能。

为了判断村集体参与者职能（中介人和担保人）对农地家庭财产功能发挥的影响，研究分析了农户土地流转、土地闲置和流转地片租金与村集体参与程度的相关性。实证结果表明，村集体参与程度高的行政村，农户参与土地流转的概率更高，转出的土地面积更大，闲置土地的概率更低，面积更小，流转地片的租金也更高。这说明，村集体以中介人和担保人方式参与农地流转，有助于农户转出土地，减少土地闲置，有助于土地租金的提高。村集体在土地流转中的参与者职能有助于农地家庭财产功能的发挥。

之所以如此，是因为村集体参与者职能能提高农地流转市场的开放程度，引入外地农民和农业组织参与竞争，能实现地块合并和流转期限延长，实现规模经营和增加投资。

（五）村集体参与者职能有助于农地生产要素功能的发挥

村集体参与者职能有助于农地向生产效率高的作物和经营者流动，有助于农地生产要素功能的发挥。

为了考察土地流转，尤其是村集体参与土地流转是否有助于农地生产要素功能的发挥，实证研究从方向上检验了土地是否向生产效率更高的农作物和经营者流动，然后从程度上检验了市场发育和村集体参与对土地边际产出差异缩小的相关性。研究结果表明，土地流转有助于生产要素向效率更高的农作物和经营者流动，在农作物和经营者之间重新配置资源，有助于农业生产效率的提高。土地流转具有土地边际产出拉平效应，农地市场发育程度较高的村庄，农户间的生产效率差距也较小。

村集体参与土地流转，有助于市场将土地配置到生产效率更高的农作物生产中，有助于农户间生产效率差距的缩小。村集体参与土地流转，不仅没有造成资源配置扭曲，而且有助于土地生产要素功能的发挥，有助于农业生产效率的提高。

（六）村集体参与者职能对部分农户的福利有负面影响

虽然村集体参与者职能能降低农地流转的交易费用，有助于农地家庭财产功能和生产要素功能的发挥，但是村集体参与者职能并非十全十美、有利无弊。村集体参与者职能对部分农户的福利有不利影响。

在农地市场封闭的情况下，农地流转只能发生在本村农户之间。村庄的土地面积基本固定，农地流转市场开放意味着需求方的竞争加剧，意味着当地希望通过流转土地扩大经营规模的农户要么支付更高的租金，要么被迫放弃流转土地和扩大经营规模。本书的实证结果表明，随着村集体参与程度上升，当地农户转入土地的概率和农户转入土地的面积显著下降。这说明，村集体参与使得农地更多地流向了外地农民和农业组织，不利于本村农户通过土地流转扩大经营规模。因此，村集体参与土地流转要注意协调这两部分农户的利益冲突。

第二节 政策建议

根据研究结论，本书有以下政策建议。

（一）村集体要注意协调农户间的利益冲突

村集体参与者职能能降低农地流转的交易费用，有助于农地家庭财产功能和生产要素功能的发挥，但是对部分农户的福利有不利影响。在农地市场封闭的情况下，农地流转只能在本村农户之间进行。村集体参与使得农地流转市场走向开放、需求方的相互竞争加剧。村庄内部希望通过土地流转扩大经营规模的农户要么支付更高的租金，要么被迫放弃流转土地和扩大经营规模。随着村集体参与程度上升，农地更多地流向了外地农民和农业组织，当地农户转入土地的概率和农户转入土地的面积显著下降。

村集体参与农地流转要注意协调上述两部分农户的利益冲突，要注意掌握参与程度的分寸拿捏。村庄内部农户经营农地的机会成本并不均等，差异巨大。机会成本高的农户希望转出农地，机会成本低的农户希望转入农地。在市场封闭的情况下，农地流转能同时增加这两部分农户的福利。但在农地市场开放、村集体引入外来经营者参与竞争的情况下，希望转出土地农户的福利会增加，而希望转入土地农户的福利将受损。作为村民自治组织，村集体需要代表全体村民的利益行事。因此，村集体参与农地流转不仅要遵循经济规律，还要兼顾全体村民的根本利益。村集体参与农地流转要注意协调这两部分农户的利益冲突。具体地，在劳动力转移程度高和农地闲置面积大的村庄，村集体应该积极参与农地流转；而在劳动力转移程度低和农地闲置面积小的村庄，村集体应该谨慎参与农地流转。

（二）对村集体在农地流转中的行为进行规范

村集体参与农地流转能降低交易费用，促进市场开放、地块合并、流转期限延长和书面合同签订，有利于增加农民收入和提高农业生产效率。现有法律法规主要基于村集体和农户的承包合同界定和明确产权关系。在农地流转增加，尤其在农地市场逐渐开放的情况下，法律法规还要注意从农户和其他经营者之间、村集体和其他经营者之间的角度界定和明确产权关系。

农户承包的土地并不是孤立存在的，而是与其他农户土地以及服务于农地的基础设施（道路、灌溉、防灾等）共同构成农业生产系统。脱离农业生产系统或农业生产系统变化，土地的价值也将改变。农业生产系统主要由村集体组织村民长期投资建设形成。外来经营者从哪里（农户还是村集体）获得农地配套基础设施的使用权，以及应该向谁支付费用，尤其在外来经营者使用方式、强度与村民差异较大的情况下，如何维护和建设农地配套基础设施需要相关法律法规进一步界定和明确。

农户承包的土地被田埂、道路、水渠、树木等分割和连接。现行法律法规明确了它们的所有权和使用权，但是它们的使用权属于相关农户，与承包土地属于具体农户的产权关系并不相同。地块合并使它们变成耕地，用途和价值发生改变。这部分土地的价值属于农户还是村集体，或者如何在村集体和农户之间进行分配，需要法律法规进一步界定和明确。

（三）　对村集体在农地流转中的行为加强监督

村集体在农地流转中的行为需要接受村民代表会议和上级政府的监督。

虽然，本书没有发现村集体职能导致资源配置扭曲和农户利益受侵害的证据，但是，并不代表这样的事情不会发生。确保村集体在农地流转中的职能健康、有效的前提就是加强对其行为的监督。村集体也应该依法行事，主动向村民和经营者公开信息，接受群众监督。这既是确保农地有序、健康流转的要求，也是切实贯彻村民自治的要求。

除了接受群众监督外，随着农地流转面积增加，乡级和县级政府也应该加强对村集体在农地流转中职能的监督。现有法律规定，由村民委员会和乡（镇）人民政府对农地纠纷进行调解，调解不成功再由仲裁委员会（县级）仲裁。在村民委员会大量参与农地流转的情况下，乡（镇）人民政府和仲裁委员会要加强对村集体行为的监督和管理，既要维护村民的农地承包经营权，又要维护经营者的合法权益，做到及时有效、公平公正。

（四）　政府不宜统一要求村集体推动农地流转

政府部门不宜以行政命令和下指标的方式统一要求辖区内的村集体推动农地流转和适度规模经营。因为，村集体在农地流转中的职能符合经济规律，而且村集体参与程度在村庄之间应该表现出差异性。

本书的理论分析和实证研究表明，村集体参与者职能能降低农地流转的交易费用，有助于农地家庭财产功能和生产要素功能的发挥。农地流转市场运转和村集体职能遵循经济规律，并不存在市场失灵的情况。因此政府部门应该尊重农地流转市场规律和村民自治，减少对农地流转市场的行政干预。

除此之外，本书的研究还发现，村集体在农地流转中参与程度并不相同。村集体职能主要受交易者地缘关系、地块是否合并、土地流转期限长短等因素影响。而且村集体参与农地流转需要根据村庄农业劳动力转移、种植业结构和农地闲置状况权衡和协调不同农户的利益冲突，需要注意拿捏参与程度的分寸。行政命令和指标不仅很难达到促进农地流转和规模经营的目的，而且会适得其反，阻碍农民收入的增加和农业生产效率的提高。

附　件

附件1　村庄经济情况调查问卷

编号：_____

村庄经济情况调查问卷

调查地点	
省	
县（市）	
乡（镇）	
村	
调查员	
姓名	
年龄	
性别	
文化程度	

亲爱的父老乡亲：

你们好！为了了解农户农地（耕地和林地）经营情况，为党和政府制定农村政策，解决"三农"问题，提供决策依据，我们组织了这次田野调查。我们知道，农村的问题很复杂，需要改善的地方很多，一次调查能够解决的问题有限。但只要我们心怀希望，齐心协力，一点一滴地奋斗，中国农村的情况会越来越好。调查数据只用于学术研究，请把你知道的情况和我们的调查员说一说，配合他（她）完成这次调查！

谢谢你！祝你身体健康，家庭幸福！

问卷填写方法：

（1）请在横线上和表格中补充填写相应答案；

（2）如果横线上有答案，请在相应答案上打"√"；

（3）如果选项"其他"后面有冒号，请在冒号后面填写确切答案；

（4）如果具体问题有楷体字，请在填写前仔细阅读，并按要求规范填写。

一　村庄基本情况

1. 被调查者姓名＿＿＿＿＿＿＿，年龄＿＿＿＿岁，性别　1 男/2 女　，文化程度　1 文盲/2 小学/3 初中/4 高中/5 中专/6 大专/7 本科　，政治面貌　1 中共党员/2 共青团员/3 民主党派/4 普通群众　，民族　1 汉族/2 少数民族：＿＿＿＿＿＿＿，担任职务　1 村主任/2 村书记/3 会计/4 村民小组长/5 其他：＿＿＿＿＿＿　。

2. 你们村有农户＿＿＿＿＿户，非农户＿＿＿＿＿户。人口＿＿＿＿＿人，其中劳动力＿＿＿＿个，60 岁以上老人＿＿＿＿人，16 岁以下孩子＿＿＿＿人，在校学生＿＿＿＿人，汉族＿＿＿＿人，少数民族＿＿＿＿人。

3. 你们村 2015 年农民人均纯收入大概＿＿＿＿元，其中农业收入＿＿＿＿元。你们村的农民收入水平在本乡镇属于　1 很高/2 较高/3 一般/4 较低/5 很低　水平。

4. 你们村　1 是/2 否　有村集体经济项目（村集体开办的工厂、合作社、果园、林场和矿产等）。如果有集体经济，请问是什么项目？＿＿＿＿＿＿＿＿。2015 年的年利润大概是＿＿＿＿＿元。

5. 你们村 1 是/2 否 "建档立卡贫困村"？你们村有贫困户＿＿＿户，贫困人口＿＿人。

6. 你们村离乡（镇）政府所在地＿＿＿＿公里，离最近的集市＿＿＿＿公里；1 是/2 否　有公路通到村里（口），如果有公路，公路是　1 土路/2 弹石路/3 水泥路（柏油路）。

二　耕地保有和农地权属

1. 你们村共有耕地_____亩，其中田_____亩，地_____亩，承包到户的耕地_____亩，没有承包到户（村集体自己经营或预留的机动地）的耕地_____亩。

2. 你们村最近一次土地调整发生在_____年。这次土地调整共涉及农户_____户，涉及的土地一共_____亩。土地调整的原因是：1 第二轮土地承包/2 村庄人口变化/3 其他：_____。

3. 最近几年，你们村　1 是/2 否　开展过农地确权工作。如果开展过，是_____年开展的，确权完成后土地局　1 是/2 否__重新给农户颁发了土地证。

4. 你们村　1 是/2 否　建有土地流转中心（平台）。你们乡（镇）1 是/2 否 有土地流转中心（平台）。

5. 你认为承包到户的耕地　的　所有权　属于　1 国家/2 村委会/3 村民小组/4 村集体经济组织/5 农户　。（请使用这个句式，依次问以下耕地的所有权和经营权归属情况）

序号	耕地	权属	村集体的态度
1	承包到户的耕地	所有权	1 国家/2 村委会/3 村民小组/4 村集体经济组织/5 农户
2		经营权	1 国家/2 村委会/3 村民小组/4 村集体经济组织/5 农户
3	没有承包到户（村集体自己经营或机动地）的耕地	所有权	1 国家/2 村委会/3 村民小组/4 村集体经济组织/5 农户
4		经营权	1 国家/2 村委会/3 村民小组/4 村集体经济组织/5 农户

三　农地经营和流转情况

1. 如果村集体有耕地（没有承包到户的耕地或预留的机动地），村集体的耕地是由　　1 村干部/2 本村农户/3 外村农户/4 外来老板/5 农业组织（合作社、公司和企业）　　在经营。经营人与村集体之间　1 是/2 否　签订书面合同。经营期限　1 是/2 否　明确。如果期限明确，期限是　　　　　　　年。经营人　1 是/2 否　需要按期向集体缴纳使用费。如果缴纳，使用费是1 一次付清/2 分几次缴纳/3 逐年缴纳　。如果是分次缴纳或逐年缴纳，最近一次缴纳了　　　　　　元，每亩地每年合　　　　　　元。

2. 你们村　1 是/2 否　（没有承包到户的）有荒山荒坡。如果有，荒山荒坡目前　1 是/2 否　包给别人种植作物。如果已经包给别人，是　　1 村干部 2/本村农户/3 外村农户 4/外来老板/5 农业组织（合作社、公司和企业）　　在经营，主要种植　　　　　　作物。经营人与村集体之间　1 是/2 否　签有书面合同。经营期限　1 是/2 否 明确。如果期限明确，期限是　　　　　　年。经营人　1 是/2 否　需要按期向集体缴纳使用费。如果缴纳，使用费是1 一次付清/2 分几次缴纳/3 逐年缴纳　。如果是分次或逐年缴纳，请问最近一次缴纳了　　　　　　元，每亩地每年合　　　　　　元。

3. 据你所知，你们村　1 是/2 否 有农户把自家耕地流转（出租、互换、入股和转让）给本村农户耕种。如果有，大概有　　　　　户转出耕地，有　　　　　　户转入农地，租金大概　　　　　　元/亩。本村农户之间　1 是/2 否　发生过农地流转纠纷。如果发生过纠纷，村集体　1 是/2 否　帮助调解；如果村集体帮助调解，

调解 __1 是/2 否__ 有效；__1 是/2 否__ 存在经过村集体调解依然无法化解的纠纷。如果无法化解，村集体一般采取什么方法？ __1 不管了/2 让他们找上级部门/3 上报给上级部门/4 其他：_____。__

4. 对于发生在本村农户之间的农地流转，村集体的态度如何？（分别问每一种流转方式的态度）

序号	流转方式	村集体的态度
1	出租	1 不允许/2 需要村集体批准/3 需要登记/4 不管不问/5 鼓励流转
2	互换	1 不允许/2 需要村集体批准/3 需要登记/4 不管不问/5 鼓励流转
3	入股	1 不允许/2 需要村集体批准/3 需要登记/4 不管不问/5 鼓励流转
4	转让	1 不允许/2 需要村集体批准/3 需要登记/4 不管不问/5 鼓励流转

5. 据你所知，你们村 __1 是/2 否__ 有农户把自家耕地流转（出租、互换、入股和转让）给邻村农户耕种。如果有，大概有_____户转出耕地，转出面积一共_____亩，租金大概_____元/亩。农户把自家耕地流转给邻村农户 __1 是/2 否__ 发生过农地流转纠纷。如果发生过纠纷，村集体 __1 是/2 否__ 帮助调解。如果村集体帮助调解，调解 __1 是/2 否__ 有效。__1 是/2 否__ 存在经过村集体调解，依然无法化解的纠纷。如果纠纷无法化解，村集体一般采取什么方法？ __1 不管了/2 让他们找上级部门/3 上报给上级部门/4 其他：_____。__

6. 村集体在调解农地纠纷的过程中，__1 是/2 否__ 寻求过邻村村集体的帮助，邻村村集体的态度是 __1 积极帮忙/2 上一级部门出面才帮忙 3/不愿帮忙/4 其他：_____。__ 邻村村集体处理纠纷 __1 公平公正就事论事/2 偏袒自己村的农民/3 其他：_____。__

7. 对于把自家耕地流转给邻村农户耕种，村集体的态度如何？

序号	流转方式	村集体的态度
1	出租	1 不允许/2 需要村集体批准/3 需要登记/4 不管不问/5 鼓励流转
2	互换	1 不允许/2 需要村集体批准/3 需要登记/4 不管不问/5 鼓励流转
3	入股	1 不允许/2 需要村集体批准/3 需要登记/4 不管不问/5 鼓励流转
4	转让	1 不允许/2 需要村集体批准/3 需要登记/4 不管不问/5 鼓励流转

8. 据你所知，你们村 __1 是/2 否__ 有农户把自家耕地流转（出租、互换、入股和转让）给外地农户（或者公司、企业和外地老板）耕种。如果有，大概有_____户转出耕地，转出面积一共_____亩，租金大概_____元/亩。农户把自家耕地流转给外地农户（或者公司、企业和外地老板）__1 是/2 否__ 发生过农地流转纠纷。如果发生过纠纷，村集体 __1 是/2 否__ 帮助调解。如果村集体帮助调解，调解 __1 是/2 否__ 有效？__1 是/2 否__ 存在经过村集体调解，依然无法化解的纠纷。如果存在无法化解的纠纷，村集体一般采取什么方法？__1 不管了/2 让他们找上级部门/3 上报给上级部门/4 其他：_____。

9. 对于把自家耕地流转给外地农户（或者公司、企业、外地老板）耕种，村集体的态度如何？

序号	流转方式	村集体的态度
1	出租	1 不允许/2 需要村集体批准/3 需要登记/4 不管不问/5 鼓励流转
2	互换	1 不允许/2 需要村集体批准/3 需要登记/4 不管不问/5 鼓励流转
3	入股	1 不允许/2 需要村集体批准/3 需要登记/4 不管不问/5 鼓励流转
4	转让	1 不允许/2 需要村集体批准/3 需要登记/4 不管不问/5 鼓励流转

10. 你们村村集体 __1 是/2 否__ 以集体的名义帮忙介绍过农地

流转。如果有，农地流转的方式是＿＿1 出租/2 互换/3 入股/4 转让
＿＿。流转发生在＿＿1 本村农户之间/2 本村农户和邻村农户之间/3 本
村农户和外地老板之间/4 本村农户和公司（或企业和合作社）之间
＿＿。介绍＿1 有/2 没有＿收介绍费。如果有介绍费，介绍费一共＿＿
＿＿＿元，每亩地合＿＿＿＿＿元（如果有多次介绍，填写最近一次）。

11. 你本人或其他村干部＿1 是/2 否＿以个人的名义帮忙介绍
过农地流转。如果有，农地流转的方式是＿＿＿1 出租/2 互换/3 入股/
4 转让＿＿。流转发生在＿＿1 本村农户之间/2 本村农户和邻村农户
之间/3 本村农户和外地老板之间/4 本村农户和公司（或企业和合
作社）之间＿＿。介绍1 有/2 没有＿收介绍费。如果有介绍费，介
绍费一共＿＿＿＿＿＿元，每亩地合＿＿＿＿＿＿元（如果有多次，
填写最近一次）。

12. 你们村村集体＿1 有/2 没有＿以反租倒包的方式流转过农
户耕地？（反租倒包，指村集体先把农户耕地租回来，整理后再包
出去）。如果有，请问一共租了＿＿＿＿农户的＿＿＿＿亩耕地，
村集体与农户之间＿1 是/2 否＿签有书面合同。每亩地每年支付农
户租金合＿＿＿＿＿＿元。耕地包出去前＿1 是/2 否 进行过整理
（地块合并和建设生产设施等）。耕地现在由1 本村农户/2 邻村农户
/3 外地老板4 公司（或企业和合作社）＿＿在经营。经营人每年向
村集体支付租金一共＿＿＿＿＿元，每亩地合＿＿＿＿＿元。

13. 上级部门＿1 有/2 没有＿要求村集体流转过农地。如果有，
是＿1 乡级农业部门/2 乡级土地管理部门/3 乡政府/4 县级农业部
门/5 乡级土地部门/6 其他：＿＿＿＿＿＿＿。

四　林权改革及其经营情况

1. 你们村有林地_____亩，其中天然林_____亩，人造林_____亩。

2. 你们村__1 是/2 否__开展过林权改革。如果开展了，请问是_____年开展的，林权改革中分配到农户的林地_____亩，依然由村集体经营（管理）的林地_____亩。

3. 你认为__承包到户的林地__的__所有权__属于__1 国家/2 村委会/3 村民小组/4 村集体经济组织/5 农户__。（请使用这个句式，依次问以下林地的所有权和经营权归属）

序号	林地	权属	村集体的态度
1	承包到户的林地	所有权	1 国家/2 村委会/3 村民小组/4 村集体经济组织/5 农户
2		经营权	1 国家/2 村委会/3 村民小组/4 村集体经济组织/5 农户
3	没有承包到户（村集体自己经营）的林地	所有权	1 国家/2 村委会/3 村民小组/4 村集体经济组织/5 农户
4		经营权	1 国家/2 村委会/3 村民小组/4 村集体经济组织/5 农户

4. 农户能不能在集体经营（管理）的林地中有__砍木材__行为？

请使用这个句式依次问以下林地中不同行为的允许程度，并将相应答案的号码填在表格中。（1 不允许/2 需要审批和付费/3 不需审批但需要付费/4 需要审批但无须付费/5 免费自由）

编号	1	2	3	4	5	6	7
行为	砍木材	砍柴	割叶子	捡蘑菇	放牧	挖草药	修坟墓
集体经营的林地							
自家承包的林地							

5. 据你所知，你们村 __1 是/2 否__ 有农户把自家林地流转（出租、互换、入股和转让）给本村农户耕种。如果有，大概有_____户转出林地，有_____户转入林地，租金大概_____元/亩。对于本村农户之间的林地流转，村集体态度如何？ 1 不允许/2 需要村集体批准/3 需要登记/4 不管不问/5 鼓励流转 。

6. 据你所知，你们村 __1 是/2 否__ 有农户把自家林地流转（出租、互换、入股和转让）给外地农户（或者公司、外地老板）。如果有，大概有_____户转出林地，转出面积一共_____亩，租金大概_____元/亩。对于农户把自家林地流转给外村农户（或者公司、外地老板），村集体态度如何？ 1 不允许/2 需要村集体批准/3 需要登记/4 不管不问/5 鼓励流转 。

7. 你本人 __1 是/2 否__ 知道林地生态补偿。你们村 __1 是/2 否__ 获得过林地生态补偿。如果获得过，请问最近一年的补偿标准是_____元/亩。你觉得这一标准 __1 偏低/2 恰好/3 偏高__ 。你觉得林地生态补偿能不能起到鼓励农户保护森林的作用？ __1 能鼓励/2 不能鼓励/3 无所谓__ 。

8. 你们村 __1 是/2 否__ 实施了退耕还林（草）工程。如果实施了，请问是_____年实施的。你们村，一共退了_____亩耕地。退耕农户 __1 是/2 否__ 获得补偿。如果获得补偿，请问当时的补偿标准是每亩林地每年_____元，连续补偿_____年。退耕土地现在 __1 是/2 否__ 还有补偿。如果有，请问补偿标准是_____元/亩（年）。你觉得这一标准 __1 偏低/2 恰好/3 偏高__ 。

9. 你们村 __1 是/2 否__ 有护林员。如果有，请问护林员的姓名

是＿＿＿＿＿＿，年龄＿＿＿＿岁，文化程度＿＿＿＿＿＿。护林员
每年工作＿＿＿＿月，护林员每年收入＿＿＿＿＿＿元。

五　农地征用

你们村＿1是/2否＿有被征用的农地。（如果有，请填写下表，
不同地块，分别填写）

序号	明细	A	B	C
1	地块所在地地名			
2	被征用土地面积（亩）			
3	土地被征前用途（1 耕地/2 林地）			
4	当前用途（1 道路/2 房地产/3 工厂/4 农用）			
5	土地占用费（元/亩）			
6	土地上的青苗补偿费（元/亩）			
7	人员生活补偿费（元/人）			
8	该项目投资一共多少（元）			
9	该项目每年产出大概多少（元）			
10	村里是否能从中分红（1 是/2 否）			
11	如果分红，2015 年分红多少（元）			
12	是否有村民被安排就业（1 是/2 否）			
13	如果有就业，一共多少名			

附件 2 农户经济情况调查问卷

编号：_____

农户经济情况调查问卷

调查地点	
省	
县（市）	
乡（镇）	
村	
调查员	
姓名	
年龄	
性别	
文化程度	

亲爱的父老乡亲：

你们好！为了了解农户的农地（耕地和林地）经营情况，为党和政府制定农村政策，解决"三农"问题，提供决策依据，我们组织了这次田野调查！我们也知道，农村的问题很复杂，需要改进的方面很多，一次调查能够解决的问题很有限！但只要我们心怀希望，一点一滴地努力，中国农村的情况会越来越好！调查数据只用于学术研究，请把你知道的情况和我们的调查员说一说，配合他（她）完成这次调查！

谢谢你！祝你身体健康，家庭幸福！

问卷填写方法：

（1）请在横线上和表格中补充填写相应答案；

（2）如果横线上有答案，请在相应答案上打"√"；

（3）如果选项"其他"后面有冒号，请在冒号后面填写确切答案；

（4）如果具体问题有楷体字，请在填写前仔细阅读，并按要求规范填写。

一 被调查者及其家庭基本情况

1. 被调查者：姓名_____，年龄_____岁，性别1男/2女，文化程度　1文盲/2小学/3初中/4高中（中专）/5大专/6本科及以上　，与户主的关系　1户主本人/2配偶/3子女/4父母/5其他：_____。

2. 户主：姓名_____，年龄_____岁，性别___1男/2女___，文化程度　1文盲/2小学/3初中/4高中（中专）/5大专/6本科及以上　，政治面貌　1中共党员/2共青团员/3民主党派/4普通群众　，民族　1汉族/2少数民族：_____。

3. 你家一共有_____口人，其中劳动力_____个，上学孩子_____人，60岁以上老人_____人。

4. 你家房屋的建筑面积_____平方米，房屋主体结构为　1土木结构/2砖混结构/3框架结构　，房屋的层数1平房/2二层楼房/3三层楼房　，建于_____年。

5. 你家___1是/2否___是建档立卡贫困户？如果是建档立卡贫困户，你觉得　1太丢人/2无所谓3/可以得到扶持　，你觉得你们家要脱贫主要靠　1自己努力/2政府扶持/3其他：_____。

6. 你们家___1是/2否___有人在村委会及其以上的政府机构任职。你们家与村干部的关系如何？1糟糕/2一般/3融洽　。

7. 你本人2015年的收入一共是_____元，其中非农收入_____元。你的非农收入来自1打长工/2打短工/3个体经营/4其他：_____，地点在　1本村/2本镇/3本县/4本州（市）/5本省/6省外　。

二　农地及其权属认知情况

1. 你家一共有耕地_____亩，分布在_____个地方，每个地方的耕地面积和块数分别是_____亩、_____块。

2. 你家一共有园地_____亩，分布在_____个地方，每个地方的园地面积和块数分别是_____亩、_____块。

（请依次问位于每一个地方的耕地和园地的面积、块数、距离、属性和土壤质量，然后填写下表。这里的耕地和园地包括自己家所有包给别人家经营的，但不包括自己家包别人家经营的）

	D01	D02	D03	D04	D05	D06	D07
	地块编号	地名	面积（亩）	块数（块）	离家距离（米）	1田/2地	土壤（1好2中3差）
耕地	第一地方						
	第二地方						
	第三地方						
	第四地方						
	第五地方						
	第六地方						
园地	第一地方						
	第二地方						
	第三地方						
	第四地方						

3. 你们村　1是/2否　已经开展过农地确权工作。如果已经开展过，农地确权后你们家耕地和园地的实际面积是　1增加了/2减少了/3没有变化；你们家　1是/2否　已经获得新的土地证。如果已经换证，请问土地证上的耕地和园地面积是　1增加了/2减少

了/3 没有变化 。

4. 你认为承包到户的耕地（和园地）的所有权属于 __1 国家/2 村委会/3 村民小组/4 村集体经济组织/5 农户__ ，经营权属于 __1 国家/2 村委会/3 村民小组/4 村集体经济组织/5 农户__ 。

三 农地和园地经营情况

1. 你家 2015 年 __1 有/2 没有__ 种植粮食、蔬菜和瓜果等（1 有，请在下表中分列填写；2 没有，请跳过）。

作物编号	情况	1	2	3	4	5	6
F01	种植哪些作物（作物名称）						
F02	这一作物的播种面积（亩）						
F03	这一作物的产量（公斤）						
F04	销售量（公斤）						
F05	市场价（元/公斤）						
F06	自家劳动力投入（工日）						
F07	雇用劳动力的费用（元）						
F08	机械和牛工费用（元）						
F09	种苗、肥料和农药费用（元）						
F10	大棚，支架等建设费用						
F11	灌溉用水（抽水）费用						
F12	这一作物的毛收入（元）						
F13	这一作物的纯收入（元）						
F14	是否受过培训（指导）（1 是 2 否）						
F15	培训和指导费用（元）						
F16	产品销售方式						

2. 你家 __1 是/2 否__ 有闲置的耕地。如果有，请问一共闲置 _____ 亩，其中田 _____ 亩，地 _____ 亩。耕地闲置的原因

是　1 种地赔钱/2 外出打工没有时间/3 年龄大干不动/4 遭灾后没有恢复/5 其他：＿＿＿＿＿。

四　农地流转情况

1. 对于把农地＿出租＿给＿本村农户＿，村集体和乡里的态度如何？（使用这个句式，分别问村集体和乡对不同对象和不同流转方式的态度，并根据回答，选择填写答案 1~9。如果选择"9 其他"，请补充说明）

序号	对象	方式	乡里和村集体的态度 （1 不允许；2 需经乡土地流转中心批准；3 需经村土地流转中心批准；4 需乡里批准；5 需要村集体批准；6 需要到村委会登记；7 不管不问；8 鼓励流转；9 其他）
1	流转给 本村农户	出租	
2		互换	
3		转让	
4	流转给 邻村农民	出租	
5		互换	
6		转让	
7	流转给 外地农民	出租	
8		转让	
9	流转给 农业公司 和合作社	出租	
10		入股	
11		转让	

2. 你家＿1 是/2 否＿参与农地流转（农地流转，指土地转包、出租、转让、入股和互换等）？

（如果回答"是"，请依次问以下问题。不同位置的土地分别问，分别填写）

E01	转包的地块	地方一	地方二	地方三
E02	流转土地所在地方（地名）			
E03	流转地块的面积（亩）			
E04	流转地块的块数（块）			
E05	地块的类型（1 田；2 地）			
E06	流转的方向（1 转出；2 转入）			
E07	流转的类型（1 出租；2 转让；3 入股；4 互换；5 其他）			
E08	从谁那里流转来的（或流转给了谁）（1 亲戚；2 本村农户；3 外村农户；4 外来农民；5 企业；6 合作社；7 村委会）			
E09	哪一年开始流转的（填写具体年份）			
E10	流转是否需要得到谁的批准（1 不需要；2 村委会；3 村民小组；4 乡里）			
E11	流转是否需要到什么地方登记（1 不需要；2 村委会；3 村民小组；4 乡里）			
E12	流转是否有人帮忙介绍（1 有；2 无→E14）			
E13	谁介绍（1 土地流转中心；2 村委会；3 村干部；4 村民；5 亲戚；6 朋友；7 其他）			
E14	流转有无人担保（1 有；2 无→E16）			
E15	担保人是谁（1 村委会；2 亲戚；3 村干部；4 熟人；5 其他）			
E16	流转是否签有书面合同（1 口头；2 书面）			
E17	哪年签的合同（填写具体年份）			
E18	流转期限是固定的吗（1 是；2 否→E20）			
E19	如果是固定的，转流的期限是多少年（填写具体年份）			
E20	流转的租金是怎么算的（1 不要钱；2 现金；3 粮食；4 劳动力；5 分红）			
E21	如果是现金，每年每亩转包的租金是多少钱（元）			
E22	如果是用粮食支付，每年每亩多少公斤粮食（公斤）			

E23	如果是劳动力，每年帮工多少天（天）			
E24	土地转包是否有政府补贴（1 是；2 否）			
E25	如果有补贴，每年每亩多少钱（元/亩）			
E26	你家是否得到补贴（1 是；2 否）			
E27	流转前种植的作物			
E28	流转后种植的作物			
E29	流转后地块是否合并（1 是；2 否）			
E30	流转后是否在土地建设生产设施（大棚、支架）（1 是；2 否）			
E31	流转后是否在土地建设厂房（1 是；2 否）			
E32	流转是否有政府部门在推动（1 是；2 否）			
E33	如果有政府推动，谁在推动（1 村委会；2 乡农业部门；3 乡土地部门）			
E34	你对这次流转是否满意（1 满意；2 一般；3 不满意）			
E35	如果不满意，是因为（1 租金低；2 租金高；3 土地被破坏；4 生产受干扰；5 劳动力没事干；6 养殖受影响；7 其他）			

五　畜禽养殖情况

你家 2015 年＿＿1 有/2 没有＿＿ 养殖家禽或家畜（1 有，请在下表中填写；2 没有，请跳过）。（请分别问每种动物的情况，然后分列填写下表）

编号	情况	1	2	3	4	5
F01						
F02	养殖的动物（动物名称）					
F03	这一动物的数量（只）					
F04	2015 年出栏数（销售和宰杀）（只）					
F05	市场价值大概多少元（元）					
F06	自家劳动力投入（工日）					

续表

编号	情况	1	2	3	4	5
F07	雇用劳动力的费用（元）					
F08	幼崽费用（元）					
F09	饲料费用（元）					
F10	防疫费用（元）					
F11	其他费用					
F12	养殖这一动物的毛收入（元）					
F13	养殖这一动物的纯收入（元）					
F14	是否受过培训（指导）（1 是 2 否）					
F15	培训和指导费用（元）					
F16	产品销售方式					

注：销售方式：1 市场散卖/2 卖给批发商/3 卖给农业合作社/4 其他。

六 收入与支出情况

1. 你们家＿＿1 是/2 否＿＿有负债。如果有，一共负债＿＿＿＿＿＿元，其中私人借贷＿＿＿＿＿＿＿元，每年需要付利息＿＿＿＿＿元，金融机构（银行和信用社）借贷＿＿＿＿＿＿元，每年需要付利息＿＿＿＿＿＿元。借债的原因是 1 治病/2 筹集学费/3 发展生产资料/4 修建房屋/5 购买家电家具/6 购买农用机械 7 其他：＿＿＿＿＿＿。你觉得债务＿＿1 是/2 否＿＿能按时归还。

2. 你家＿＿1 是/2 否＿＿借钱给其他人。如果有，一共是＿＿＿＿＿＿元，每年收利息＿＿＿＿＿元。钱借给了谁？＿＿1 亲戚/2 朋友/3 信用社 4/其他：＿＿＿＿＿＿。你觉得钱＿＿1 是/2 否＿＿能按时收回。

3. 你家 2015 年的年收入一共＿＿＿＿＿＿元，其中种植业收入＿＿＿＿＿＿元，养殖业收入＿＿＿＿＿＿元，林果业收入＿＿＿＿＿＿元，外出务工收入＿＿＿＿＿元，经营性收入＿＿＿＿＿＿元，财产性收入_____ 元，转移支付收入_____ 元。你家的收入水平在本村属于___1 很高/2 较高/3 一般/4 较低/5 很低___。

4. 你家 2015 年的年支出一共_____元，其中生产资料支出（种子、肥料、农药、农膜、租地费用、牛工等）_____元，资金成本支出（还本、付息等）_____元，生活费用支出（水、电、煤、米、油、肉、蔬菜等）_____元，利息费用支出_____元，子女教育费用支出_____元，医疗费用支出_____元，人情往来支出（红白事礼金）_____元。你家的支出水平在本村属于___1 很高/2 较高/3 一般/4 较低/5 很低___。

七　林地及其经营情况

1. 你们村__1 是/2 否__进行（完成）了集体林权改革。如果进行了林权改革，请问在_____年。

2. 在林权改革中，你们家__1 是/2 否__分到林地？如果分到林地，一共是_____亩。林地是___1 荒山荒坡/2 人造林/3 天然林___。分到的林地__1 是/2 否__有林权证。

3. 你认为分到自家的林地的所有权属于___1 自己家/2 村级集体的 3/国家的/4 其他：_____，你认为分到自家的林地的经营权属于___1 自己家/2 村级集体的 3/国家的/4 其他：_____。

4. 你__1 是/2 否__担心别人侵占你的林地权益。你__1 是/2 否__为维护林地权益，修建过___1 界桩/2 界石/3 界沟/4 树木/5 篱笆/6 其他：_____（可多选和补充），花费_____元。

5. 你们家___1 是/2 否___有向外流转的林地。如果有，请问一共流转了_____亩，流转对象是：1 当地农户/2 林业公司 3/林业合作社/4 私人老板/5 林场　　，流转　1 是/2 否　　签订书面合同。流转的期限为　　　　　年，租金的支付方式是　　1 按年支付/2 一次性支付　，按年支付　　　　　元/年，一次性支付一共是　　　　　元。

6. 你们家　1 是/2 否　有流转（或者承包）进来的林地。如果有，请问一共流转（或者承包）了　　　　　亩，流转（或承包）的对象是：1 当地农户/2 村集体/3 集体林场/4 其他：＿，流转　1 是/2 否　签订书面合同。流转（或承包）的期限为＿　　　　年，租金的支付方式是　　1 按年支付/2 一次性支付　，按年支付是　　　　　元/年，一次性支付一共是　　　　　元。

7. 你本人　1 是/2 否　知道林地生态补偿。你们家　1 是/2 否　获得过林地生态补偿。如果获得过，请问 2015 年的补偿标准是　　　　　元/亩。你家 2015 年一共获得了　　　　　元。你觉得这一标准1 偏低/2 恰好/3 偏高　。你认为林地生态补偿能不能鼓励你保护森林？　　1 能鼓励/2 不能鼓励/3 无所谓　　。

8. 过去一年你有没有通过以下方式从林地中获得利益？如果有，请填写大致价值。

编号	1	2	3	4	5	6	7
项目	割叶子（草）	砍柴	砍木材	捡蘑菇	采集副产品	发展养殖	
1 有/2 没有							
价值（元）							

9. 过去一年你是否在林地中进行过以下活动？如果有，请填写大致投入价值。

	1	2	3	4	5	6
项目	施肥	除虫	防火	种树	种药材	
1 有/2 没有						
价值（元）						

八　家庭收入影响因素调查

1. 家庭劳动力从业情况。（家庭成员 16 岁以上且从事有报酬工作：农业、打工或经营，请填写下表）

成员编号	文化程度[a]	性别[b]	年龄（岁）	职业	行业[c]	工作地点[d]	上月收入（元）	已工作时间（年）	如何找到这份工作[e]
1									
2									
3									
4									

a 文化程度选项：1 文盲/2 小学/3 初中/4 高中（中专）/5 大专/6 本科及以上；
b 性别选项：1 男/2 女；
c 行业选项：1 农林牧渔业/2 采矿业/3 制造业/4 电力、燃气及水的生产和供应业/5 建筑业/6 交通运输、仓储和邮政业/7 信息传输、计算机服务和软件业/8 批发和零售业/9 住宿和餐饮业/10 金融业/11 房地产业/12 租赁和商务服务业/13 科学研究、技术服务和地质勘查/14 水利、环境和公共设施管理/15 居民服务和其他服务业/16 教育/17 卫生、社会保障和社会福利/18 文化、体育和娱乐业/19 公共管理和社会组织/20 国际组织）；
d 工作地点选项：1 镇内/2 镇外县内/3 县外市内/4 市外省内 5 省外；
e 如何找到这份工作选项：1 继承父母 2 自谋 3 亲朋介绍 4 政府介绍 5 网络搜寻 6 其他

2. 近三年来，同村人或亲戚朋友在种植（养殖）上 ___1 是/2 否___ 有特别赚钱的时候。如果有，是种植____作物，或养殖_____动物。这件事情对你家的种植（养殖）选择 ___1 是/2 否___ 有影响。

3. 近三年来，同村人或亲戚朋友在务工上 ___1 是/2 否___ 有特别赚钱的时候。如果有，是_____行业，年收入大约_____

元。这件事情对你家的务工工种选择　1 是/2 否　有影响。

4. 近三年来，同村人或亲戚朋友在经营上　1 是/2 否　有特别赚钱的时候。如果有，从事＿＿＿＿＿＿行业，年收入大约＿＿＿＿＿＿＿＿元。这件事情对你家的经营选择　1 是/2 否　有影响。

5. 你家一个月取＿＿＿＿＿＿次钱，每次来回取钱花＿＿＿＿＿＿＿小时（可有小数）。除了储蓄，你家在银行（或农信社）1 是/2 否还有别的业务联系，如果有，是＿＿＿＿＿＿业务。你家　1 是/2 否与别的金融机构有业务联系。与＿＿＿＿＿＿（机构）有＿＿＿＿＿＿业务联系，涉及＿＿＿＿＿＿元（额度）。

6. 你对目前的家庭收入 1 是/2 否 满意。如果请你打分，你打＿＿＿＿＿＿分（满分 100 分）。你觉得最影响家庭收入的原因是什么？如可多选，你会选择＿＿＿＿＿＿，其中最重要的是＿＿＿＿＿＿（1 教育程度有限/2 社会关系不够/3 家庭资金不足/4 个人能力有限/5 身体状况不好/6 不知道如何提高/7 其他：＿＿＿＿＿＿）。

7. 村里和乡镇 1 是/2 否/3 不知 鼓励外出务工。近三年是否通过以下途径鼓励农民务工？1 办技能培训班/2 组织劳务输出/3 其他：＿＿＿＿＿＿。村里和乡镇 1 是/2 否/3 不知 鼓励农民创业。近三年是否通过以下途径鼓励创业？1 直接补贴降低成本/2 简化行政程序/3 加大金融支持/4 优化公共服务能力/5 其他：＿＿＿＿＿＿。

附件 3　农地流转合同及附件

XL 县 LC 社区　18　组土地流转承包合同

甲方：LC 社区第　18　组（以下简称甲方）

乙方：XL 县龙云经贸有限公司（以下简称乙方）

为大力发展高原特色农业，提升农业规模化生产、集约化经营，实现农业发展提质增效，支持龙头企业规模发展蔬菜等农产品经济作物，根据《中华人民共和国农村土地承包法》《中华人民共和国合同法》《农村土地承包经营权流转管理办法》，以及其他有关法律法规的规定，遵循"依法、自愿、有偿"的原则，经户长会议讨论决定，同意将本组土地自愿流转给乙方耕种经营管理，经甲、乙双方共同协商，一致达成如下合同条款。

一、流转承包土地范围：以实地勘界测量图纸为准。

土地面积：　94.34　亩。

二、流转承包期定为 15 年，从 2013 年 5 月 1 日起至 2028 年 4 月 30 日止。期满如甲方继续发包，在同等条件下，乙方有优先承包权，如不能继续发包，应提前半年告知乙方，乙方应提前一个月，即期满当年 3 月 30 日前归还甲方。

三、承包单价定为每亩每年：第一个五年人民币 1200 元，第二个五年人民币 1300 元，第三个五年人民币 1400 元，不受今后田租价格涨跌影响。付款方法：先付款后耕种，15 年分 7 次付款，首次付款时间定为合同签订并经签字单位见证之日起履行，以后每两年支付一次，逾期视为违约。

四、承包经营范围：高原特色蔬菜种植和农产品经济作物。

五、甲方的权利及义务。

1. 甲方有权按期收取土地承包费，如乙方在承包期内不按时付款，则视为违约，甲方有权终止合同，由此造成的损失由乙方自负。

2. 甲方应教育本村村民，专持维护好乙方的正常生产经营活动，不得在乙方承包面积内遛放畜、禽，不得破坏、盗窃乙方的生产资料及生产成果。在乙方承包的土地面积内，乙方生产经营引发的内部纠纷，由乙方负责处理，外围人为引发、寻衅闹事、破坏乙方生产经营正常开展的事件由甲方协助处理，造成的经济损失，由闹事当事人承担，情节严重的移交司法机关处理。

3. 甲方不得无故终止（变更）合同，如无故终止（变更）合同，应赔偿乙方因此造成的全部经济损失。

4. 乙方在承包土地内修建沟渠、道路、供排水设施、改造等工辅设施，甲方应予以支持、配合。

5. 乙方修路、修沟所占用土地在签订合同前核实土地面积时，由甲方一次性无偿提供，修建费用由乙方负责承担，合同届满无偿归给甲方使用。

6. 乙方与甲方共同享受承包辖区内的蓄水设施、水资源，费用由各方按实际用水量承担。

六、乙方的权利及义务。

1. 乙方在承包土地内，只能用于种植蔬菜等农产品经济作物，不得改变用途或将所承包的土地转包、抵押或出让。

2. 乙方不得无故终止合同，如无故终止合同，则视为乙方违约，甲方不退还所交承包费，所造成的经济损失，由乙方自负。

3. 乙方在承包期内自主经营，自负盈亏，甲方不得无故干扰。

4. 乙方必须合法经营，不得从事违法种植，否则视为乙方违约，产生的一切后果由乙方自负。

5. 承包到期时，乙方及时向甲方交还流转承包的土地或者协商继续流转承包。

6. 乙方管理维护所承包的土地面积、周边界限，期满如数交还所租土地面积。

七、违约责任。

承包期内甲、乙任何一方违约，均应承担总承包费100%的违约金，如果违约金不够弥补损失，违约一方还应按实际损失赔偿另一方。

八、其他条款。

1. 在合同履行期内，因国家政策征用承包地，乙方的地面附着物、青苗补偿等费用归乙方，甲方原有的地面附着物补偿，土地补偿及安置费归甲方。

2. 在承包期内因不可抗力因素，种植合同无法履行，双方协商不视为违约。

3. 合同履行期间国家政策规定有关的惠农种粮补贴，（不含国家对产业政策扶持）由甲方享有。

4. 本合同附件为LC社区第18组到户花名册、小组户长会议签名及实地勘界测量图。

5. 本合同一式五份，甲、乙双方各执一份，LC镇人民政府、

LC 社区、见证机关各存一份。

6. 本合同未尽事宜，由甲、乙双方共同协商订立补充合同，补充合同与本合同具有同等法律效力。

7. 本合同经甲、乙双方签字（盖章）后生效。

九、争议和纠纷解决方式。

在合同履行过程中，如双方发生纠纷，可自行协商和解，可请第三方主持调解，也可直接向有管辖权的人民法院诉讼解决。

甲方：XL 县 LC 镇 LC 社区第___18___村民小组

法定代表人：王文聪

参会人签字：张桂仙 王发中

签字日期：二〇一三年五月一日

乙方：XL 县龙云经贸有限公司（盖章）

法定代表人签字：刘绍龙

签字日期：二〇一三年五月一日

见证单位盖章：

LC 镇人民政府（章）　　　　　LC 镇 LC 社区（章）

蒋炜　　　　　　　　　　　　　　王开飞

合同附件 1　LC 村 C、D 地块各组土地流转面积核实表

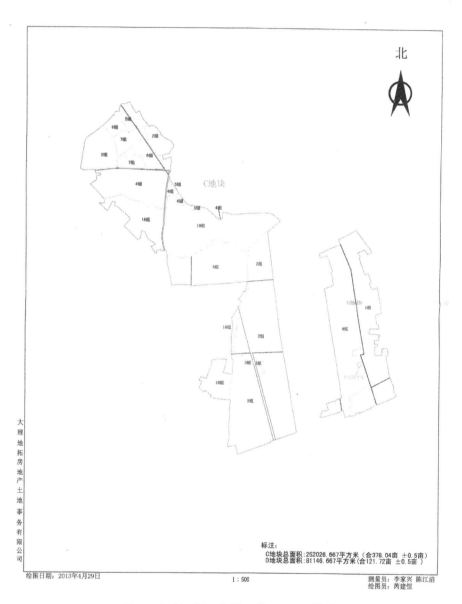

龙云公司刘厂村承包地现状图C、D地块

合同附件2 LC 社区村民委员会 2013 年土地流转到户花名册

LC 社区村民委员会 2013 年土地流转农户花名册

组别：第 __18__ 村民小组　　　　　　　流转总户数：__66__ 户

日期：2013 年 4 月 17 日　　　　　　　流转总面积：__94.34__ 亩

编号	户主	杨林田	老札动	石卷槽	大谷架	河梗田	总面积（亩/户）	年租金（元/亩）	两年租金（元/户）	签章
1	邹子厚	0.87					0.87	1200	2088	
2	邹绍顺	0.21	1.3				1.51	1200	3624	
3	王朝永	0.47	0.47			0.43	1.37	1200	3288	
4	杨中芬	0.47					0.47	1200	1128	
5	刘菊焕	0.65	0.06				0.71	1200	1704	
6	王朝清	1.09	0.66			0.25	2	1200	4800	
7	王发海	0.9	0.13				1.03	1200	2472	
8	王绍聪	1.4		0.185		0.88	2.47	1200	5928	
9	王发林	0.36	1.87			0.13	2.36	1200	5664	
10	王发敢	0.88	0.41			0.3	1.59	1200	3816	
11	邹绍发	1.7					1.7	1200	4080	
12	邹　兵	0.67	0.42		1.01		2.1	1200	5040	
13	王朝丽	1.07					1.07	1200	2568	
14	王树全		0.85	0.52	0.43		1.8	1200	4320	
15	陈天顺		0.97		0.44		1.41	1200	3384	
16	革本分		0.76	0.95		0.28	1.99	1200	4776	
17	邹建军		0.8			0.5	1.3	1200	3120	
18	邹绍兰		0.94				0.94	1200	2256	
19	陈天琪		0.76		0.34		1.1	1200	2640	
20	陈天信		1.66			0.17	1.83	1200	4392	
21	陈天伟		1.23	0.1			1.33	1200	3192	
22	陈天雄		1.2			0.17	1.37	1200	3288	
23	邹子军		0.33				0.33	1200	792	
24	段连凤		1.09				1.09	1200	2616	
25	王发聪		1.29				1.29	1200	3096	

编号	户主	杨林田	老札动	石卷槽	大谷架	河梗田	总面积 （亩/户）	年租金 （元/亩）	两年租金 （元/户）	签章
26	王朝华		1.59				1.59	1200	3816	
27	邹子彦		1.04				1.04	1200	2496	
28	陈天勇		0.95		0.68	0.26	1.89	1200	4536	
29	王朝顺		0.42		0.41		0.83	1200	1992	
30	邹永成		1.71			0.07	1.78	1200	4272	
31	陈天凤		0.26	1.39		0.25	1.9	1200	4560	
32	邹会		0.35	0.63			0.98	1200	2352	
33	邹护		1.94			0.27	2.21	1200	5304	
34	王文聪		1.33		1.39	0.35	3.07	1200	7368	
35	王联春		0.94			0.21	1.15	1200	2760	
36	邹绍运		1.09	0.38		0.26	1.73	1200	4152	
37	王朝伟		1.27	0.73		0.02	2.02	1200	4848	
38	陈天彦		0.33		0.95		1.28	1200	3072	
39	邹子鹏		0.62	1.15			1.77	1200	4248	
40	邹子章		0.1		1	0.36	1.46	1200	3504	
41	王学龙		0.51				0.51	1200	1224	
42	王朝波		1.19		0.92		2.11	1200	5064	
43	王发明		0.27	1.95		0.26	2.48	1200	5952	
44	邹绍祥		0.68	0.47			1.15	1200	2860	
45	邹子羽		0.52	0.47			0.99	1200	2376	
46	邹江		1.34	0.44			1.78	1200	4272	
47	王朝兴		0.4	1.16			1.56	1200	3744	
48	王发亮		0.11				0.11	1200	264	
49	邹平		0.7	0.26			0.96	1200	2304	
50	邹子国		1.34		1.74	1.74	3.08	1200	7392	
51	邹锟			0.42			0.54	1200	1296	
52	王发红			0.91		0.06	0.97	1200	2328	
53	刘美英				2.19	0.18	2.27	1200	5688	
54	邹子金			0.84			0.84	1200	2016	

续表

编号	户主	杨林田	老札动	石卷槽	大谷架	河梗田	总面积（亩/户）	年租金（元/亩）	两年租金（元/户）	签章
55	胡美英			1.15			1.15	1200	2760	
56	王朝福			1.3			1.3	1200	3120	
57	邹子唐			1.41			1.41	1200	3384	
58	邹 力			0.52	1.71		2.23	1200	5352	
59	王朝辉		0.5				0.5	1200	1200	
60	王朝登			0.64			0.64	1200	1536	
61	王朝寿			0.16			0.16	1200	384	
62	邹 才			2.2			2.2	1200	5280	
63	邹 福			0.17			0.17	1200	408	
64	李兰珍			0.7			0.7	1200	1680	
65	集 体	1	1.04	0.91	0.59	0.5	4.04	1200	9696	
66	邹子凤		0.56	0.1			0.66	1200	1584	

合同附件3　LC村18组土地流转面积核实表

LC村__18__组土地流转面积核实表

2013年__4__月__16__日

户主	地块坐落	公式	面积（亩）	签字（按手印）	备注
邹子厚	杨林田	32.1×9.5　20.7×13.2	0.87	邹子厚	
王朝永	杨林田	23.5×13.3	0.46	王朝永	
王朝永	河埂田	17.8×16.3	0.44	王朝永	
杨中芬	杨林田	25.7×12.2	0.47	杨中芬	
刘菊焕	杨林田	29.4×14.8	0.65	刘菊焕	
王朝清	杨林田	33.9×12.3　20.7×14.8	1.09	王朝清	
王发海	杨林田	23.3×12.8　23.3×14.8	0.82	王发海	
王绍聪	杨林田	48.6×19.2	1.40	王绍聪	
王绍聪	老札动	35.4×7.7	1.81	王绍聪	

户主	地块坐落	公式	面积（亩）	签字（按手印）	备注
王发林	杨林田	20×12	0.36	王发林	
王发启	杨林田	28.7×20.4	0.87	王发启	
王发启	老札动	26.3×10.5	0.32	王发启	
邹 兵	杨林田	34×13.1	0.66	邹 兵	
邹 兵	老札动	22.5×6.6	0.23	邹 兵	
王朝丽	杨林田	57×12.6	1.07	王朝丽	
王树全	老札动	13.7×12.4　26.2×8.0	0.56	王树全	
陈天顺	老札动	15.6×5.2　46.6×12.2	0.97	陈天顺	
革本分	老札动	26.2×19.4	0.76	革本分	
革本分	石卷槽	31×19	0.88	革本分	
邹建军	河埂田	21.3×5.4　47.5×4.8	0.47	邹建军	
陈天信	老札动	18.2×14.4	0.33	陈天信	
陈天雄	老札动	43×18.6	1.2	陈天雄	
邹子军	老札动	32×6.8	0.33	邹子军	
王发聪	老札动	30×11.4　20.6×13.6　15.1×16.2	1.29	王发聪	
王朝华	老札动	10.2×7.7　31.1×19.1　25.8×9.8	1.39	王朝华	
邹永成	老札动	35×27.8	1.46	邹永成	
邹永俊	老札动	13.4×13	0.26	邹永俊	
邹永俊	石卷槽	42×17.7　15.6×11.6	1.39	邹永俊	
邹 会	石卷槽	44.7×8.5　18.4×2.3	0.63	邹 会	
王文聪	老札动	38×33	1.88	王文聪	
王文聪	大谷架	31.1×28	1.39	王文聪	
王文聪	河埂田	15.6×15	0.35	王文聪	
邹绍达	老札动	35.6×4　28.6×16.7　8.6×12.1	1.09	邹绍达	
王朝波	老札动	25×17　27.3×5.9　18.2×11.5	1.19	王朝波	
王发明	老札动	16×11.3　15.2×11.2	0.53	王发明	
王发明	石卷槽	24.7×12.2　52×19.2	1.95	王发明	桑苗1.5亩
邹 红	老札动	54.8×9.8	0.86	邹 红	
邹 红	石卷槽	24.4×12.1	0.44	邹 红	

户主	地块坐落	公式	面积（亩）	签字（按手印）	备注
王发红	石卷槽	22.2×27	0.9	王发红	
王发红	相关田	38.6×9.6	0.56	王发红	
王发红	河埂田	9.5×4	0.06	王发红	
刘美英	大谷架	32×28.8　22.5×24.4	2.19	刘美英	
胡美英	石卷槽	45.6×16	1.09	胡美英	
邹子唐	石卷槽	37.8×24.8	1.41	邹子唐	
邹绍达	石卷槽	31×8.1	0.38	邹绍达	
王朝登	石卷槽	32.6×13	0.64	王朝登	
邹　才	石卷槽	46.4×5.3　57.4×15.3	1.69	邹　才	
邹　兵	大谷架	30×7.4　30.8×14.8	1.01	邹　兵	
邹子国	老札动	16×14.8 33.5×18	1.26	邹子国	桑苗 1.261 亩

组　　　长：＿＿王文聪＿＿＿＿＿＿＿＿＿＿＿＿＿＿＿＿＿＿＿

参加人员：＿邹柱、王发红、邹子国、邹绍达、邹子军、邹仕红＿＿

合同附件 4　LC 村 18 组土地流转征求意见表

LC 村＿18＿组土地流转征求意见表（同意流转农户）

序号	户主	同意流转	签章	序号	户主	同意流转	签章
1	王树全	同意	盖章	33	邹会	同意	签名
2	王文聪	同意	签名	34	杨立珍	同意	签名
3	邹护	同意	签名	35	邹子厚	同意	签名
4	刘美英	同意	盖章	36	王朝顺	同意	签名
5	邹子金	同意	签名	37	王朝清	同意	签名
6	杨中芬	同意	签名	38	邹红	同意	签名
7	王学龙	同意	签名	39	王朝寿	同意	签名
8	王发红	同意	签名	40	王朝登	同意	盖章
9	王朝兴	同意	盖章	41	王朝伟	同意	签名
10	邹绍达	同意	签名	42	邹子宇	同意	签名

序号	户主	同意流转	签章	序号	户主	同意流转	签章
11	刘菊焕	同意	签名	43	邹子军	同意	签名
12	董本芬	同意	签名	44	邹子彦	同意	签名
13	邹家成	同意	签名	45	王发林	同意	签名
14	王发明	同意	签名	46	王发亮	同意	签名
15	陈天信	同意	签名	47	邹　银	同意	签名
16	邹绍兰	同意	签名	48	陈天顺	同意	签名
17	陈天琪	同意	签名	49	邹家俊	同意	签名
18	陈天家	同意	签名	50	王发聪	同意	盖章
19	陈天彦	同意	签名	51	王朝华	同意	签名
20	王绍聪	同意	签名	52	邹绍祥	同意	签名
21	邹　才	同意	盖章	53	王朝福	同意	签名
22	邹子唐	同意	签名	54	王朝波	同意	签名
23	成天伟	同意	签名	55	王朝云	同意	签名
24	胡美英	同意	签名	56	邹子国	同意	签名
25	邹子鹏	同意	签名	57	陈天雄	同意	盖章
26	邹建军	同意	签名	58	邹绍顺	同意	签名
27	邹　兵	同意	签名	59	王朝永	同意	盖章
28	邹　力	同意	签名	60	王发启	同意	签名
29	邹子凤	同意	签名	61	邹云才	同意	签名
30	李兰珍	同意	签名	62	王发海	同意	签名
31	邹　福	同意	签名	63	邹　平	同意	签名
32	段连凤	同意	签名				

合同附件 5　LC 村土地流转征求意见表

LC 村土地流转征求意见表（不同意流转农户）

村民小组	户主	基本情况
1	陈文入	不包
1	杨丕英	不包

村民小组	户主	基本情况
1	陈天正	不包
1	张朝喜	不包
2	严发金	无法做通工作
2	严德红	无法做通工作
6	李开荣	由于鸡刺富桑地没包没补到李松角秧田，大也菇占缓 2013.4.20
6	李本寿	机耕路边，大也菇占缓
6	邹子秀	机耕路边，大也菇占缓
6	李开红	机耕路边，大也菇占缓
6	陈万宗	机耕路边，大也菇占缓
6	李正举	机耕路边，大也菇占缓
6	陈万发	机耕路边，大也菇占缓
6	李正旺	机耕路边，大也菇占缓
6	李云	机耕路边，大也菇占缓
6	李正国	不包，大也菇占缓
6	李本旺	不包，大也菇占缓
6	邹永勒	青坡路边
6	李德林	青坡路边
7	邹全	不包，最后三家并一片
7	邹子红	不包，最后三家并一片
7	邹红福	不包，最后三家并一片
9	李胜红	人概 1.5 亩
10	李建芳	工作做不通
10	李建华	工作做不通
10	李有福	工作做不通
18	邹子章	桑地
18	邹子聪	桑地
18	邹子兴	不包
18	王发壳	不包
18	王学龙	请陈天伟去做工作

参考文献

[1] Asker J., Collard – Wexler A. and Loecker J. D., "Dynamic Inputs and Resource (Mis) Allocation", Journal of Political Economy, 2014, 122 (5).

[2] Barnum H. N. & Squire L., "An econometric application of the theory of the farm – household", Journal of Development Economics, 1979, 6 (1).

[3] Bartelsman E., Haltiwanger J. and Scarpetta S., "Cross – Country Differences in Productivity: The Role of Allocation and Selection", Iza Discussion Papers, 2009, 103 (1).

[4] Becker G. S., "A Theory of the Allocation of Time", Economic Journal, 1965, 75 (299).

[5] Besley T., "Property Rights and Investment Incentives: Theory and Evidence from Ghana", Journal of Political Economy, 1995, 103 (5).

[6] Brauw A. D., Rozelle S., Taylor J. E. and Debrauw A., "Migration, Remittances, and Productivity in China", American Economic Review, 1999, 89 (2).

［7］ Carter M. R. & Yao Y. ，"Local versus Global Separability in Agricultural Household Models：The Factor Price Equalization Effect of Land Transfer Rights"，American Journal of Agricultural Economics, 2002, 84（3）.

［8］ Cheung S. N. S. ，"Private Property Rights and Sharecropping"，Journal of Political Economy, 1968, 76（6）.

［9］ Cheung S. N. S. ，"Transaction Costs, Risk Aversion, and the Choice of Contractual Arrangements – Uncertainty in Economics – 22"，1969, 12（1）.

［10］ Coase R. H. ，"The Nature of the Firm"，Economica, 1937, 4（16）.

［11］ Coase R. H. ，"The Problem of Social Cost"，Blackwell Publishing Ltd, 1960.

［12］ Deininger K. & Jin S. ，"The potential of land rental markets in the process of economic development：Evidence from China"，Journal of Development Economics, 2005, 78（1）.

［13］ Deininger K. & Jin S. ，"Securing property rights in transition"，Journal of Economic Behavior & Organization, 2009, 70（1）.

［14］ Feder & Gershon，"Land policies and farm productivity in Thailand"，Johns Hopkins University Press, 1988.

［15］ Feng S. ，Heerink N. ，Ruben R. and Qu F. ，"Land rental market, off – farm employment and agricultural production in Southeast China：A plot – level case study"，China Economic Review, 2010, 21（4）.

[16] Iqbal, BadarAlam. "A practical look at Asia's problems: Rural development in Asia: Meetings with peasants by Gilbert Etienne Sage, London, UK, 1986, 276 pp, [UK pound] 16hb, [UK pound] 8 pb." Food Policy 11. 4 (1986): 360 – 361.

[17] Jacoby H. G. , "Shadow Wages and Peasant Family Labour Supply: An Econometric Application to the Peruvian Sierra", Review of Economic Studies, 1990, 60 (4).

[18] Janvry A. D. , Gordillo G. , Platteau J. P. and Sadoulet E. , "Access to Land, Rural Poverty, and Public Action", Oxford University Press, 2001.

[19] Jin S. & Deininger K. , "Land Rental Markets in the Process of Rural Structural Transformation: Productivity and Equity Impacts from China", Journal of Comparative Economics, 2007, 37 (4).

[20] Kimura S. , Otsuka K. , Sonobe T. and Rozelle S. , "Efficiency of Land Allocation through Tenancy Markets: Evidence from China", Economic Development and Cultural Change, 2011, 59 (3).

[21] Krusekopf C. C. , "Diversity in Land – tenure Arrangements under the Household Responsibility System in China", China Economic Review, 2002, 13 (2).

[22] Kung K. S. , "Off – Farm Labor Markets and the Emergence of Land Rental Markets in Rural China ", Journal of Comparative Economics, 2002, 30 (2).

[23] Lau L. J. , Lin W. L. and Pan A. Y. , " The Linear Logarithmic Expenditure System: An Application to Consumption – Leisure

Choice", Econometrica, 1978, 46 (4).

[24] Lin J. Y., "Collectivization – China's Agricultural Crisis in 1959 – 1961.", Journal of Political Economy, 1990, 98 (6).

[25] Lohmar B., Zhang Z. and Somwaru A., "Land Rental Market Development and AgriculturalProduction in China", Agapi L Somwaru, 2001.

[26] Mullan K., Grosjean P. and Kontoleon A., "Land Tenure Arrangements and Rural– Urban Migration in China", Environmental Economy & Policy Research Working Papers, 2008, 39 (1).

[27] Pitt M. M. & Rosenzweig M. R., "Agricultural Prices, Food Consumption, and the Health and Productivity of Indonesian Farmers", (1986) (7471): 315 – 342.

[28] Wu, Ziping, 2006. "Land Distributional and Income Effects of the Chinese Land Rental Market," 2006 Annual Meeting, August 12 – 18, 2006, Queensland, Australia 25294, International Association of Agricultural Economists.

[29] Wang X. & Yu X., "Scale Effects, Technical Efficiency and Land Lease in China", Xiaohua Yu (2011).

[30] Ward P. S. & Shively G. E., "Migration and Land Rental as Responses to Income Shocks in Rural China", Pacific Economic Review, 2015, 20 (4).

[31] Yang Y., "The Development of the Land Lease Market in Rural China", Land Economics, 2000, 76 (2).

［32］ Yotopoulos P. A. & Kuroda Y. , "A subjective equilibrium approach to the value of children in the agricultural household", Pakistan Development Review, 1988, 27 (3) .

［33］ Zhang Q. F. , Ma Q. and Xu X. , "Development of Land Rental Markets in Rural Zhejiang: Growth of Off – Farm Jobs and Institution Building", The China Quarterly, 2004 (180) .

［34］ 包宗顺、徐志明、高珊、周春芳：《农村土地流转的区域差异与影响因素——以江苏省为例》，《中国农村经济》2009 年第 1 期。

［35］ Brandt Loren、李果、黄季焜、Rozelle Scott：《中国的土地使用权和转移权：现状评价》，《经济学：季刊》2004 年第 3 期。

［36］ 蔡瑞林、陈万明、朱雪春：《成本收益：耕地流转非粮化的内因与破解关键》，《农村经济》2015 年第 7 期。

［37］ 曹建华、王红英、黄小梅：《农村土地流转的供求意愿及其流转效率的评价研究》，《中国土地科学》2007 年第 5 期。

［38］ 陈楚舒、刘琼、唐培华：《基层政府在农地流转中的公共服务能力构建研究》，《山西农业大学学报（社会科学版）》2013 年第 1 期。

［39］ 陈东平、王海员：《农村民主化治理与村庄公共投资效率——以农村道路建设为例》，《农业经济问题》2013 年第 5 期。

［40］ 陈海磊、史清华、顾海英：《农户土地流转是有效率的吗？——以山西为例》，《中国农村经济》2014 年第 7 期。

[41] 陈杰、苏群：《土地流转、土地生产率与规模经营》，《农业技术经济》2017 年第 1 期。

[42] 陈美球、肖鹤亮、何维佳、邓爱珍、周丙娟：《耕地流转农户行为影响因素的实证分析——基于江西省 1396 户农户耕地流转行为现状的调研》，《自然资源学报》2008 年第 3 期。

[43] 陈益元、黄琨：《土地改革与农村社会转型——以 1949 年至 1952 年湖南省攸县为个案》，《中共党史研究》2013 年第 4 期。

[44] 程令国、张晔、刘志彪：《农地确权促进了中国农村土地的流转吗?》，《管理世界》2016 年第 1 期。

[45] 程名望：《中国农村劳动力转移：机理、动因与障碍》，上海交通大学，2007。

[46] 仇童伟、李宁：《国家赋权、村庄民主与土地产权的社会认同——基于农户的土地产权合法性、合理性和合意性认同》，《公共管理学报》2016 年第 3 期。

[47] 邓海峰、王希扬：《户籍制度对土地承包经营权流转的制约与完善》，《中国人口·资源与环境》2010 年第 7 期。

[48] 都阳：《中国贫困地区农户劳动供给研究》，华文出版社，2001。

[49] 杜润生：《中国农村改革决策纪事》，中央文献出版社，1999。

[50] 樊帆：《土地流转与农业生产结构调整关系研究》，《农业技术经济》2009 年第 4 期。

[51] 冯锋、杜加、高牟：《基于土地流转市场的农业补贴政策研

究》，《农业经济问题》2009 年第 7 期。

[52] 付江涛、纪月清、胡浩：《产权保护与农户土地流转合约选择——兼评新一轮承包地确权颁证对农地流转的影响》，《江海学刊》2016 年第 3 期。

[53] 傅晨、刘梦琴：《农地承包经营权流转不足的经济分析》，《调研世界》2007 年第 1 期。

[54] 高进云、乔荣锋、张安录：《农地城市流转前后农户福利变化的模糊评价——基于森的可行能力理论》，《管理世界》2007 年第 6 期。

[55] 郜亮亮、黄季焜、Rozelle Scott、徐志刚：《中国农地流转市场的发展及其对农户投资的影响》，《经济学：季刊》2011 年第 4 期。

[56] 郜亮亮、黄季焜、冀县卿：《村级流转管制对农地流转的影响及其变迁》，《中国农村经济》2014 年第 12 期。

[57] 郜亮亮、黄季焜：《不同类型流转农地与农户投资的关系分析》，《中国农村经济》2011 年第 4 期。

[58] 郭欢欢：《重庆市土地租赁户农作物选择机制及其对粮食安全的威胁》，《中国土地科学》2014 年第 2 期。

[59] 郭继：《土地承包经营权股份合作制的困境与出路》，《农村经济》2011 年第 9 期。

[60] 郭珍：《农地流转、集体行动与村庄小型农田水利设施供给——基于湖南省团结村的个案研究》：《农业经济问题》2015 年第 8 期。

[61] 韩菡、钟甫宁：《劳动力流出后"剩余土地"流向对于当地

农民收入分配的影响》，《中国农村经济》2011 年第 4 期。

[62] 洪名勇：《欠发达地区的农地流转分析——来自贵州省 4 个县的调查》，《中国农村经济》2009 年第 8 期。

[63] 胡瑞卿、张岳恒：《不同目标下耕地流转的理论与实证分析》，《中国农村经济》2007 年第 1 期。

[64] 黄贤金、尼克·哈瑞柯、鲁尔特·卢本、曲福田：《中国农村土地市场运行机理分析》，《江海学刊》2001 年第 2 期。

[65] 黄祖辉、王建英、陈志钢：《非农就业、土地流转与土地细碎化对稻农技术效率的影响》，《中国农村经济》2014 年第 11 期。

[66] 贾生华、田传浩、陈宏辉：《城乡交错区农地使用权市场的实证研究》，《中国软科学》2003 年第 2 期。

[67] 贾生华、田传浩、张宏斌：《农地租赁市场与农业规模经营——基于江、浙、鲁地区农业经营大户的调查》，《中国农村观察》2003 年第 1 期。

[68] 江淑斌、苏群：《农村劳动力非农就业与土地流转——基于动力视角的研究》，《经济经纬》2012 年第 2 期。

[69] 江淑斌、苏群：《中国农地制度演变及其产权结构：1978 - 2012》，《新疆农垦经济》2013 年第 11 期。

[70] 江淑斌、苏群：《经济发达地区农户土地流转影响因素分析——基于江苏 684 个农户调查样本的实证》，《生态经济（中文版）》2014 年第 5 期。

[71] 金松青、Deininger Klaus：《中国农村土地租赁市场的发展及其在土地使用公平性和效率性上的含义》，《经济学：季刊》

2004 年第 4 期。

［72］晋洪涛：《农民的农地权属认知与行为反应：基于 567 个样本的分析》，《农村经济》2011 年第 7 期。

［73］晋洪涛、史清华：《农村土地权属：农民的"非集体化"认知与根源——基于河南的调查》，《农业经济问题》2011 年第 1 期。

［74］"农村土地问题立法研究"课题组（陈小君）：《农村土地法律制度运行的现实考察——对我国 10 个省调查的总报告》，《法商研究》2010 年第 1 期。

［75］孔祥智、刘同山、郑力文：《土地流转中村委会的角色及其成因探析——基于鲁冀皖三省 15 个村庄的土地流转案例》，《东岳论丛》2013 年第 5 期。

［76］乐章：《农民土地流转意愿及解释——基于十省份千户农民调查数据的实证分析》，《农业经济问题》2010 年第 2 期。

［77］黎东升、刘小乐：《我国农村土地流转创新机制研究——基于政府干预信息披露的博弈分析》，《农村经济》2016 年第 2 期。

［78］黎霆、赵阳、辛贤：《当前农地流转的基本特征及影响因素分析》，《中国农村经济》2009 年第 10 期。

［79］李承政、顾海英、史清华：《农地配置扭曲与流转效率研究——基于 1995 - 2007 浙江样本的实证》，《经济科学》2015 年第 3 期。

［80］李力东：《调整或确权：农村土地制度的公平与效率如何实现？——基于山东省 L 村的调查研究》，《公共管理学报》

2017 年第 1 期。

[81] 李涛、叶依广、孙文华：《农村集体土地所有权流转的交易成本分析》，《中国农村经济》2004 年第 12 期。

[82] 李霞、李万明：《农地流转口头协议的制度经济学分析——一个交易费用分析的框架》，《农业经济》2011 年第 8 期。

[83] 李霄：《农村土地使用权流转的博弈分析》，《农业经济问题》2003 年第 12 期。

[84] 李跃：《新农村建设中的土地流转问题分析》，《农业经济问题》2010 年第 4 期。

[85] 林毅夫：《制度、技术与中国农业发展》，格致出版社、上海三联书店、上海人民出版社，2008。

[86] 刘初旺、丁骋骋、吴金华：《土地经营权流转与农业产业化经营》，《农业经济问题》2003 年第 12 期。

[87] 刘金海：《工作队：当代中国农村工作的特殊组织及形式》，《中共党史研究》2012 年第 12 期。

[88] 刘克春、苏为华、LiuKechun SuWeihua：《农户资源禀赋、交易费用与农户农地使用权流转行为——基于江西省农户调查》，《统计研究》2006 年第 5 期。

[89] 刘克春、朱红根：《农户要素禀赋、交易费用与农户农地供给行为关系研究——基于江西省农户调查》，《江西农业大学学报》2008 年第 1 期。

[90] 刘双良：《集体土地流转中的政府角色检讨与定位思考》，《甘肃社会科学》2010 年第 4 期。

[91] 刘涛、曲福田、金晶、石晓平：《土地细碎化、土地流转对

农户土地利用效率的影响》，《资源科学》2008 年第 10 期。

[92] 刘亚丁、杨秀文：《农村土地承包经营权流转中村委会的角色定位》，《农村经济》2011 年第 3 期。

[93] 刘玥汐、许恒周：《农地确权对农村土地流转的影响研究——基于农民分化的视角》，《干旱区资源与环境》2016 年第 5 期。

[94] 楼江、祝华军：《中部粮食产区农户承包地经营与流转状况研究——以湖北省 D 市为例》，《农业经济问题》2011 年第 3 期。

[95] 罗必良：《农地确权、交易含义与农业经营方式转型——科斯定理拓展与案例研究》，《中国农村经济》2016 年第 11 期。

[96] 罗必良、李尚蒲：《农地流转的交易费用：威廉姆森分析范式及广东的证据》，《农业经济问题》2010 年第 12 期。

[97] 罗必良、刘茜：《农地流转纠纷：基于合约视角的分析——来自广东省的农户问卷》，《广东社会科学》2013 年第 1 期。

[98] 马云倩、徐海泉、郭燕枝：《中国居民食物消费结构变化及未来发展政策建议》，《中国食物与营养》2016 年第 11 期。

[99] 满明俊、毛飞、郭江：《农地规模流转、政府扶持与农户利益保障》，《中国经济问题》2012 年第 5 期。

[100] 冒佩华、徐骥、贺小丹、周亚虹：《农地经营权流转与农民劳动生产率提高：理论与实证》，《经济研究》2015 年第 11 期。

[101] 孟繁盈、许月卿、张立金：《中国城乡居民食物消费演变及政策启示》，《资源科学》2010 年第 7 期。

[102] 裴厦、谢高地、章予舒：《农地流转中的农民意愿和政府角色——以重庆市江北区统筹城乡改革和发展试验区为例》，

《中国人口·资源与环境》2011 年第 6 期。

[103] 彭开丽、朱海莲：《农地城市流转对不同年龄阶段失地农民的福利影响研究》，《中国土地科学》2015 年第 1 期。

[104] 綦好东：《新中国农地产权结构的历史变迁》，《经济学家》1998 年第 1 期。

[105] 钱文荣：《浙北传统粮区农户土地流转意愿与行为的实证研究》，《中国农村经济》2002 年第 7 期。

[106] 钱文荣：《农地市场化流转中的政府功能探析——基于浙江省海宁、奉化两市农户行为的实证研究》，《浙江大学学报（人文社会科学版）》2003 年第 5 期。

[107] 钱忠好：《农村土地承包经营权产权残缺与市场流转困境：理论与政策分析》，《管理世界》2002 年第 6 期。

[108] 钱忠好：《非农就业是否必然导致农地流转——基于家庭内部分工的理论分析及其对中国农户兼业化的解释》，《中国农村经济》2008 年第 10 期。

[109] 钱忠好、肖屹、曲福田：《农民土地产权认知、土地征用意愿与征地制度改革——基于江西省鹰潭市的实证研究》，《中国农村经济》2007 年第 1 期。

[110] 乔俊峰：《农地流转：历史、困境与制度创新》，《改革与战略》2010 年第 2 期。

[111] 商春荣、王冰：《农村集体土地产权制度与土地流转》，《华南农业大学学报（社会科学版）》2004 年第 2 期。

[112] 尚旭东：《行政推动农地流转的弊端及对策》，《山西农经》2015 年第 1 期。

[113] 史清华、贾生华：《农户家庭农地要素流动趋势及其根源比较》，《管理世界》2002 年第 1 期。

[114] 史清华、卓建伟：《农村土地权属：农民的认同与法律的规定》，《管理世界》2009 年第 1 期。

[115] 孙秀林：《村庄民主、村干部角色及其行为模式》，《社会》2009 年第 1 期。

[116] 谭丹、黄贤金：《区域农村劳动力市场发育对农地流转的影响——以江苏省宝应县为例》，《中国土地科学》2007 年第 6 期。

[117] 唐浩、周向阳、崔长彬：《农地流转对土地使用权分配的影响研究》，《经济评论》2011 年第 5 期。

[118] 田传浩、陈宏辉、贾生华：《农地市场对耕地零碎化的影响——理论与来自苏浙鲁的经验》，《经济学》2005 年第 3 期。

[119] 涂军平、黄贤金：《区域农地流转与农产品商品化关系分析——以江苏省宝应县农户调查为例》，《中国农村经济》2007 年第 2 期。

[120] 王恩胡、李录堂：《中国食品消费结构的演进与农业发展战略》，《中国农村观察》2007 年第 2 期。

[121] 王俊霞、高菲、李雨丹、张玉：《土地流转与基层选举博弈的关联性分析》，《西北农林科技大学学报（社会科学版)》2014 年第 5 期。

[122] 王连生：《建国以来中国共产党派驻农村工作队的理论与实践》，《中共珠海市委党校、珠海市行政学院学报》2003 年第 4 期。

[123] 王倩、余劲：《农地流转背景下粮食生产效率分析》，《现代经济探讨》2015年第11期。

[124] 王淑娜、姚洋：《基层民主和村庄治理——来自8省48村的证据》，《北京大学学报（哲学社会科学版）》2007年第2期。

[125] 王晓毅：《精准扶贫与驻村帮扶》，《国家行政学院学报》2016年第3期。

[126] 王兴稳、钟甫宁：《土地细碎化与农用地流转市场》，《中国农村观察》2008年第4期。

[127] 王忠林、韩立民：《滕州市推进农村土地流转的实践及启示》，《农业经济问题》2009年第2期。

[128] 王忠林、韩立民：《我国农村土地流转的市场机制及相关问题探析》，《齐鲁学刊》2011年第1期。

[129] 吴晨：《中国农村土地承包经营权流转制度困境的思考》，《滁州学院学报》2006年第2期。

[130] 吴小璐：《集体主导型农地流转模式的演化动力及趋势分析》，《农业经济》2013年第5期。

[131] 吴晓燕：《农村土地承包经营权流转与村庄治理转型》，《政治学研究》2009年第6期。

[132] 夏显力、王乐、赵敏娟、罗丹：《农地由细碎化走向规模化的制度优化及路径——基于农地经营权资本化的视角》，《西北农林科技大学学报（社会科学版）》2013年第5期。

[133] 谢正磊、林振山、蒋萍莉：《基于农户行为的农用地流转实证研究——以南京市栖霞区三镇为例》，《农业经济问题》

2005 年第 5 期。

[134] 徐美银：《农民工市民化与农村土地流转的互动关系研究》，《社会科学》2016 年第 1 期。

[135] 徐旭、蒋文华、应风其：《农地产权：农民的认知与意愿——对浙江农户的调查》，《中国农村经济》2002 年第 12 期。

[136] 许恒周、郭玉燕：《农民非农收入与农村土地流转关系的协整分析——以江苏省南京市为例》，《中国人口·资源与环境》2011 年第 6 期。

[137] 许恒周、金晶：《农地流转市场发育对农民养老保障模式选择的影响分析——基于有序 Probit 模型的估计》，《资源科学》2011 年第 8 期。

[138] 闫小欢、霍学喜：《农民就业、农村社会保障和土地流转——基于河南省 479 个农户调查的分析》，《农业技术经济》2013 年第 7 期。

[139] 杨钢桥、靳艳艳、杨俊：《农地流转对不同类型农户农地投入行为的影响——基于江汉平原和太湖平原的实证分析》，《中国土地科学》2010 年第 9 期。

[140] 杨妙姝、谭华清：《农民工劳动力市场的不完全性与土地流转的困境》，《中国商界》2010 年第 4 期。

[141] 杨学成、赵瑞莹、岳书铭：《农村土地关系思考——基于 1995～2008 年三次山东农户调查》，《管理世界》2008 年第 7 期。

[142] 姚洋：《中国农地制度：一个分析框架》，《中国社会科学》2000 年第 2 期。

[143] 姚洋：《土地、制度和农业发展——北京大学中国经济研究中心研究系列》，北京大学出版社，2004。

[144] 叶剑平、丰雷、蒋妍、罗伊·普罗斯特曼、朱可亮：《2008年中国农村土地使用权调查研究——17省份调查结果及政策建议》，《管理世界》2010年第1期。

[145] 叶剑平、蒋妍、罗伊·普罗斯特曼、朱可亮、丰雷、李平：《2005年中国农村土地使用权调查研究——17省调查结果及政策建议》，《管理世界》2006年第7期。

[146] 易宪容：《合约的安排与合约的选择——张五常合约理论评介》，《学术研究》1997年第4期。

[147] 易小燕、陈印军：《农户转入耕地及其"非粮化"种植行为与规模的影响因素分析——基于浙江、河北两省的农户调查数据》，《中国农村观察》2010年第6期。

[148] 俞海、黄季焜、ScottRozclle LorenBrandt、张林秀：《地权稳定性、土地流转与农地资源持续利用》，《经济研究》2003年第9期。

[149] 曾福生：《建立农地流转保障粮食安全的激励与约束机制》，《农业经济问题》2015年第1期。

[150] 曾红萍：《地方政府行为与农地集中流转——兼论资本下乡的后果》，《北京社会科学》2015年第3期。

[151] 张安录：《城乡生态经济交错区农地城市流转机制与制度创新》，《中国农村经济》1999年第7期。

[152] 张丁、万蕾：《农户土地承包经营权流转的影响因素分析——基于2004年的15省（区）调查》，《中国农村经济》

2007 年第 2 期。

[153] 张会萍、胡小云、惠怀伟：《土地流转背景下老年人生计问题研究——基于宁夏银北地区的农户调查》，《农业技术经济》2016 年第 3 期。

[154] 张建、王敏、诸培新：《农地流转政策执行偏差与农民土地权益保护——以江苏省某传统农业大县 S 县为例》，《南京农业大学学报（社会科学版）》2017 年第 2 期。

[155] 张丽君、黄贤金、钟太洋、方鹏：《区域农户农地流转行为对土地利用变化影响——以江苏省兴化市为例》，《资源科学》2005 年第 6 期。

[156] 张藕香：《农户分化视角下防止流转土地"非粮化"对策研究》，《中州学刊》2016 年第 4 期。

[157] 张闻天：《张闻天晋陕调查文集》，中共党史出版社，1994。

[158] 张五常：《经济解释卷 4：制度的选择》，中信出版社，2014。

[159] 张玉台、韩俊：《架起党和政府沟通群众服务农村的桥梁——云南省下派新农村建设指导员工作情况的调查》，《求是》2012 年第 7 期。

[160] 张宗毅、杜志雄：《土地流转一定会导致"非粮化"吗？——基于全国 1740 个种植业家庭农场监测数据的实证分析》，《经济学动态》2015 年第 9 期。

[161] 赵德起、吴云勇：《政府视角下农地使用权流转的理论探索与政策选择》，《农业经济问题》2011 年第 7 期。

[162] 赵阳：《共有与私用——中国农地产权制度的经济学分析》，

生活·读书·新知三联书店，2007。

[163] 钟涨宝、汪萍：《农地流转过程中的农户行为分析——湖北、浙江等地的农户问卷调查》，《中国农村观察》2003 年第 6 期。

[164] 周海灯：《新时期农村土地流转的合约理论解释——以湖北省罗田县白庙河乡为例》，《广西财经学院学报》2010 年第 4 期。

[165] 周靖祥、陆铭：《内地农村土地流转何去何从？——重庆实践的启示》，《公共管理学报》2011 年第 4 期。

[166] 周其仁：《中国农村改革：国家和所有权关系的变化（上）——一个经济制度变迁史的回顾》，《管理世界》1995 年第 3 期。

[167] 周其仁：《中国农村改革：国家和所有权关系的变化（下）——一个经济制度变迁史的回顾》，《管理世界》1995 年第 4 期。

[168] 朱强、李民：《论农地资本化流转中的风险与防范》，《管理世界》2012 年第 7 期。

[169] 朱彦臻：《集体组织在土地承包经营权流转中的角色定位》，《东方企业文化》2013 年第 23 期。

[170] 卓建伟、史清华、周小伟：《农地租赁均衡价格形成及演变的实证研究》，《北京农学院学报》2005 年第 4 期。

[171] 邹秀清：《农户耕地流转行为的实证分析——基于赣、苏、桂三省 537 份农户的问卷调查》，《江西财经大学学报》2008 年第 6 期。

后　记

本书正文部分由我主持完成的国家社会科学基金西部项目和云南省教育厅科学研究基金项目的研究报告整理而成。项目能够成功立项、顺利开展和按时结项，除了自己努力工作之外，还得益于恩师、同事、学生、朋友和亲人的鼓励与帮助。如若没有他们悉心教导、加油鼓劲和鼎力支持，很难想象我将如何完成这项工作和撰写读者眼前的这本书。

一粒种子从生根、发芽到最终开花、结果，除了蕴藏其中的生命力之外，还需要土壤、水分、肥料和阳光。虽然花朵和果实不以它们的名字命名，但是如果少了它们之中的任何一样，再好的种子也只能是种子，永远不可能生根、发芽、开花和结果。在本书的最后部分，让我写下对土壤、水分、肥料和阳光的感谢，感谢它们赐予种子成长的机会！

能够在农业经济学领域获得博士学位和申请到国家社会科学基金项目，饮水思源，首先要感谢上海交通大学史清华教授。史老师是我本科时期的班主任，也是我农经之路的领路人。寒暑假参加史老师组织的农户调查，与史老师日常接触交流，让我开始从全新的视角回看农村。这不仅解开了很多我心中萦绕已久的困惑，而且让我重新感受到乡村生活的温暖和乡下人的可爱可敬。要知道，在此之前，我曾无数次暗暗发誓要走出农村，摆脱农民身份。之所以如此，我想这与史老师是一位对农村农民充满感情的学者不无关系。学者大多主张分析农业农村农民问题（简称"三农"问题）要冷静客观，不要"感情用事"，但史老师看待问题力求"情理法序"，无论是行文，还是谈吐，常常自然地流露出对乡土的真情和热忱。

史老师是一位严师，我的同学很多怕他，但他是一位对学生成长关怀备至的老师。学生学习生活遇到困难，史老师从不袖手，总是想方设法地帮助学生解决。一次偶然的机会，我购买到一位同行的著作，翻看后发现序言由史老师所写。尽快拥有一本由史老师作序的书，从那一刻起成了我的"一个小目标"。出版社同意出版本书后，我向史老师提出了作序的请求，史老师欣然应允，而且为此牺牲了好几个夜晚的工作时间。史老师同意为我的书写序，主要是出于感情和鼓励，我自知自己的研究和写作水平与很多史老师作序推荐的著作相比还有差距，需要不断努力提高。

注意到村集体在农地流转中的行为，要感谢我的博士生导师——南京农业大学苏群教授。我的博士毕业论文《农地流转机制、动力与障碍——基于江苏省的实证分析》（2012年6月通过答辩，修改后2015年5月在社会科学文献出版社出版）是在苏老师的悉心指导下完成的，其中凝结了很多苏老师的心血。

在江苏开展农村入户调查，为博士论文收集一手数据时，我发现村集体在当地的经济发展中发挥着重要作用。江苏的村集体经济普遍兴旺发达，苏南一个村的经济总量往往是西部一个县的数倍。在农业生产和农地流转中也能看到村集体的身影和影响。村集体在农地流转中的角色多元；参与的动机既有主动，也有被动；使用的手段有些是市场的，有些是行政的；取得的效果有的地方好，有的地方坏。我意识到村集体在农地流转中的行为会是一个有意义的选题。从学术价值看，村集体的目的和行为比较特殊，经济学经典的最优化分析框架对其并不适用，行政管理和企业管理理论也不契合，需要从其他视角审视和分析村集体行为；从实践层面看，随着农地流转加速和村集体广泛参与，通过改革和完善农村土地制度，对村集体行为进行规范和管理势在必行。

虽然我的感觉没有错，后来也成功申请到项目基金的支持，但我还是低估了村集体行为的复杂性、动态性和差异性，这也可能是史老师建议研究选题不要轻易触碰农村土地问题的原因。历史制度惯性、地区经济社会差异、乡村发展变化和国家"三农"政策都是塑造村集体行为的主导力量。要把村集体行为完全梳理清楚几乎不太可能，至少对于我来说是如此。读者可能也已经发现，本书在不断地缩小研究范围和目标。项目开始时，我希望全面深入地分析村集体在农地流转中的行为，但最终我只能先把能说清楚的写出来。做这种处理有时很无奈，有时也会感到很痛苦，但是困难是自找的，怪不得别人，无论甘苦都只能承受和坚持。

话虽如此，还是要感谢苏老师对我的培养和支持，让我有机会深入江苏农村。今天的中国繁荣富强、道路四通八达，想去哪里说走就走，但城市大都千篇一律，差异不太明显。要体验风土人情，还得到农村，因为那里才是中国的底色。这也是农经学者做田野调查特有的福利。我想很多同行会同意这一说法。

虽然对于一名初出茅庐的"青椒"，申请研究基金如箭在弦，但是如何把想法变成条理清晰、打动人心的申报书终究不是一件容易的事。申报书能够按时完成和勉强及格，首先要感谢云南财经大学王敏教授和钟昌标教授，两位老师在私下和动员会上分享的个人经验，使我在申报过程中避免了很多错误。如若没有他们的倾囊相授，我可能会想当然地认为有些错误是正确的。当我在申请国家自然科学基金与国家社会科学基金之间踌躇不决之时，李学术教授介绍了两大项目的特点，帮我分析了选题的优势和劣势，他的建议使我疑虑顿消，决定朝着国家社会科学基金坚定前行。云南师范大学马玲玲教授给我提供了自己的申报书，我在写作过程中不时参阅，受益良多。云南财经大学叶文辉教授通读申报书后，从评选专家如何看申报书的视角，给出了多条修改建议。根据叶老师意见修改后，申报书的可读性明显提升。

除了选题和申报书，团队也很重要。参与人研究方向集中，分工合理，也是项目成败的关键。可是对于刚刚入职的新人，短时间内不可能认识那么多志同道合的人。冥思苦想，终于想到两个办法，一是从学院办公室要来同事资料，逐一了解、筛选和邀请，二是上中国知网（CNKI）检索查阅，寻觅研究方向相近的昆明高校同行。感谢云南财经大学同事续珊珊副教授、刘盈曦博士、高明博士，昆明理工大学石成玉博士和云南师范大学何国英老师给予的信任和支持，他们的加入使项目离申请成功又近了一步。

项目批准后，云南财经大学刘富华教授、徐天翔教授、刘争特聘教授、云南大学肖迎教授、云南农业大学许玉贵教授参加了项目的开题，为项目执行和研究开展提供了宝贵的意见和建议。再次感谢五位老师！

项目批准了，开题通过了，但开展研究我却有点犯难了。

　　回到昆明工作后，我很快意识到我对云南的情况并不熟悉。求学期间，只有寒假回家，而且每次回家，待的时间也不长。这些年家乡发生了快速而深刻的变化，那些我曾经熟悉的生产生活方式早已经变了样。利用空闲时间"搭便车"和表哥到云南各地游走，发现云南地区差异之大远超我想象。多姿多彩，对于旅游业是福音，对于像我这样做实证研究的科研人员来说却是困难和挑战。

　　云南的实际情况可能与我料想的有出入，在提出可验证的假说和开展大范围的田野调查前，必须准确掌握情况。如果失之毫厘，谬以千里，则悔之晚矣。而且，研究要有说服力，既要牢牢抓住云南与其他地区的共性，又要突出云南特色。光有共性没有特色，可能会抽象过多具体不足，容易不接地气。

　　不熟悉情况，只能抓住一切机会，多看多想，多听多问。好在亲友不少，且都不嫌麻烦，走出去的机会相继而来。在昆明城郊结合部工作的堂弟说周边有很多贵州来的农民，亦工亦农，上班时间进厂打工，平时休息租地种菜，我听闻立即前往拜访。堂弟好酒好菜款待，而我只须到田里找干活的农民聊天。表弟在进出口银行工作，给农业公司放贷款要到普洱生产基地做实地考察，我不嫌路途颠簸，强烈要求同往。校友兼老乡兼同学老公祁国彪在宜良租地种绿化树苗，我利用周末去苗圃基地和他住了两个晚上。苗圃真是好地方，白天有租田种树的老板和受雇干活的农民可以聊天，夜晚有星空和虫鸣伴我入眠让人回味童年。一番投亲靠友下来，我对实际情况有了切身感受，修改调查问卷有的放矢，对开展田野调查有了信心。

　　正当我培训学生准备做问卷调查的时候，合作机会不期而至。

同事李帆副教授的项目获得了国家社会科学基金青年项目的资助。研究内容相近，何不一起组织调查呢？我和李老师一拍即合，立即调整问卷，分头筛选和联系调查地点。傅新副教授有农户林权方面的课题要调研，已经联系好寻甸县农业局，邀请我们一同前往。和立道教授计划带研究生外出实践，培养研究生的调查能力。众人拾柴火焰高，说干就干，寻甸调研计划很快付诸实施。牛刀小试，结果与预期基本一致，修改问卷后，趁热打铁，我们接二连三地到选定的调查点完成了田野调查。

田野调查顺利开展，一手数据按时获取。第一，要感谢各地农业部门领导，协助开展工作的乡村干部，以及向我们提供信息的乡亲父老。他们接待和接受调查，无任何报酬可取。除了耽误正常工作外，有时还要倒贴。做农村调查的人都知道，有些费用根本无法报账。大家之所以不嫌麻烦，尽心尽力地帮助我们，不是因为老师和学生有多么可爱，而是都希望把农业农村农民的事情办好。这一点从我们收集到的农地流转合同就可管窥一斑。例如，嵩明戴康映主任提供的以中英双语起草的农地流转合同，是他和荷兰花卉公司逐句逐段谈出来的。主任说，签双语合同，困难不在于语言沟通，而在于习惯和制度的理解差异；祥云王文聪书记提供的农地流转合同（附件3），不由得让人感叹村委会工作考虑之周详，手法之细腻，更重要的是充分尊重每一户农户的流转意愿；宾川马聪书记提供的村集体荒地流转合同不仅有招拍记录，而且有公证处证明；红河杨陆保书记介绍的土地租金分配办法既考虑到土地的历史和现实分配情况，又考虑到村集体人口的动态变化，在公平方面做到了极致。如果不是用心，不是尽职尽责，很难把合同做到这么完备。类似的合同还有很多，但限于篇幅和研究重点，无法在附件中一一列出。第二，要感谢云南财经大学同学对调研的热爱与支持。研究生李静、刘颖、徐磊、张双桐，本科生包莲、寸爱香、党世昂、董雪芬、段原召、甘菲、黄小丽、李静、李贵、李文巧、李贤、林锐、林月红、刘丽娟、刘宁、刘颖、罗丹雪、马莉、潘定武、彭敏娇、吴东雪、武溪澄、徐滢、徐玉玲、姚春丽、玉波宽、张丽娜经过培训和考核成为调查员，随我们奔赴云南各地，上山下乡，进村入户。由我担任班主任的数理经济 14 – 1 班学生蔡霞丽、孔叶、冷伍阿花、夏凤梅、马颖、熊梅、徐滢、徐玉玲、张丽娜、赵仙林、刘杰和杨靖瑶承担了数据录入和问卷装订工作。参与调研和录入数据，一无报酬可取，二要不时接受检查与批评。但同学们从不抱怨，都把调研当作学习的机会，把辛苦和劳累当作提高能力的必修课。最后要感谢同学杨光祖、罗之兰和彭少云大哥，利用工作之便帮忙推荐介绍，让选取的调查点由设想变成现实。

科研是高校青年教师的立身之本。但是，做完一系列（教学、班主任、导师、支部书记和系主任等工作）规定动作后，留给自选动作（科研）的时间已经不多。"青椒"作为高校青年教师的简称，在网络上广为流传，与其刻画传神不无关系。需要成长（变辣变红），时常受煎熬（虎皮青椒），正是"青椒"的特点。感谢父母含辛茹苦的默默付出，感谢姐姐和姐夫们一如既往的支持，感谢妻子的理解和包容，感谢岳父岳母对妻儿的照料，让我在完成学校工作之余能够抽时间到各地出差调研，利用无数个夜晚和周末跑数据、写报告。项目即将完成之时，父亲突感身体不适，虽然积极入院治疗，但也回天乏术，父亲最终离我们而去。父亲一生坎坷，一生艰苦奋斗，对很多问题看得远、想得透。最后关头，面对生死，虽有留恋倒也从容，只是不忍发妻孤苦，儿女伤感。愿父亲在天堂安好，保佑母亲健康幸福！

从研究报告到专著，看似水到渠成，实则另一番功夫。感谢社会科学文献出版社经管分社恽薇社长对本书出版的大力支持。

2019 年 12 月撰于昆明五华
2020 年 10 月定于大理公郎

图书在版编目（CIP）数据

农地流转中的村集体职能：理论分析与实证检验／
江淑斌著 . --北京：社会科学文献出版社，2020.10
ISBN 978 - 7 - 5201 - 6253 - 1

Ⅰ.①农…　Ⅱ.①江…　Ⅲ.①农业用地 - 土地流转 -
研究 - 中国　Ⅳ.①F321.1

中国版本图书馆 CIP 数据核字（2020）第 029029 号

农地流转中的村集体职能：理论分析与实证检验

著　　者／江淑斌

出 版 人／谢寿光
组稿编辑／恽　薇
责任编辑／孔庆梅

出　　版／社会科学文献出版社·经济与管理分社（010）59367226
　　　　　　地址：北京市北三环中路甲 29 号院华龙大厦　邮编：100029
　　　　　　网址：www. ssap. com. cn
发　　行／市场营销中心（010）59367081　59367083
印　　装／三河市龙林印务有限公司

规　　格／开　本：787mm × 1092mm　1/16
　　　　　　印　张：18.25　字　数：209 千字
版　　次／2020 年 10 月第 1 版　2020 年 10 月第 1 次印刷
书　　号／ISBN 978 - 7 - 5201 - 6253 - 1
定　　价／98.00 元

本书如有印装质量问题，请与读者服务中心（010 - 59367028）联系